良寛貞心尼対面像（良寛の里美術館）

托鉢貞心尼像（柏崎市立図書館）

遍澄画蔵雲讃良寛像（良寛記念館蔵）

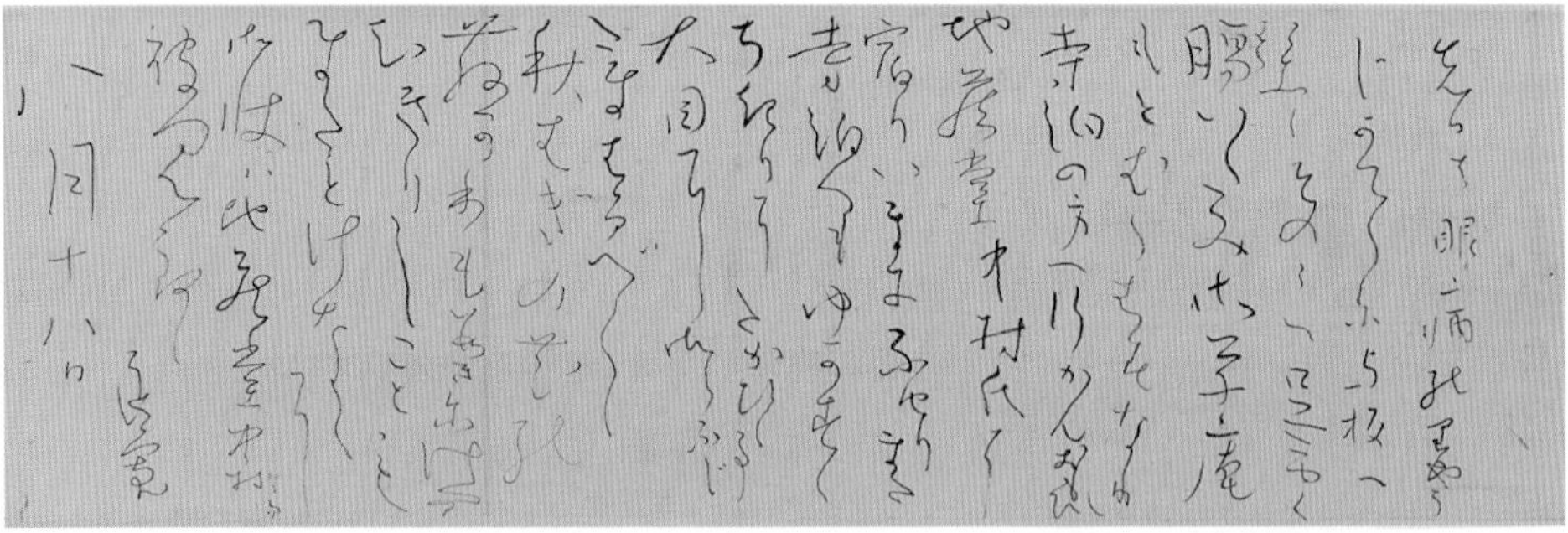

貞心尼宛良寛書簡「先日は眼病にて」　季刊 永青文庫 No.102 より転載

鈴木牧之画良寛讃山水画（雪稜舎美術館蔵）

良寛貞心尼唱和歌碑（小出橋）

貞心尼歌碑（魚沼市 小出公園）

閻魔堂（長岡市福島）

貞心尼歌碑（魚野川堤防）

貞心尼歌碑（信濃川堤防）

貞心尼歌碑（閻魔堂）

良寛墓碑（長岡市島崎）

良寛庵室跡碑（長岡市島崎 木村家）

不求庵跡（柏崎市）

釈迦堂跡（柏崎市）

良寛貞心尼対面像（月岡哲郎 作）

貞心尼墓碑（柏崎市 洞雲寺）

はじめに

この本は七十歳の越後の名僧・良寛と三十歳の若き尼僧・貞心尼の、二人の関係は「恋」だったのか「愛」だったのかという点が一つのテーマとなっている。

貞心尼の『蓮《はちす》の露』には、二人が唱和した歌がたくさんある。今までも多くの本で紹介されてきたが、案外と的確な訳文がないのである。一見すると、簡単な歌が多いように見えるので訳文がないのではなく、二人の歌に込められた深い意味が難解だからであろう。本書では、二人の歌に踏み込んだ意訳を施した。

そして、仏道の師匠と弟子としての修行、貞心尼の成長、二人の純真で清らかな心の交流の姿を描いた。

貞心尼については、その生涯は余り知られていない。本書では、次の点に踏み込んで貞心尼の生涯に迫っている。

○関長温との結婚は駆け落ちだったのか。
○関長温との離婚と出家の真相は何だったのか。
○関長温が若くして亡くなった直後に、貞心尼が良寛を訪ねたのはなぜか。

貞心尼については、夫の関長温が愛人を作って栃尾へ駆け落ちしたため、離婚したという伝承があった。

しかし、関長温は貞心尼との離婚後も、小出で医者を続けていた。愛人と駆け落ちなどしていないのである。関長温と貞心尼との間の誤った伝承は、実は全く別人の伝承であったのである。

貞心尼没後百五十年を経た今、仏の道に生きた貞心尼と良寛の真実の姿が明らかになった。二人の関係は、「華厳《けごん》の愛」とも言えるものであった。

【目次】

表紙写真　小出時代の貞心尼（岩田正巳　画）

岩田正巳画伯（1893～1988）は新潟県三条市出身の日本画の巨匠。日展評議員、日本芸術院会員。

第一章　汚《けが》された貞心尼のイメージ

1　聖愛を汚《けが》してしまった現代人

（1）本来の貞心尼のイメージ

七十歳の良寛と三十歳の若く美しき尼僧・貞心尼が出会ってから、良寛が遷化《せんげ》するまでの約四年間、二人の間には純真で清らかな心の交流があった。相馬御風《そうまぎょふう》が言う「聖愛」である。

しかるに、マス（後の貞心尼）の夫だった医師の関長温がマスを捨てて、愛人とともに栃尾に駆け落ちしたなどの、事実と異なる「浜の庵主《あんじゅ》さま伝承」が紹介されて以降、貞心尼のイメージを汚すような内容の小説などが書かれ、良寛と貞心尼の関係は恋愛関係であり、性的関係すらあったのではないかとする見方をする人も増えてきた。

二人の関係の本質はともに仏の道を真摯《しんし》に求めた師匠と弟子であり、単なる男女の恋愛ではなく、互いに仏の道を歩むもの同士の「華厳《けごん》の愛」であったのである。

（華厳とは、厳しい仏道修行を華《はな》にたとえ、その華で仏の位を飾ること。多くの修行・功徳《くどく》を積んで、徳果《とくか》が円満に備わり、仏になること。）

以前の貞心尼のイメージは、相馬御風の『良寛と貞心』に次のようにあるように、純真で清らかなものであった。

「古来男女の間に唱和された歌で広く世に知られているものは、無論少なくない。しかし、今日までに私自ら読んだものでは、万葉集中の少数を除く外は、その表現の切実味をもって胸をうつような作には、あまり多く接することができなかった。

ところが、はじめて良寛和尚の歌を読み、その中に彼と彼の最愛の弟子 貞心尼との間に唱和された五十余首のあったのに接したとき、私はかくも淳真な、かくも、切実な、かくも無碍《むげ》な、かくも温かな、そしてかくも清らかな男女間の愛の表現がありうるものかと驚嘆《きょうたん》措《お》く能《あた》わなかった。（中略）

何という純真な愛の表現だろう。（中略）

読むたびごとに、私たちはその情緒のみずみずしさと、温かさと清さとに感動させられずにはいられないのである。しかもそれが、七十歳の老僧と、三十歳の美しい尼との間にとりかわされた愛の表現であることを思う時、私たちはそこに並々ならぬ清い愛の世界の展開を想わずにいられないのである。

この七十歳の老法師と三十を越えたばかりのこの尼僧との関係は、一面においては正《まさ》に仏門における師弟の交わりであった。また同時にそれは、歌の道、芸術の世界、美の天地における師弟であり、また道づれでもあった。しかも現《うつ》し身の人間としての両者の関係は、あるときは親子のそれであり、あるときは兄妹のそれであり、あるときは最も親しい心友のそれであり、さらにあるときは、最も清い意味での恋人のそれでさえあったろう。

清くして温かく、人間的にしてしかも煩悩《ぼんのう》の執着なく、霊的にしてしかも血の通った、美しく尊く、いみじき愛—まったく私はいつもこの良寛と貞心との交わりを思うごとに、何ともいえないい心のうるおいに充たされるのである。」

良寛座像（良寛の里美術館）

（2）「浜の庵主さま」伝承

ところが、現代ではなぜかこのような美しい貞心尼観を持つ人が少なくなってしまったようである。現在の貞心尼の好ましくないイメージの形成に少なからぬ影響を最初に与えたものが、昭和五十五年（一九八〇）に宮栄二氏の論文「貞心尼と良寛 ―関長温との離別説―」（『越佐研究』第四十集）で紹介された「浜の庵主《あんじゅ》さま」伝承（注）であろう。

この論文そのものは、従来死別とされていた奥村マス（のちの貞心尼）とその夫関長温の関係は、離婚であったことを初めて根拠を示して明確にした画期的な論文で、高く評価される内容のものである。

しかしながら、この論文の中で「浜の庵主さま」伝承が紹介されて以来、貞心尼は気位《きぐらい》が高く、愛想が悪く、好きな文学に熱中し、家事をおろそかにし、不倫した夫に逃げられて離婚し尼になったとされてしまった。そして、その後はなぜか積極的で情熱的な女性として描かれる傾向が顕著になり、良寛との関係も、僧と尼僧の間にはあってはならない関係にあったのではないかとする見方をする人も出てくるようになったのである。

「浜の庵主さま」伝承の内容は、要約すると次のとおり。

「・関長温は竜光《りゅうこう》村の酒蔵《さかぐら》の弟であったが、酒蔵の仕事に耐えきれず、長岡の家中《かちゅう》の娘（後の貞心尼）と一緒になり、四日町（現 魚沼市四日町）の彦助ドンの家を借りて医者を開業した。

・何年経っても子供ができなかった。

・妻は黄表紙や発句が好きで、愛想が悪く、気位が高くて、評判が悪く、はやらなかった。

・女房（奥村マスを指す）は器量が良かったが、片方の頬に疱瘡《ほうそう》ができ、黒いアバタになり、行燈《あんどん》の影で一方の頬を隠すように座り、亭主に嫌われた。
・酒蔵の弟と家中娘（奥村マスを指す）の夫婦仲はよくなく、亭主はある女と良い仲となり、一緒に栃尾の方に逃げた。
・亭主に逃げられ実家に帰った後も、一・二度小出《こいで》に来て身欠きニシンをみやげに配り、浜の庵主さまと呼ばれた。」

魚沼市周辺では昔から浜といえば柏崎のことを指すと言われている。

（注）宮栄二氏はこの伝承は次のように聞いたと論文の中で述べている。
「この話は滝沢氏が祖母ハナ（明治五年生まれ。昭和四十九年没、九十三歳）より聞かされていた話である。ハナさんは直接〝浜のあんじゅさま〟を見ていなかったが、親戚の彦助ドンの磯部カツ（安政四年生まれ、昭和二十二年没、九十歳）、同じく当時八十八歳で没した八百板の婆さん等、ハナさんより二十歳も年上で、浜のあんじゅさまを見知っていた老女から伝え聞いた話の内容である。」

（3）伝承の影響を受けた小説

昭和五十年代の末頃に、貞心尼と柏崎騒動（生田万《いくたよろず》の乱）を題材とした小説が刊行された。この小説のかなりの部分は、貞心尼の生涯と、生田万の乱を解説したものであるが、終盤部分は、生田万の乱の首謀者六人のうちの最後まで生き残った一人と貞心尼との交流を描いたフィクションとなっている。

平成十年代末頃に、良寛と貞心尼の恋愛を題材とした小説が新聞に連載され、後に単行本となって刊行された。ちなみに、この小説には、貞心尼について、次のように形容・表現する言葉がたくさん含ま

れている。一例を挙げれば、
とんでもない女狐《めぎつね》、七十歳でも滴《したた》るような色気、檀家の旦那衆を色仕掛けで騙して金を集めていた女、凄腕《すごうで》、蠱惑《こわく》的などなど。
この二つの小説は「浜の庵主さま」伝承の影響を受けていると考えられる。この小説の読者の中には、この小説の内容が貞心尼のイメージを汚すものと感じる読者もいるものと思われる。そして何よりも、貞心尼のことをよく理解していない読者は、貞心尼とはそんな女だったのかというイメージを抱《いだ》くのではないかと思われるのである。
明治時代まで生きた実在した人物、それもまだ子孫の方が長岡市内に住んでおられる人物。その人物の人柄などを伝える資料が少ないことをよいことに、一般の人が読めば、あまりよい印象を抱かないような性格として描写することは、いかに小説とはいえ、控えることが、良識ある作家には望まれるのではないだろうか。

2 汚されたイメージの拡大

(1) 良寛の「契り」について

「浜の庵主さま」伝承や、それに影響を受けた小説などにより、貞心尼のイメージが汚され、良寛と貞心尼の間には、性的な関係があったのではとまで考える人々が多くなったように思われる。

『蓮《はちす》の露《つゆ》』唱和編にある次の歌の「釈迦《しゃか》のみ前《まえ》」を仏壇の前、「契《ちぎ》り」を男女の契りと解釈する人がいる。

それではこれでおいとましようと、私がお師匠様のもとを去ろうとするときにお師匠様御歌

霊山《りょうぜん》の　釈迦のみ前に　契りてし　ことな忘れそ　世はへだつとも　（良寛）

（訳　霊鷲山《りょうじゅせん》でお釈迦様が説法したとき、法華経《ほけきょう》を説き弘《ひろ》めると誓ったから、今こうして仏に仕える身になっていることを、決して忘れてはならない。たとえ、お釈迦様に誓ったときと、今とは世が隔《へだ》たっていても。）

御返歌

霊山の　釈迦のみ前に　契りてし　ことは忘れじ　世はへだつとも　（貞心尼）

（訳　霊鷲山でお釈迦様が説法したとき、法華経を説き弘《ひろ》めると誓ったから、今こうして仏に仕える身になっていることを、決して忘れはいたしません。たとえ、お釈迦様に誓ったときと、今とは世が隔たっていても。）

「お釈迦様のみ前で誓った時と今とでは世は隔《へだ》たっているが、誓ったそのことを決して忘れてはならぬ」という良寛の教えに、貞心尼は「決して忘れません」と答えた。

あるいは、「世はへだつとも」の良寛の言葉には「自分が先に死んで、二人があの世とこの世に隔《へだ》た

ったとしても」という思いも込められていたのかもしれない。

良寛は自分の和歌の中で使っている「契り」という言葉は、「約束」という意味にのみ使っており、決して男女の性的な関係という意味には使っていないのである。

（2）貞心尼を思う良寛の歌と誤解された歌

ある団体の季刊誌に「貞心尼が良寛へ送った相聞歌《そうもんか》」という記事があり、そこに次の記述があった。

「良寛さんの貞心尼を思った歌にこんなものがあります。

君や忘る　道はかくるるこのごろは　待てどくらせどおとずれのなき
（訳）ここしばらくあなたが待てど暮らせどやってこないのは、もう道を忘れてしまったのだろうか

ぬば玉の　今宵《こよひ》もここに宿りなん　君がみことのいなみがたさに
（訳）今宵もここに泊まりたいというあなたを、帰れと断りきれない私がいる

越の海　人をみる目はつきなくに　又かえり来むと言ひし君はも
（訳）別れ際、越後の海を見ながら「あなたをずっと見ていたい。また帰って来ます」と言ったあなたよ

貞心尼の歌。

君にかく　あい見ることのうれしさも　まださめやらぬ夢かとぞおもふ

（訳）こんな風にお会いできたうれしさも、まだ醒めない夢かも知れないと思います」

この中で、最初の「君や忘る…」の歌は、訳はともかくとして、良寛が貞心尼のために詠《よ》んだ歌であり、問題はない。

最後の「君にかく…」の歌は、貞心尼が良寛のために詠んだ歌であり、特に問題はない。

二番目の「ぬば玉の…」の歌について、正確な訳としては、「今宵もここに泊まりましょう。（泊まっていきなさいという親切な）あなたの言葉を断り切れないので」となる。

この良寛の歌の「君とは、中央公論新社の『定本良寛全集第二巻歌集』にあるとおり、前後にある歌が良寛と阿部定珍《さだよし》の唱和の歌であることから、明らかに阿部定珍のことであり、決して貞心尼ではない。

三番目の「越の海…」の歌について、正確な訳としては「越後の海には海藻の海松目《みるめ》が尽きないように、人の見る目が尽きない中、また帰って来るとあなたは言うのか。」

この歌も貞心尼を思う良寛の歌ではない。高橋庄次『良寛伝記考説』によると、見る目には人々の視線の「見る目」と越の海の海藻の「海松目《みるめ》」が掛けられている。越の海とは出雲崎の海であり、出雲崎の荒磯に衣を濡らし、人々の見る目にさらされ通す厳しさの中でもなお、あなた（裁判で負けて財産没収・追放処分となった良寛の弟・由之《ゆうし》）は、またリベンジして帰って来ようと言う、由之の名主《なぬし》の地位や故郷への執着を悲嘆した良寛の歌であるという。

（3）貞心尼への歌ではない良寛の歌

貞心尼への思いを詠んだ良寛の歌は貞心尼に贈られた歌であり、貞心尼はそれらのほぼ全てを『蓮の露』の唱和編にまとめている。いわば『蓮の露』の唱和編にある歌以外の良寛の歌で、貞心尼への思いを詠んだ歌はないのである。しかし、以下の歌は貞心尼への想いを詠《うた》った良寛の歌と誤解する人々がいる。

秋の夜の　小夜《さよ》ふくるまで　柴《しば》の戸に　語りしことを　いつか忘れむ
（この歌は阿部定珍と語ったことを詠んだ歌と思われる。ほぼ同趣の歌が阿部家横巻にある）

同じくは　あらぬ世までも　ともにせむ　日は限りあり　言は尽きせじ
（この歌は阿部定珍の歌への返歌である）

山菅の　ねもころごろに　けふの日を　引きとどめなむ　青柳の糸
（この歌の次に阿部定珍の歌があり、阿部定珍への歌である）

ココロアラバ　草の庵に　泊まりませ　苔の衣の　いと狭くとも
（この歌は阿部家横巻にあり、阿部定珍への歌である）

いまよりは　つぎて　会はむと　思へども　別れと言へば　惜しき者也
（中央公論新社の『定本良寛全集第二巻歌集』では、五合庵時代の作としている）

世の中の　人には面の　なかるらむ　恋しきごとに　声のありせば
（中央公論新社の『定本良寛全集第二巻歌集』では、五合庵時代の作とし、訳は　恥ずかしくて世間の人にあわせる顔がないだろう。虫や鳥のように、恋しいたびに声を出していたならば。）

いづくより　夜の夢路を　たどり来し　深山《みやま》はいまだ　雪の深きに
（詞書きに、由之を夢に見て覚めて、とある）

いつまでも　忘れまいぞや　長月の　菊の盛りに　訪ね逢ひしを
（この歌は原田鵲斎をしのんだ歌と思われる）

（4）「君」とは貞心尼のことではない良寛の歌

貞心尼を「君」と詠んだ良寛の歌は貞心尼に贈られた歌であり、貞心尼はそれらのほぼ全てを『蓮の露』にまとめている。いわば『蓮の露』の唱和編にある歌以外の良寛の歌において、君とある場合は、それは貞心尼ではないのである。

この里に　往き来の人は　さはにあれども
さすたけの　君しまさねば　淋しかりけり
（この歌の君とは亡くなった三輪左一のことである）

あづさ弓　春野に出でて　若菜摘めども
さすたけの　君しまさねば　楽しくもなし
（この歌の君とは亡くなった三輪左一のことである）

山かげの　槇《まき》の板屋に　雨も降り来ね
さすたけの　君がしばしと　立ちどまるべく
（この歌の君とは江戸の国学者　大村光枝のことである）

草の庵に　立ちても居ても　すべのなき　このごろ君が　見えぬ思へば

（この歌の君とは由之のことである）

秋山の　もみぢは過ぎぬ　いまよりは　何によそへて　君をしぬばぬ
（しぬばぬ……しのばぬと同じ）

（この歌は長歌の反歌であり、この歌の君とは由之のことと思われる）

雨晴れに　裳《も》の裾《すそ》濡れて　来し君を
一夜ここにと　言はばいかがあらむ
（この歌は阿部定珍の歌への返歌である）

間瀬《まぜ》の浦の　海人《あま》の刈る藻の
よりよりに　君も訪い来よ　我も待ちなむ
（この歌の前後に阿部定珍の歌があり、阿部定珍への歌である）

夢かとも　またうつつとも　思ほえず
君に別れし　心まどいに
（この歌は山田杜皐《とこう》宛ての書簡にあり、君とは亡くなった杜皐の父
山田重記のことである）

関長温　開業地跡の手水鉢

また来むと　言ふて別れし　君ゆゑに　けふ《きょう》もほとほと　思ひくらしつ

（中央公論新社の『定本良寛全集第二巻歌集』では、ある人との贈答歌の一部であり、五合庵時代の作としている。）

（5）誤解されやすい貞心尼の歌

貞心尼の自筆歌稿『もしほ草』の中の次の歌（五十音順）については、良寛への恋愛感情を表した歌であるとの解釈を行う人もいる。単なる題詠の歌が多いのではないか。ただし、寄月懐旧の二首は亡き良寛を懐かしく偲んでいるものであろう。

初雪

跡つけて　訪ふ人もなし　我が宿の　にはに友まつ　雪は降れども

月前待恋といふ事を

いつわりに　なれてもさすが　待ちよひの　あだに更けゆく　月さへぞうき

（さすが…そうはいうものの）

寄月懐旧

面影《おもかげ》を　月に残して　なき玉は　知らずいづこの　空にますらむ

老木の梅を見て
かくてこそ　世にもあかれぬ　梅の花　年ふる木ほど　いろかまされり

月前待恋といふ事を
君くやと　ねやへもいらず　はし居して　心そらなる　月を見るかな

曙　橘
きぬぎぬの　うつりがならで　橘の　にほひゆかしき　あさぼらけかな

「橘のにほい」とは、古今集に「さつき待つ　花たちばなの　香をかげば　昔の人の　袖の香ぞする」とあるように、橘の花の香によって人を忍ぶということ。決して良寛の生家 橘屋を意味するわけではない。

朝更衣
きぬぎぬの　別れ成らねど　あさ衣　衣かへうき　今日にもあるかな

故郷時鳥
しのびねに　鳴くふるさとの　ホトトギス　なれも昔の人や恋しき

夕がほ
たそがれに　ほのめく　花の夕顔は　なりもならずも　寄りてこそみめ

源氏物語の夕顔の巻に光源氏の歌がある。「寄りてこそ　それかとも見め　たそがれに

ほのぼの見つる　花の夕顔」　「なりもならずも」は恋の成就のことだろう。

身を恥て不言恋

露だにも　いかでもらさむ　数ならぬ　身ははつかしの　森の下草

（はつかしの森…京都の西南に羽束師《はつかし》の森がある）

後撰集にある「忘られて　思ふ嘆きの　しげるをや　身をはつかしの　森と言ふらむ」

寄月懐旧

はかなしな　ことも通はず　ありし世の　その面影は　月に残れど

旅宿月

人ならば　うき名やたたむ　独り寝の　枕に宿る　夜はの月かげ

草花

道のべに　なまめきたてる　おみなへし　をらで過ぎゆく　人はあらじな

水辺蛍

夕されば　もゆる思ひに　たへかねて　みきはの草に　ほたる飛ぶらむ

蛍

夕されば　思ひに身をや　こがすらん　野沢の水に　蛍飛び交《か》ふ

3　「浜の庵主さま」伝承は貞心尼とは別人の伝承だった。

（1）貞心尼は美人であり、疱瘡《ほうそう》のアバタがあったと思われない

相馬御風は『良寛と貞心』の中で、貞心尼の弟子であった智譲尼《ちじょうに》七十七歳の直話《じきわ》を紹介している。内容は、「貞心尼は、この年になるまで見たことがないほど器量がよかった。目の凛《りん》とした、中肉中背の、色の白い、品の良い方だった。六十二歳でさえ、あんなに美しくみえたのだから、若い時分はどんなにお綺麗《きれい》だったことやら」などである。

相馬御風は次のことも紹介している。「二十五歳の若さで、しかも人並みすぐれた美貌の持ち主であった剃髪当時の貞心は、とかく土地の人々の噂の種となった。そして、いつの間にか村人達の間に「姉さ庵主《あんじゅ》」というあだ名さえいいふらされるようになった」

松原弘明氏が平成十九年一月から小出郷新聞に連載された記事をまとめた『今、新しい伝説が語り継がれる　貞心尼と良寛さま　不思議な雨編』の中に、松原啓作氏（明治三十一年生まれ、平成五年没、小出郷新聞の創業社主を務めた）が、昭和二十五年九月頃に渡辺敬太郎氏（号は露哉《ろさい》）から聞いた話が掲載されている。

「小出町で貞心尼に直接会ったという、ただ一人の方がありました。それは龍谷院《りゅうこくいん》の初代　中村仙巖尼《せんがんに》で、昭和四年の示寂《じじゃく》で享年八十一

極楽寺

歳でした。仙巖尼が貞心尼に会ったのは、まだ髪を剃《そ》りたての幼い頃であったということです。「貞心尼さんは小柄で細面《ほそおもて》、色白く、凄味《すごみ》のある稀な美人で、若い頃はどんなにか美しかったろうと思いました。声もさぞ、きれいだろうと思ったら、カサカサした声で、気の毒な程でした。幼い頃はアンドンに着物をかけて、人目を忍んで勉強した方だそうです」

これは渡辺露哉《ろさい》翁が、仙巖尼から聞いた話で、私が露哉翁から又聞きした話であります。」

松原弘明氏は同著の中で、「仙巖尼は嘉永二年（一八四九）生まれで、慶応二年（一八六六）十八歳で、出家・剃髪した。慶応二年は貞心尼六十九歳の頃で、六十九歳の貞心尼を評して、「小柄で細面、色白く、凄味のある稀な美人で、若い頃はどんなにか美しかったろうと思いました」と語っていた。」と述べている。

この話は小出郷新聞の昭和三十三年九月十五日にも掲載されている。また、『小出町史 上巻』一〇六ページにも記されている。

また、小出郷新聞の昭和三十三年九月十五日の記事がある。「星杏子《きようこ》さん（明治十三年三月二十八日生）は竜光《りゆうこう》の下村家で娘時代を過ごした方で病床を見舞った時は刀自《とじ》七十八歳の春で貞心尼の話をこう語った。

「下村の分家の七十二の婆さんが私に度々《たびたび》話してくれたことで私の娘の頃でした。

関長温は竜光の下村家の弟に生まれ、吉水の関家の養子となって医者になった人です。師匠の関医者は長岡藩の御殿医《ごてんい》で牧野様に往《い》った、長温も随従したり代診に往ったりした。長温は非常に美男で御殿に往くと奥女中達がのぞき見し合ったという評判者であって、中でも御殿奉公しておったマスさんは長温に深く思いを懸《か》け、ある日御殿で、髪に挿《さ》したかんざしを取って長温に手渡した。こうしたことが実ってマスさんは竜光の下村家へ長温の嫁になったのです。当時の嫁入り衣装は実にキラビヤカな豪華なもので、金銀の花カンザシや一尺もあるコウガイを挿し、目も醒《さ》めるかいどりを着て来られたそうです。長温は美男であったのに、この嫁は仲々の美人で世間の者は似合いの夫婦だと云った。」

松原弘明氏の平成三十年（二〇一八）五月一日の調査で、下村家の当時の分家は、竜光　下村吉右衛門宅と判明したという。分家の婆さんの戒名は根嶺妙皈大姉。文政十二年（一八二九）生まれ、明治三十四年（一九〇一）没。享年七十一歳。祖母からこの話を聴き、星杏子《きょうこ》さんに話をしたのだろう。

このような話から、貞心尼は美人であり、疱瘡《ほうそう》（天然痘《とう》）のアバタがあったとは到底思われない。

（2）別人の話であるとの証言

松原弘明氏が平成十九年一月から小出郷新聞に連載された記事をまとめた『今、新しい伝説が語り継がれる　貞心尼と良寛さま　不思議な雨編』の中に、「浜の庵主さま」伝承には貞心尼とは別人の話であるという証言がある。

証言者は山本哲成《てつじょう》師である。山本哲成師（昭和十八年生まれ　平成二十年没）は魚沼市小出島の観音寺住職で、良寛研究家としても、「新発見の「良寛禅師碑銘并序」」（『越佐研究』第三十八集）や、「『夏冬安居牒』に了寛を発見」（『良寛』第十七号　昭和六十三年）などの重要な論文を発表されている。

山本哲成師は平成十九年三月、次のように証言された。

「昭和五十四年（一九七九）、私の寺（観音寺）に宮栄二さんが訪れ、旧　小出町四日町の滝沢さんの話を一緒に聴くことになった。

滝沢さんは、ご自身の家や近所に伝わる古くからの伝承を話された。

これが世に有名になった「浜の庵主さま」の伝承であり、このときの話をもとに、宮栄二さんが『越佐研究 四十集』に研究論文を発表されることとなります。私も同席して、滝沢さんの語られる話を、宮さんと一緒に聴いていました。

しかし私は、この話は貞心尼とは別人の話だなと途中から感じるようになり、特に関心を払うようなことではない、と思うようになったのです。ところが、宮さんは懸命にメモを取っていたので、私は不思議に思っていました。まさか、あのような形で世間に発表されるとは、ただただ驚くばかりでした。

滝沢さんの言われる「浜の庵主さま」伝承について、私が疑問を感じたのは、貞心尼と言われる女性の疱瘡《ほうそう》の症状がとても深刻であったことです。その女性の疱瘡は大変にひどいもので、頬に疱瘡ができているのですが、奥歯が透けて見えるほどの大穴が開《あ》いていたというのです。

当時、滝沢さんを取材した新聞社も、「浜の庵主さま」伝承を特集し、奥歯が透けて見えるほどの穴が開いていたこと、その夫は栃尾へ女を連れて逃げたことなどを克明に伝えています。相馬御風によれば貞心尼は、大変に美しい方であったといいますし、魚沼でも同様な証言があり、奥歯が頬の穴から透けて見えるほどの疱瘡の女性が、貞心尼であるとは、とても考えられません。

しかし、宮さんは、このことには一切触れないで、『越佐研究 第四十集』に発表されてしまうのです。

その論文は、貞心尼とその夫・関長温の離別の理由が死別ではなく、離縁であるという物的証拠を写真入りで発表していたため、良寛研究者の間で注目を浴びることになります。それとともに、「貞心尼

＝浜の庵主さま」が定説となっていきます。私にとって、これは予想外の出来事でした。

そして、私が最も懸念していたことは、貞心尼の夫・関長温の不倫逃亡説の台頭でありました。疱瘡の妻（貞心尼＝マス）が、行燈《あんどん》の影で一方の頬を隠して座るのを嫌った夫は、近くの女と栃尾に駆け落ちしたというのです。この結果、貞心尼の離婚の原因や出家の動機が、夫の不倫ということになってしまうのです。

その被害は貞心尼まで及びます。夫に逃げられるほどだから、夫婦仲が悪くて離婚したのだと各方面から様々な書かれ方をされていきます。近年のテレビ放映でもありますように、貞心尼が出家に至るまでには、婚家の母親からひどい仕打ちを受けたとか、あるいは貞心尼自身も問題のある女性であるという憶測に基づいて、故人を貶《おとし》める扱われ方が数多くなされてきました。

貞心尼は、良寛さまを現代に伝え遺す偉業を成し遂げた方です。これほどの遺徳のある方が、侮蔑《ぶべつ》的に扱われた例を私は知りません。まさに濡れ衣《ぎぬ》、欠席裁判で故人を裁いていることに、現代人は気がつかねばなりません。

良寛禅師と貞心尼が初めて出会うのは、文政十年秋と言われています。両者の相見《しょうけん》から満百八十年目の二〇〇六年秋に、貞心尼が出家

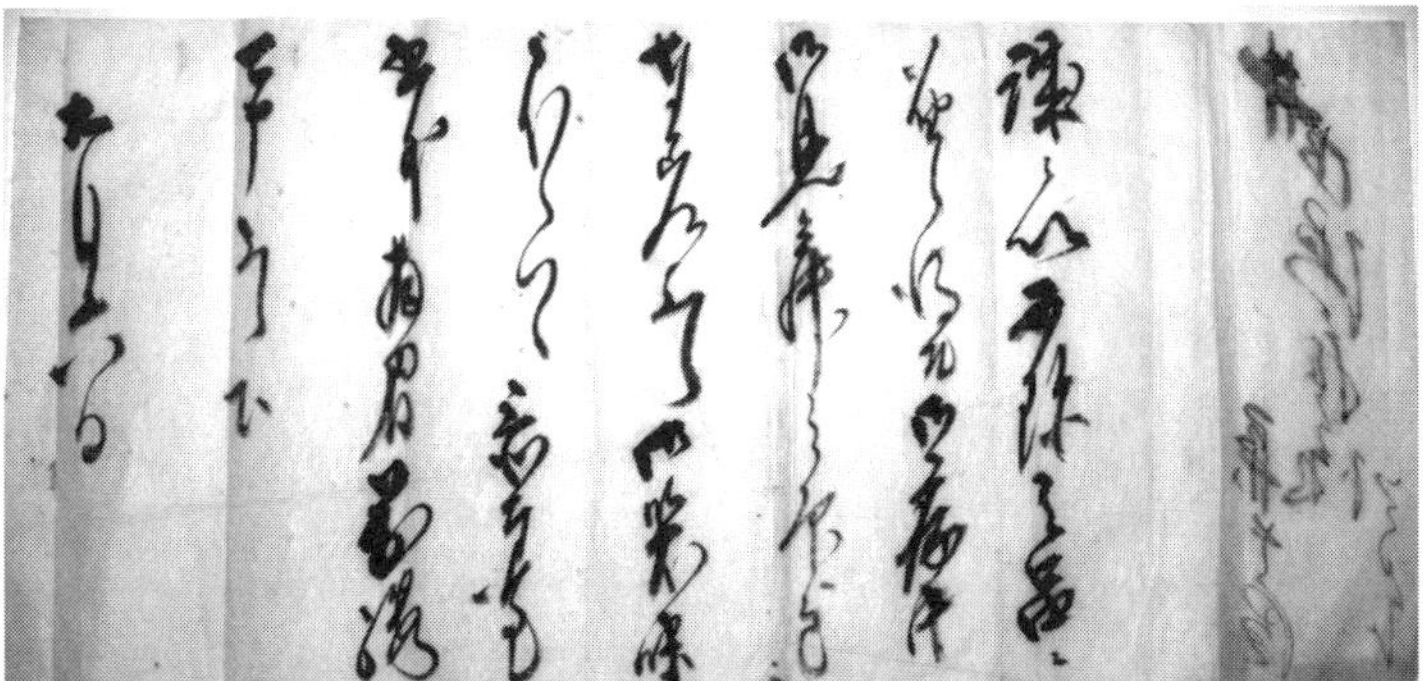

関長温　自筆見舞状

前にお住まいになられていた場所のすぐ近く、小出橋東詰めに、両者が初めて交わされた和歌が、立派な歌碑となって建立されています。これも真実を明らかにせよという、御仏《みほとけ》の思《おぼ》し召しであるという気が致します。

さて、「浜の庵主さま」伝承への疑念は、もうひとつありました。そのとき滝沢さんは、その疱瘡の尼のことを「じょうしん尼《に》」と呼んでいました。四日町の伝承では、浜の庵主さまは「じょうしん」と呼ばれていたというのです。これも疑問でした。滝沢さんは、「貞心」を呉音《ごおん》で読むと「じょうしん」になるから、間違いないと主張されました。しかし、この伝承の起源は貞心尼離縁とされる文政三年（一八二〇）頃のことですから、当時は文盲が多く、文字を読むこともできない人が大半であったはずです。「貞心」であれば、「ていしん」と伝えられるはずです。しかし、「じょうしん」という尼であったから「じょうしん」と伝わったに違いないのです。確かにこの伝承には、小出嶋村の旧家西井口《にしいのくち》家の別称である「大屋《おおや》」（伝承のように四日町村には存在せず、小出嶋村下町《したまち》北にあった）、松原家などの旧家が登場し、小出嶋村の世話になった家に、貞心尼がいた柏崎から来たようなことを連想させる「身欠《みが》きニシンを手土産《てみやげ》に配った」内容となっているため、貞心尼とおぼしき話も混じっています。しかし、頬に大穴が開いていた貞心尼が存在するはずもありません。これは完全に人違いであり、大要は他人の話です。

ところで、なぜ、このような話が二百年近くも続いて伝承されたのでしょうか。この伝承には、長く伝えられる根拠があります。頬に大きな穴の開いた女性、その亭主が栃尾に駆け落ちして逃げた医者。小出嶋村の旧家とも親交があった。そういう主婦の耳目《じもく》を集める話ですから、井戸端会議、囲炉裏端会議で、幾世代にもわたって、ときには誤りや言い間違い、勘違いなどが混じって、それが修正されないまま、幾世代も語り継がれたのでしょう。」

山本哲成師はさらに語ったという。

「まさか、これほどまでに「浜の庵主さま」伝承が研究者の間で重要視されるようになるとは、夢にも想わなかった。今となっては、そのときすぐに異を唱えるべきであった、という後悔の念が湧き起こる。」

宮栄二氏の論文の眼目は、貞心尼の出家の原因について、夫死亡説を否定し、離婚説を唱えることであったと思う。

そのためには、離婚の原因にも触れなくてはならず、ほかの女と栃尾に駆け落ちしたなどの「浜の庵主さま」伝承は絶好の史料であったのだろう。

頬に疱瘡の大きな穴が開いていた話を論文に書かなかったのは、一般的に伝承には、時代を経る毎に、だんだんと大げさに、真実とはかけ離れた部分も多く含まれるようになることから、この話もその類いだと思って、あえて書かなかったのであろう。

また、相馬御風が智譲尼から貞心尼は美しかったと聞いたことは、宮栄二氏も当然知っていたはずだから、頬に疱瘡の大きな穴が開いていた話を書くと、「浜の庵主さま」伝承そのものの信憑性にもかかわるとの思いもあった可能性もある。

(3) 関長温は栃尾に駆け落ちして逃げたのではなく、小出に居続けた

平成十九年に全国良寛会の魚沼大会が開催された。その開催記念誌として、魚沼良寛会が発行した『魚沼の貞心尼と良寛さま 「浜の庵主さま伝承」の再検討』の中に、山本哲成師の論文「新資料によ

り覆《くつがえ》される「浜の庵主さま伝承」 良寛・貞心尼と魚沼市」（以下「同論文」という。）がある。同論文の中に、小出嶋村の大庄屋を務めた西井口《にしいのくち》家に膨大な古文書《こもんじょ》があり、その古文書に関長温の足跡が残っているという。

　関長温周辺を知るためには西井口家文書の探索が不可欠であり、小出郷新聞社社主 松原弘明氏が幾日も西井口文書を収蔵している小出町の文化財室に通い、「関長温」の記載される箇所を丹念に調べ、写真撮影して山本哲成師に届けられたという。

　同論文によれば、西井口家の古文書である『日監《にっかん》』には、文化十五年（一八一八）から、文政四年五月まで長温に届けた品々（例えば米一俵など）が克明に記録されている。

　また、文政四年（一八二一）に貞心尼と離別した以降のものとして、次の古文書がある。

○ 文政六年に、隠居していた西井口家八代 三郎左衛門に宛てられたと思われる見舞い状がある。同論文によれば、「関長温の今日伝えられる唯一の文書で、それが西井口家に残っていたと言うことはやはり、よほど長温が重んぜられていたからであり、あの大庄屋に対等でいっこうに臆する様子もなく実に堂々とした見舞い状です。この格調の高さに私たちは驚嘆いたしました」とある。

○ 文政七年に、八代 三郎左衛門（六月二日没）の葬儀の際の香典帳が残っている。この香典帳の寺院方以外の一般者の筆頭に長温の香典として、「麦粉弐袋、二十匁《もんめ》（蝋燭《ろうそく》）弐丁」と記載されている。同

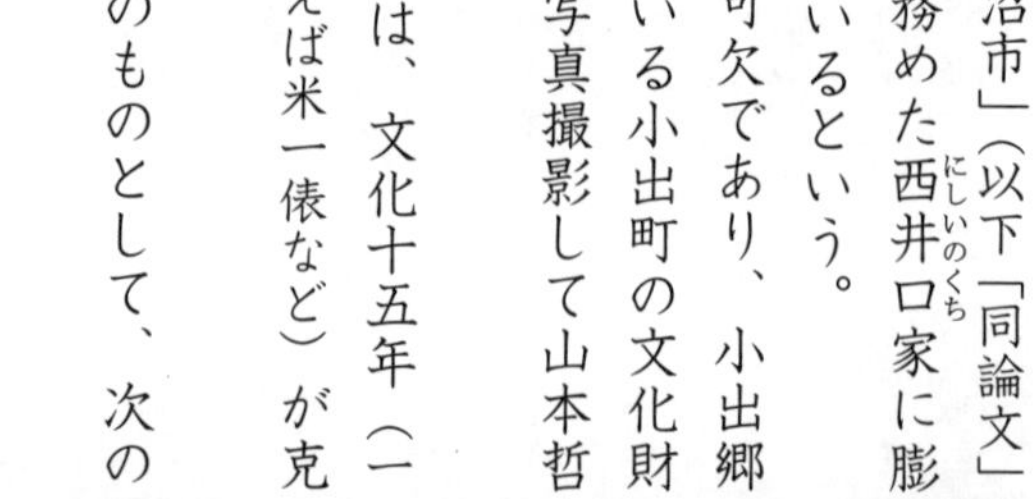

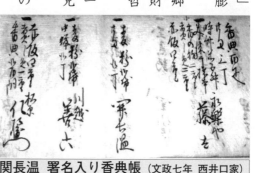

関長温 署名入り香典帳（文政七年 西井口家）

論文によれば、「葬儀の時斎《とき》の席順は実は大変重大なことです。この時点で大庄屋の葬儀の筆頭に位置づけられていることは関長温がいかに尊敬されていたかを物語るものと考えてよい」とある。

○　文政九年に、下村家の六代　清右衛門（長温の兄）の嫁が亡くなり（九月十八日没）、その葬儀の際の香典帳が残っている。この香典帳には「小出　南一片《なんいっぺん》　長温」とある。同論文によれば「南一片は南鐐二朱銀一枚ということで、これは六枚で金一両に相当する」という。

○　文政十年一月四日に、西井口家七代　新左衛門の後妻の葬儀があり、香典帳に「御時斎《おとき》（七ヶ寺院方の後に）長温老」と書かれている。同論文によれば、「これが長温が外部の資料に足跡を残す最後であり、ほぼ一ヶ月後の二月十四日に小出嶋で逝去する。兄の清右衛門が天明五年（一七八五）生まれであり、関長温が翌年の天明六年生まれとすると享年は四十二歳ということになる。ちなみに貞心尼は文政十年には三十歳であった。」

関長温がマスと離婚して、栃尾に駆け落ちして逃げた後に、再び小出に戻ってきたことも考えられなくもないが、当時は不倫・不貞は到底赦《ゆる》されるものではなく、香典帳に名前があることからも、小出に戻ってきたという可能性はほぼないと考えられる。

したがって、関長温はマスとの離婚後も小出に住み続けていたと考えられ、浮気した夫　長温の栃尾への駆け落ちは事実ではなく、それが関長温とマスとの離婚の原因ではないといえる。

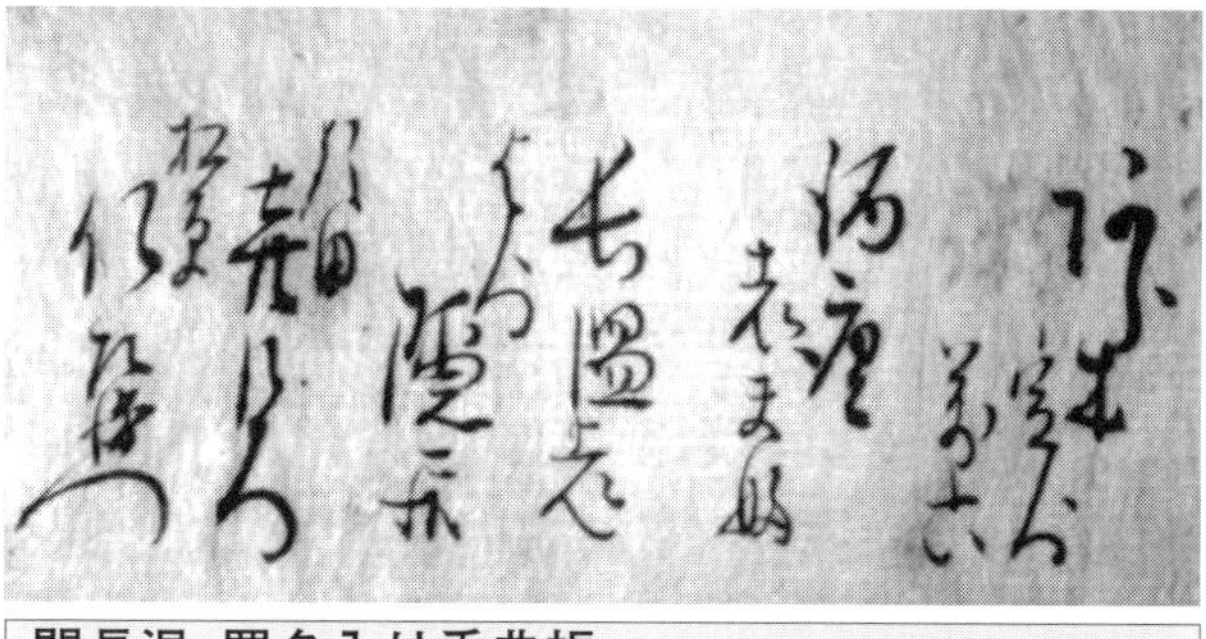

関長温　署名入り香典帳（文政十年一月四日　西井口家）

（4）「ジョウシン二」伝承

【昭和四十四年の伝承】

宮栄二氏が昭和五十四年に滝沢健三郎氏から「浜の庵主《あんじゅ》さま」伝承を聞く十年前に、滝沢氏からほぼ同様の伝承を松原啓作氏が聞いており、その内容が昭和四十四年二月二十五日の小出郷新聞に「貞心尼異説」として次のように掲載されている。

「今日 珍客が多かった日。夕方四日町の滝沢氏来訪し、昨年来貞心尼の夫 関長温が幻の人物となっている処から、これに酷似した伝説のある関玄達「俗称 医者どん」の墓が四日町に発見され、同氏が四日町の古老と栃尾の寺を訪ねた研究の結果をこう語った。

四日町の彦助どん（磯部家）の墓地に医者どんの墓と伝えられて居る一基がある。この墓の伝説は彦助どんで ワラジをぬいだ関玄達という医者があって、同家の一部を借りて医を開業した。玄達の医の師匠は長岡の関玄石といって、牧野公の主治医で、玄達も師匠に随《したが》って牧野公に出入りした。しかし玄達は四日町での評判は良くなく、あまり はやらなかったという。

その上、その妻は家中者《かちゅうもの》で、常に白足袋《たび》をはき、気位が高く、愛想がなく、世間つきあいも悪かったので、生活も余り楽でなかった。何年もたたぬうちに、天然痘が流行し、この奥さんは感染して、大変重く、治った後には耳の下に大きな痕跡《こんせき》を残した。それからはその痕跡を気にして、人に対す時には真っ向を避ける癖があったという。

玄達はその頃、彦助の娘を連れて、密かに四日町から姿を消してしまった。取り残された玄達の妻は浜へ行って尼になった。尼になってからも時々 四日町を訪ねて来て、みやげにニシンを一束づつ貰《もら》った話が伝わってる。四日町では通称 浜の庵主《あんじゅ》さま と呼んだが、名を「ジョウシン」といったという。四日町在住当時は小出の塩屋、西井口《にしいのくち》と懇意にしていた。

四日町から姿を消した玄達は栃尾で亡くなって通知があったが、実家の竜光の下村では誰も行かず、彦助どんが引き取って自分の墓地に葬った。墓石に文化六年とある。四日町には浜の庵主さまの書いたもの、良寛の書というものがあったので、見たが問題になるようなものはなかった。これが滝沢氏が語った概要である。

四日町に伝わっているこの関玄達と 浜の庵主さま の話が、関長温と貞心尼の伝説とが酷似《こくじ》していて、万一これが別人とすれば、よほど不思議である。単なるデッチ上げと思えぬ有力の説である。然《しか》しこれを貞心尼であり、関長温であると断定するには残念乍《なが》ら許せぬ二つの難点がある。

① 玄達の没年が文化六年だから、貞心尼が小出に嫁《か》したのが文化十一年で十七歳であるから、玄達の死後五年目に貞心尼が嫁に来たことになる。

② 玄達の妻は、天然痘の痕跡が耳の下に大きく残っている筈《はず》なのに、貞心尼の容貌については、あった人が口を極めて美しかった事を語って、痕《あと》のことや癖のあることは全然 伝わってないことである。

多少のズレや異説があっても重要の新説であるが、この二点がなんとも解決しない限り、どうにもならぬのであった。玄達が長温によく似た医者であった為の 貞心尼の伝説と混同し 誤り伝わった様《よう》にも考えられるが 再調すべき新説である。二．一九」

当時は関長温のことが詳しく分かっていなかった時代であり、偶然に関という同じ姓の医者が四日町と小出嶋という近い場所で開業し、かつその奥さんはどちらも長岡家中の娘で、二人とも後に尼になり、名前も貞心尼（テイシンニ）と貞心尼（ジョウシンニ）であった。

そんなことから、滝沢氏は 関長温＝関玄達、貞心尼＝ジョウシンニ と思っていたようである。そのため関玄達の実家を、関長温の実家である竜光の下村と語ったのではないか。

【ジョウシンニは実在した】

松原弘明氏は、貞心尼とは別人の「ジョウシンニ」は実在したと語る。

そして、その証拠となるジョウシンニの戒名と没年月日の書かれている日拝帳《にっぱい》（過去帳）の写しと、ジョウシンニの名が刻された無縫塔《むほうとう》（供養塔）の写真を見せていただいた。日拝帳は旧 湯之谷村（現魚沼市）折立又の慈眼庵《じげんあん》に関わった尼も載っており、折立又新田の星福司宅にあったもので、十五日のページに「孝屋貞心首座《しゅそ》　明治二巳年七月」と書かれてある。ちなみに、良寛愛弟子の貞心尼の場合は墓碑に、「孝室貞心比丘尼墳」と刻されており、全くの別人物である。

無縫塔（供養塔）は『湯之谷の石佛』（湯之谷村教育委員会　平成十六年）にも掲載されている。折立又新田の集落の入り口に禅僧了儀《りょうぎ》が建てた慈眼庵《じげんあん》があった。山奥の洞窟には了儀禅師が爪で彫ったといわれる羅漢《らかん》があるという。そして集落から一段高いところに「寮」（リョウ）と呼ばれる家があり、昔は尼寺であったといわれている。そこの代々の墓塔があり、その中に「孝屋貞心尼首座《しゅそ》、京慶恵春尼首座」と刻された無縫塔（供養塔）がある。

さらに、取材当時八十歳くらいだった下折立《しもおりたて》の星サトさん（昭和六年（一九三一）三月二十日生まれ、平成三十年十月二十一日没）の次の証言を、平成二十三年（二〇一一）八月十六日にビデオで記録したという。

「私の孫ばあさん（祖母）は上折立《かみおりたて》の星ミヤ（昭和四十四年五月二十四日没 八十四歳）です。いつも夜一緒に妹と眠ったものでしたから、小学校2～3年生位に上折立の実家で聞いた昔話です。何回も聞きました。

昔話で印象に残るのは、折立又《おりたてまた》の入り口の山の方にある庵寺《あんでら》の話です。昔はそこに「リョウ」というのがあって、尼寺《あまでら》のことを地元の人たちは「リョウ」と呼んでいました。ばあちゃんの話からすると尼さんが何人か住んでいました。偉い尼さんが住んでいて、その方は浜の方からおいでになった。浜って何だって、ばあちゃんに聞いたら、海だと言いました。昔の人は海を浜と言っていたようです。

「ばあちゃん話して」と言うと、昔話を眠るときに聞いた。その偉い尼さんは、旦那衆《だんなしゅう》の子供に読み書きを教えたり、下《しも》へ下《お》りてきて村に来て、托鉢《たくはつ》をしているとき、具合の悪い人があると親切にしてくれて、村人たちに親しまれたそうです。やさしい人だと言っていました。村人に好かれていました。

―その尼さんのお名前は「ていしんに」と言われませんでしたか？―

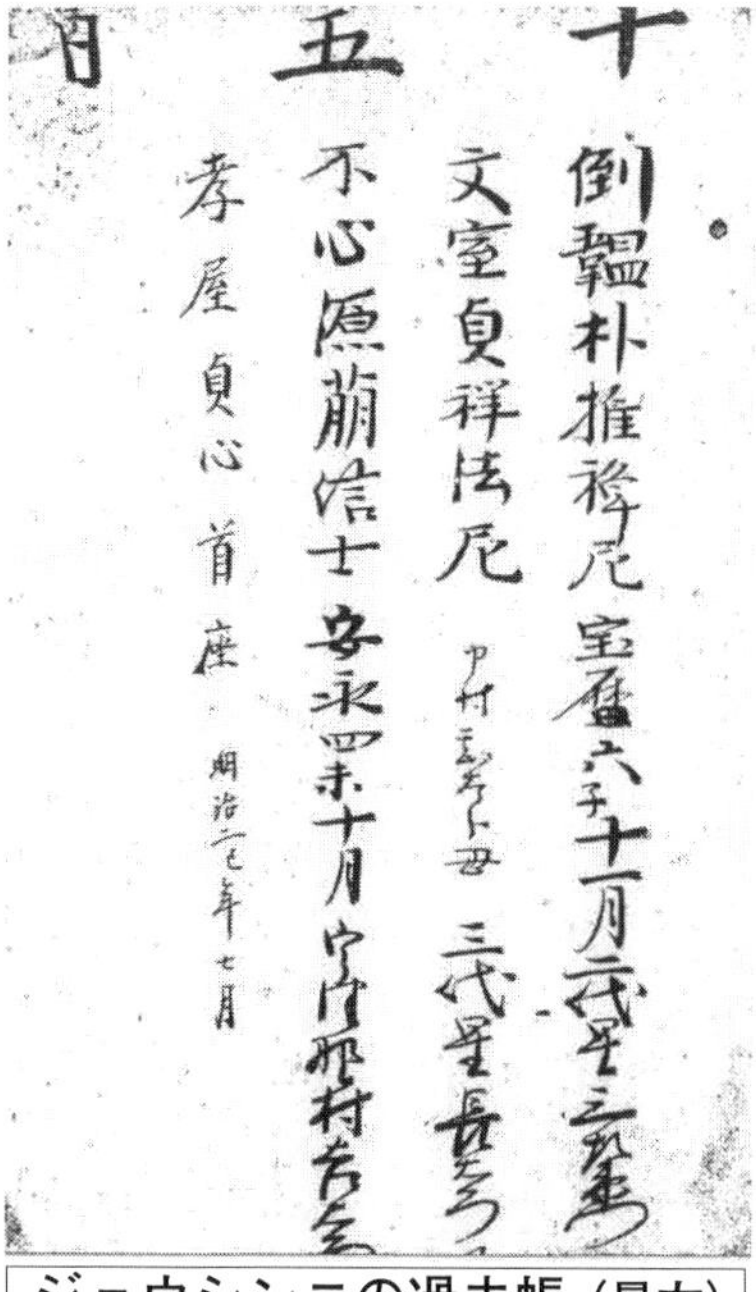

ジョウシンニの過去帳（最左）

いや、そうでなくて、「ジョウシン」さまと言葉が濁《にご》っていました。「ジョウシン」さまと言いました。

―特に漢字では教えてくれませんでしたか?―

ばあちゃんは学校を出なかったから、ひらがなは自力で読み書きできました。明治の初め頃生まれたから。

―その尼さんの特徴について、同級生の方が何か御存知《ごぞんじ》と言っておりましたね。―

同級生の折立又の大家《おおや》さん（屋号）である星福司さんのお宅の「あんにゃさん」と呼ばれていた方が、学校の戻りとか、休み時間とかに「こんだ、おまえたち、遊びに来《こ》いや。リョウに偉い尼さんが昔いたんだから。」そのときは遊びに行かんかったけど「いい人だった」と言っていた。片頬が疱瘡《ほうそう》を病んだことがあるらしい。星仁一郎さんの亡くなった倅《せがれ》さん、星仁一郎《じんいちろう》さんがそう言っていた。顔を見るとこわかったらしい。大家さんも人の話で、見たんではなかった。顔はこわかったけれど、やさしい人だったと、折立又の人たちも、このへん（下折立、上折立）の人たちもそう言って、人気《にんき》があったらしいですね。近所の星久平《きゅうへい》さんも「いい尼さんだったけれども疱瘡（天然痘）持ちだった」と言っていた。

私が祖母から聞いた話（祖母＝孫ばあちゃん）。折立又の「リョウ」に浜の方から来た偉い尼さんがいて、托鉢に歩いても、人を助けてくれたり、「リョウ」が狭いところだったけれど、旦那衆の子供に読み書きを教えたりしたそうです。それで、村人はよく言っていた。「托鉢に歩いていても、何でも手伝ってくれた。忙しそうなときは手を貸してくれたり。その方《かた》は浜のほうから来た。浜というのは海のことでとても広くて向こうが見えない位、広いところだ」と言った。子供のときは芋川《いもがわ》の発電所の堰堤《えんてい》が今よりもずっと水がたまっていましたので、海というのはあのくらいかと聞きましたら、「いやあ、向こうが見えない位、水があって広い」と言った。海には行ったことがないので想像がつきませんでした。その尼さんの名は「ジョウシン」さまと言いました。テイシンニとかジョウシンニとは言いませんでした。この辺の人たちは、ちょっと偉い人には「さま」と呼んでいた風習が昔はあった。同級生の折立又の大家《おおや》の星仁一郎さんは「その尼さんは疱瘡を病んで片頬がこわかったようだ」と言っていた。同級生の星ヒロオさんも「そうだ、そうだ」と言っていた。ヒロオさんは旅に行って亡くなった。仁一郎さんは福司さんのお兄さん。小学校2〜3年の時に ばあちゃんから聞いた。雷が落ちて三人で抱き合うように寝ていた。同級生と話したのはその頃で「リョウに尼がいた。そんなのがあるから来《こ》んでか」と言われたが、遊びには行かなかった。「ちょっとこわい顔だった」とは「ジョウシン」さまのことだ。疱瘡《ほうそう》を病《や》んでいたウワサがあって「疱瘡病《や》んだ」と言っていた。片頬に疱瘡を病んでいた。おっかない顔だがいい人だったと、亡くなった年寄りから子ども達が聞いていたのでしょう。同級生5〜6人とワイワイと遊んだもので、仁一郎さんとかがリーダーで、埼玉に行った星計次《けいじ》さんも「そうだ、そうだ」と言っていたから、星計次さんも記憶にあると思います。尼さんのことを悪く言う人は一人もいませんでした、ということです。2〜3人の子供、旦那衆《だんなしゅう》の子供に教えたらしい。「おれも習いたかった」と孫ばあちゃんは言った。「浜の方からきたあんじょさま」といつも呼んでいました。」

松原弘明氏は、さらに昭和六年二月二十日生まれの埼玉県川越市に住む星計次さんから、平成二十四年（二〇一二）一月二十七日に、電話で次の話を聴いたという。

「折立又の「リョウ」の尼さんは みやげにニシンとワカメを持ってきたと、父の妹（星キノ＝明治三十年頃生まれ）が言っていた。おっかない顔をして、オニババアの顔をしていた。尼さんからはワカメとニシンをもらった。疱瘡か何かわからないけど、アバタがあった。「浜の方から来た庵主《あんじゅ》さま」といっていた。名前は分からない。孫ばあさんから聴いたのだろう。私の親の家は星茂作《もさく》で屋号はモサクどんと呼ばれていた古い家だ。私が若い頃、「リョウ」には男ばかり住み、戦争で疎開《そかい》した人が住んでいたこともあった。「リョウ」には清水があり、池もあって、生活しやすかった。昔は学校がなかったので、当時は集落から一人か二人しか学校へ行《い》けなかった。「リョウ」では読み書きを教えていたと思う。明治二十七年十月生まれの祖父 星友一《ともいち》はそろばんと読み書きを「リョウ」で教えてもらったという。」

以上の松原弘明氏が旧 湯之谷村の折立又近辺の古老から聞いた話からすると、「ジョウシンニ」という尼が浜の方から来て、折立又の「リョウ」に住んで、托鉢をしたり、子供に読み書きを教えたりしていた。「ジョウシンニ」の顔の片頬《かたほお》に疱瘡のアバタがあって おっかない顔をしていた。みやげにニシンとワカメを持ってきたことなどがわかる。

滝沢氏が宮氏に語った「浜の庵主さま」伝承は、関玄達と「ジョウシンニ」という全く別人の話が、関長温と貞心尼の話であると誤解されて、語られたものではないかと思われる。山本哲成師の証言のとおりであろう。

最後に再度、「浜の庵主さま」伝承を項目毎に検証してみる。

・関長温は竜光《りゅうこう》村の酒蔵《さかぐら》の弟であったが、酒蔵の仕事に耐えきれず、長岡に渡り奉公に出たが、これもよくなくて、栖吉《すよし》の医者の弟子になり、長岡の家中《かちゅう》の娘（後の貞心尼）と一緒になり、四日町（現魚沼市四日町）の彦助ドンの家を借りて医者を開業した。

松原弘明氏によると、「下村家の酒造業は明治十七年に始められたということが下村家の古文書と下村家の本家の証言から確実である。したがって、滝沢氏は「竜光村の酒蔵の弟で、酒蔵の仕事に絶えきれず、関長温が医者になった」ことを創作（想像）したことになる。栖吉の医者の弟子になった人物と、四日町の彦助ドンの家を借りたのは関玄達であるが、関長温だと思い違いをされたようだ。なお、『堀之内町史』には、江戸期の竜光村には酒造業がなかったことが記載されている。」

・何年経っても子供ができなかった。

松原弘明氏によると、「良寛愛弟子の貞心尼も、「ジョウシンニ」も子供ができなかったようである。また、魚沼市小出稲荷町の正円寺の先代を高橋郁子さんが取材した際に、関長温は離縁後も、妻帯せず、子もできず、独り身で亡くなったことを聴いた」という。

ジョウシンニの無縫塔（山之内喜七氏撮影）

・妻は長岡の家中の娘で、黄表紙や発句が好きで、愛想が悪く、気位が高くて評判がよくなくて、はやらなかった。

松原弘明氏によると、奥村マスは和歌を好んだろうが、貞心尼が住んだ小出嶋の地元の伝承では、近所つきあいをほとんどしなかった。しかし、「黄表紙や発句が好きで、愛想が悪く、気位が高くて評判がよくなくて」の部分については、関玄達の夫人（のちの孝屋貞心尼《ジョウシンニ》）のことであると思われる」という。ただ、医業がはやらなかったのは二人の医者の共通点のようである。

・女房は器量が良かったが、片方の頬に疱瘡ができ、黒いアバタになり、行灯《あんどん》の影で一方の頬を隠すように座り、亭主に嫌われた。

この部分の伝承は「ジョウシンニ」のものと思われる。良寛愛弟子の貞心尼は生涯にわたって美しかったという伝承がある。

・酒蔵のおっさ（弟）と家中娘の夫婦仲はよくなく、亭主は彦助ドンの妹といい仲となり、一緒に栃尾の方へ逃げられた。

この部分の伝承は関玄達のものと思われる。「酒蔵のおっさ」は創作（想像）で付け加えられたもの。「家中の娘」は奥村マスではなく、関玄達の妻（のちのジョウシンニ＝孝屋《こうおく》貞心尼《ジョウシンニ》）で、彼らの夫婦仲が悪く、関玄達が不倫したこととなる。

・亭主に逃げられ実家に帰った後も、一・二度小出に来て身欠きニシンをみやげに配り、浜の庵主さま

と呼ばれた。」

この部分の伝承は「ジョウシンニ」と関玄達のものと思われる。

・魚沼市周辺では昔から浜といえば柏崎のことを指すと言われている。

良寛の愛弟子の孝室貞心尼《こうしつていしんに》も、関玄達の妻だった孝屋貞心尼《こうおくジョウシンニ》も浜の方で出家して尼になったようである。

4　二人の間に性的な関係があったのか？

【仏道の師匠と弟子】

私が良寛に関する最初の著作を発行した頃、「和歌でたどる良寛の生涯」という演題で講演を行ったことがあったが、その講演の終了後に次の質問があった。「良寛と貞心尼の間には性的な関係・肉体関係があったのかどうか」

その時はまだ、貞心尼については十分勉強していなかったので、基本的には仏道の師匠と弟子であり、年齢差が七十歳と三十歳で四十歳も違いますから、おそらくそういった関係には無かったのではないかと思う、というような回答をした記憶がある。

世の中には、そのような関係があったとしても人間らしくてよいのではないかと考えている人もいる。もちろん、現代の感覚では恋愛は自由であり、年齢差があっても問題とはならない。

だが、現代の人間的だとか「人間性」という言葉は、人間の弱くて悲しい性《さが》・本能を肯定している意味合いが強い。しかし、それは動物と変わらない「獣性」というべきもので、「人間性」とはその「獣性」を克服しようとする崇高な精神をさすものではないだろうか。仏道の師匠と弟子の関係を、男女であると言うことで、性的な関係があったのではと勘ぐることは、二人にとって迷惑千万のことであるだけでなく、人間性の冒涜《ぼうとく》であると言わざるを得ない。そして、厳しい邪淫戒《じゃいんかい》の戒律があるにもかかわらず、良寛と貞心尼の間にそのような関係があると主張する人は、良寛と貞心尼も仏に仕える資格がないと主張していることになるのだが、そのことに気づく様子もない。

良寛と貞心尼は基本的には仏道の師匠と弟子であるが、お互いが惹《ひ》かれあい、単なる好意以上の感情、お互いが愛しいと思う心を抱いていたことは事実であろう。

貞心尼の『はちすの露』に良寛の次の歌がある。病に臥《ふ》した良寛が、貞心尼の訪問を望んだ歌である。

あづさ弓　春になりなば　草の庵を　とく出てきませ　逢ひたきものを　(良寛)

(あづさ弓…春の枕詞)　(とく…疾《はや》く)

(訳　春になったならば、はやく草庵を出て、私を訪ねてきてください。逢いたいのです。)

良寛の、貞心尼と逢いたいという真情のこもった実によい歌である。良寛の歌の解釈に最も優れた歌人である吉野秀雄氏も激賞している歌である。そして、良寛の危篤の知らせを聞いて、貞心尼が駆けつけた時に、良寛が詠んだ次の歌がある。

いついつと　待ちにし人は　来たりけり　今は相見《あひ》て　何か思はむ　（良寛）

（訳　いつ来るかいつ来るかとお待ちしていたあなたは、ついに来てくださいました。あなたとお逢いして、お顔を見ることができて、今はもう何も思い残すことはありません。）

【恋学問妨】

「恋は学問の妨げ」という題の良寛と貞心尼の唱和の歌がある。扇面などいくつかの貞心尼の遺墨があり、貞心尼が晩年まで大切にしていたものである。この歌を根拠に良寛と貞心尼は明らかに恋愛関係にあったと考える人がいるので、この歌が詠まれた背景を考えることは重要である。

恋は学問の妨げ

いかにせむ　学びの道も　恋草の

繁りて今は　ふみ見るも憂《う》し　（貞心尼）

恋学問妨碑

（訳　どうしましょう。　学問を学ぶ身でありながら　恋心がつのって
今では書物を見るのも　うっとうしいのです。）

いかにせん　牛に汗すと　思ひしも　恋の重荷を　今は積みけり　（良寛）

（訳　どうしようか。本を積んだ車を引く牛が　汗を掻《か》くほどの　たくさんの書物を読んで
学問に励んできたが　恋という苦しい重荷を　今では積んでしまいました。）

「牛に汗す」は、「汗牛充棟《かんぎゅうじゅうとう》」という言葉、蔵書が多いと引っ越しの時にその荷物を運ぶ牛が大汗をかくことから、蔵書の多いことの譬《たと》えにつかわれる言葉、を踏まえた句である。

この唱和の歌は貞心尼の『蓮《はちす》の露《つゆ》』の唱和編には書かれていない。おそらく貞心尼は、仏道の師匠であった良寛との関係を、恋愛関係であったとの誤解を与えることを恐れて、『蓮の露』には入れなかったのだろう。しかし、貞心尼にとっては、大切な歌で、生涯大事にしていたのである。

この二つの歌は日本三大歌人の一人（注1）と言われた良寛と、幕末の三大女流歌人の一人（注2）とも言われる貞心尼との間で交《か》わされた歌である。

そして掛詞《かけことば》がふんだんに使われているのではないかという解釈もある。

例えば、文見《ふみ》るという言葉には、文章を見る（読む）という意味の他に、踏（践《ふ》）んで行うと言う意味を持たすことがあるという。

「恋」は、請《こ》い、乞いの掛け言葉。こいぐさは、乞い草で、頼まれごとでもある。

貞心尼のような、歌の道にすぐれた人ならば、次の意味を持たせた歌として詠んだとも考えられる。

「どうしようもなくて、学問の道にも、師の文《ふみ》を頼んでくる人が現れて、今は、庵を訪ねることも、文をお願いすることも、気が重い」

良寛の返事もまた、洒落ている。

「どうにもならないのはお互い様で、儂《わし》なども、大汗をかいて学問したと思ったのに、今は、書などを乞われる重荷を積んでいる」

二つの歌に共通するのは、はじめの、「如何《いか》にせん」と「今は」です。

「如何にせん」と、どうしましょう。どうにもなりません。と前置きしている。

「今は」では、貞心尼が、「恋草の、しげりて今は、ふみみるもうし」と、問いかけているのに、良寛は、「恋の重荷を、今は積みけり」と、返している。

本当の貞心尼の恐れは、心の中で、師の良寛さまから仏道を学ぶことに、自分が楽をしようということで、恋心＝乞い心（怠け心）に、安住しようと思うことでしょう。

（注1）市川忠夫氏の「良寛歌を和歌史上の頂点とした　久松潜一博士」（『良寛』第四十四号、平成十五年十二月）の一部を抜粋させていただくと、その概要は以下のとおり。
「国文学の父ともいわれる久松潜一博士（東大・國學院大學教授）が、昭和三十六年（一九六一）十月、六十六歳、

和歌文学界第七回大会のため、仙台へ旅行、東北大学に於いて、同大会の公開講演会で講演された。演題は「和歌史における三歌人」。

この講演の中で、久松先生は、日本の和歌史上の最もすぐれた三人の歌人を挙げられた。一人は「和歌の出発点として、もしくは歌謡と和歌との境にあり、集団的和歌と個性的和歌との境にある歌人」としての万葉の柿本人麻呂もう一人は「耽美的な和歌の極点にたつ歌人」としての新古今の藤原定家最後の一人は「人間的な和歌の極点にたつ歌人」としての良寛

久松先生は著書の中で、良寛の人間性について次のように述べている。

良寛は人間と芸術とが一体となった作家、言いかえれば人生歌人の代表と言える。その芸術も書と漢詩と和歌のそれぞれにすぐれている。それは、良寛の人間性が、自らその歌や漢詩や書の上に現れていると言ってよい。そこで良寛の研究には人間性の研究が重要になる。そうして良寛は坪内逍遥の『少年と良寛』で扱われているように無邪気な童心ということで知られているが、たしかにそういう面はある。しかしそれは良寛の一面に過ぎない。一方に孤独な、寂しい人間の面がある。或いはそういう孤独な寂しい人間であった所から出発して、次第に無邪気な童心に近い人間性を得てきたとも言える。物にとらわれない飄逸《ひょういつ》な人間が形成されてきたのである。彼の境涯を見てもその家の衰退から孤独なさびしい人生経験を積んでおり、それから来る憂鬱な人間性が次第に修行鍛錬によって飄逸なとらわれない人間になって来たと見たい。」

（注2）ちなみに幕末の三大女流歌人の残りの二人は、加賀の千代女と蓮月尼であるという。

この唱和の歌について、堀桃坡《とうは》氏は『良寛と貞心尼の遺稿』の中で、次のように述べている。

「貞心尼の歌は戯作《げさく》と見なすべき歌で、その恋草ということばは万葉集から来ている。巻の四、広河女王《ひろかわのおおきみ》の歌二首と題した中に

「恋草を　力車《ちからくるま》に　七車《ななくるま》　積みて恋ふらく　わが心から」

貞心尼の歌は女王《おおきみ》の歌とは趣《おもむき》を異にしているが、恋草ということばはたしかに広河女王の歌から来ているにちがいない。

思うに、或るとき良寛が貞心尼外《ほか》二三の女性に何かの話のついで、多くは万葉集の歌物語をした折り、こんな歌がある面白いではないかなどといったかも分からない。良寛のような人でもやっぱりこんな歌には興味を覚えていたと見なければならない。或いはそのときみんなして一つ恋の歌を作ってみようなどいったかも分からない。

しかし貞心尼もこれを「はちすの露」には遠慮していたのだろうと、先年玉島から来た方もいっていられた。

良寛にしろ、貞心尼にしろ、実際恋心を歌ったとは思われないが、さりとて全然恋心がなかったとはいえない。貞心尼は武士の家に生まれ、加うるに仏に仕える身なので、恋などという事はつつしむべきことだ、恥ずべき事だ、と思っていたに違いない。良寛にしても古木にひとしい身になったとはいえ、やっぱり恋などという事は、思ってみるだけでも、楽しい事であったに違いない。そこで互いに冗談にかこつけて、詠み交わしたのではないかしら。」

この歌の本質は「題詠」にあると、内山知也《ちなり》氏は「「恋学問妨」の歌について」(『良寛と貞心　その愛とこころ』考古堂)の中で、概ね次のように述べている。

「この歌は貞心尼が師の良寛に恋心を寄せて訴えたのに対して、良寛が応えたものだと解釈し、貞心はそれをひそかに隠し持っていたのが伝わったものだと認識されるむきもある。しかし「恋学問妨」という題が示されている以上、この歌は伝統的な「題詠」の歌として詠まれたものである。なお、中村家には別に短冊《たんざく》に書かれた「恋学問妨」の歌もあるから、貞心尼はこの歌を決して秘密にする気はなかったといえる。

「恋学問妨」というのは、当時の良寛の周囲の歌の集まりで、提示された歌題《かだい》である。当然この歌が作られた場には、何人か歌の会の人たちが存在したであろう。また、何人かの歌人がこの題で歌を作ったと考えられる。貞心もその中にいて、その際作られた良寛の歌と自分の歌を併記して記録したのがこの紙片であったのではないか。

「恋学問妨」という歌題は、宝永七年(一七一〇)刊の『新明題和歌集』という宮廷歌人の選集には既に出ている。

恋学問妨　　　　　　幸仁

はかなしや　学ぶる文は　手にとらで　みるはつれなき　人の玉章《たまづさ》

「いかにせん」という初句のある後水尾院《ごみずのおいん》の「適逢恋」の歌は

いかにせん　年にまれなる　逢ふことを　待ちしさくらに　人のならはば

「恋草がしげる」という句を持つ歌には、兼連という人の「不逢恋」にある

いかなれば　我が恋草は　しげれども　人に結ばぬ　契りなるらん

貞心の歌は歌題といい傾向といい、この歌集の性質に非常に似ている。良寛と貞心尼がこの歌集を読む機会は十分にあり得た。

安政七年（一八六〇年）刊の『大江戸倭歌《わか》集』にも、「恋学問妨」という歌題の歌もあるし、歌城という人の「寄忍草恋」という題の歌がある。

恋草に　そへて忍ぶは　としつめど　ちから車の　やるかたもなし

この歌は良寛の歌と共通点があるのを見て取ることができる。

要するに、「恋学問妨」という歌題は、良寛と貞心より百年くらい前に宮廷歌人の間から京都や江戸庶民の歌人達の間に流出し、江戸の町でも、越後の与板、島崎、出雲崎のあたりでも作られていたので

ある。二人だけが他人に秘密に恋心を嘆き合っていたのではない。

ではなぜ、僧侶と尼僧がこのような歌を臆面《おくめん》もなく作ったのだろう。

第一の理由は、平安時代の慈円僧正《じえんそうじょう》以後、僧が宮廷歌人と交流することになり、宮廷における恋歌全盛のあおりを受けて、歌合わせや応制《おうせい》の場で、どうしてもそういうものを作らざるを得なかったこと。

第二の理由は、鎌倉室町の中世のみならず、良寛の時代の越後の僧たちも、たくさんの恋の歌を作って当然の社会だったからである。

安政二年（一八五五）刊の『北越三雅集』を見ると、戸石の釈顕道の題が「稀恋」という次の歌など多数の恋の歌がある。

関守の　うちぬる隙を　よすがにて　あふ夜まれなる　契りかなしも

貞心の『もしほ草』にも

月前待恋といふ事を

君くやと　ねやへもいらず　はし居して　心しらなる　月を見るかな

いつわりに　なれてもさすが　待ちよひの　あだに更けゆく　月さへぞうき

身を恥て不言恋

露だにも　いかでもらさむ　数ならぬ　身ははつかしの　森の下くさ

というような恋を題材とする作品がある。これらの作品はすべて題詠の作であって、自分の直接体験を告白しているわけではない。伝統的形式の枠の中で、いかに美しく表現するかという創作技巧をこらしておるだけのことである。

僧に与えられた邪淫戒《じゃいんかい》はまことに厳格なはずなのに、なぜ恋の歌を残すのであろうか。

この恋の歌が学道の途中に湧き起こる妄念を発露《ほっろ》白仏《びゃくぶつ》したものであるならば、諸々の僧の歌は彼らの魂の救済のための祈りであると言えるのではないか。恋は確かに学問の妨げである。執着は死ぬまで離れられない人の本能であるから、それを脱却するにはもはや祈るしかない。懺悔《ざんげ》するしかないと考えられたのであろう。

良寛と貞心尼の選んだ歌題は古くて形式的なものではあったが、二人は結んだ師弟の関係にそこはかとなく漂う男女の感情を意識せざるを得なかったために、この懺悔の歌を作り、真剣にこの感情から超脱しようと試みたのではなかろうか。風雅《ふうが》を愛する歌人としての心と、仏道を求める若い尼僧としての情感が、古典の強い枠の中

夏戸の本光寺

で融合し、懺悔成道《じょうどう》の救済を祈っているように思われるのである。」

良寛と貞心尼は、文政十一年（一八二八）の夏、旧 寺泊町（現 長岡市）の夏戸《なつと》の浄土真宗本光寺で、住職で歌僧《かそう》の義成《よしなり》の四十歳を祝う歌会が開かれ、山田静里らとともに参加した。このときの良寛の次の歌の歌碑が本光寺にある。

ことしより　きみがよはひを　よみてみむ　松の千年を　ありかずにして　（良寛）

このような正式な歌会だけでなく、良寛と貞心尼は、与板の和泉屋山田家などで、山田杜皐《とこう》やその妻のおよせさんなどのごく親しい人たちだけで、和歌を唱和することが度々《たびたび》あったのではないかと思われる。

【性的な関係にはなかった】

良寛遷化後 幾ばくもない頃の良寛の妹・妙現尼と唱和した貞心尼の歌がある。

わかれては　立ちも帰らぬ　さす竹の　君がかたみの　我身かなしも　（貞心尼）

天保四年（一八三三）貞心尼三十六歳の年、良寛の三回忌に墓碑が建立され法要が開かれた。その時の墓前での貞心尼の歌がある。

立ちそひて　今しも更に　恋しきは　しるしの石に　残るおもかげ　（貞心尼）

このように、貞心尼は師匠良寛を慕う強い思いを生涯持ち続けていた。しかし、たとえ互いに多少の恋愛感情に近いものがあったとしても、二人の関係は決して一線を越える性的な関係にはなかったと思われる。七十歳の良寛と三十歳の貞心尼の四十歳という年齢差もさることながら、いくつかの理由が考えられる。

【理由その1　江戸時代の道徳観】

良寛が生きた江戸時代の封建社会は、現代とは道徳観が大きく異なった時代である。現代の不倫は道徳的に多少非難されることがあっても刑事罰とはならないが、江戸時代は、不倫すなわち不義密通は極めて重い刑罰が科された重大犯罪であった。特に聖職者である僧侶が同じ聖職者である尼僧との間に性的な関係を持つというようなことは決してあってはならないこと、単なるタブーではなく重大な犯罪的行為であった。

男性の僧侶の場合は、浄土真宗では妻を持つことは許されていたし、女性と関係をもって大目に見られることはあったとしても、尼僧の場合は、男性と関係を持つことは、厳禁という厳しい掟があった。聖職者である尼僧と男性の僧が関係を持つことなどはもってのほかなのである。

明治に入ってもその風潮は残り、土佐の高知のはりまや橋で愛する人のためにかんざしを買ったお坊さんが歌にも唄われているが、そのお坊さんは愛する女性と駆け落ちし、関所破りの罪で、二人とも別々の場所に追放処分となっている。
そうした時代であったからこそ、良寛は弟子の貞心尼と一緒に歩くことさえ人目を気にして憚《はばか》るほど、慎重であった。二人の唱和の歌がある。

いづこへも　たちてを行かむ　明日よりは　からすてふ《ちょう》名を　人の付くれば　（良寛）

山がらす　里にい行かば　子がらすも　誘《いざな》ひてゆけ　羽根弱くとも　（貞心尼）

誘ひて　行かば行かめど　人の見て　怪しめ見らば　いかにしてまし　（良寛）

鳶《とび》は鳶　雀は雀　鷺《さぎ》は鷺　烏《からす》と烏　なにか怪しき　（貞心尼）

いざさらば　我は帰らむ　君はここに　いやすくい寝よ　はや明日にせむ　（良寛）

「良寛が里に行くなら、私も連れて行ってください」と貞心尼が言うと、良寛は「人が見て怪しんだらどうしよう」と答えたのである。

そして与板で一緒に逢っても二人が泊まる場所は、貞心尼は和泉屋山田家、良寛は由之の松下庵（または新木家）と別々であった。貞心尼が島崎の木村家に良寛を訪ねたときでも、逢って仏道の話をした場所はおそらくは木村家の母屋ではなかっただろうか。話が終わって良寛は木村家の裏庭の自分の庵室に戻って寝ただろうし、貞心尼は木村家の母屋の客間に泊めてもらったのではなかっただろうか。

良寛は示寂する前年に貞心尼が住んでいた福島《ふくじま》村（現 長岡市）の閻魔堂を訪れるという約束を貞心尼としたようだが、体調が悪くなったため静養しているうち、その約束を果たせなくなり、次の歌を書いた手紙を貞心尼に送っている。

秋萩の　花の盛りも　過ぎにけり
契《ちぎ》りしことも　まだとげなくに
（良寛）

仮に約束通り閻魔堂を訪れたとしても、そこで泊まったりすることはなかっただろうし、あるいは誰かを同行して訪問したかもしれない。

このように、良寛は貞心尼との交流において、他人からあらぬ疑いをかけられることのないように細心の注意を払っていたのである。

また、二人の関係が潔白であるがゆえに、良寛も貞心尼も堂々とその交流を和歌に残されている。もしも邪《よこしま》なものがあったならば、どうして貞心尼は『蓮の露』にまとめて、後世に遺したであろうか。

洞雲寺

【理由その2　良寛の生き方・座右の銘】

そして何よりも、良寛は「一生香《こう》を成せ」を座右の銘としていた。「生涯いい香りを発しながら生きよ」という、ある意味では、自分に対する厳しい戒めのことばである。

この座右の銘によって、良寛は常に自分の心を奮い立たせていたのである。一生努力して、飛び抜けた美しい心で清く正しく生き、万人に慕われる人格者となった良寛はまさに「香を成した」のであった。良寛は「一生香を成せ」という言葉によって、良寛という清冽《せいれつ》な人間を作り上げたのである。そのような良寛が、貞心尼との関係において、他人から後ろ指をさされるような行動をとるはずがないのである。

【理由その3　婆子焼庵】

「婆子《ばす》焼庵」という公案（禅問答）がある。

「昔、一人の老婆が、ある僧に、庵を提供して住まわせ、衣食の世話もして、二十年が過ぎた。僧は生活の心配をすることなく、禅の修行に専念できた。この二十年間の修行で、彼の心はどのように鍛えられ、どのような境地に達したのだろうか。老婆はその境地を確かめようとした。これまでも常に二八（にはち、十六歳）の美少女に食事を運ばせていたが、ある日老婆はその少女に言い含めて、僧にしっかり抱きつかせて、「このような時はどんなでございますか」と問わせた。すると僧は答えた「枯木寒巖《こぼくかんがん》に倚《よ》る、三冬《さんとう》暖気なし」（年数を経た老木が冷たい巖《いわお》に寄り添って立っているようなもので、冬の三ヶ月のように冷たく澄みきってまったく暖かみのない、冷静な心境だ）と。少女は帰って、僧の言葉を老婆に報告した。すると老婆は非常に腹を立てて、「われ二十年、ただこの俗漢を供養し得たり」（私は二十年もの間、苦労してこんな俗物を養ってきたのか）と言って、その僧を追い出して、それでも足らずにその庵まで焼き払ってしまったというのである。」

この僧は自己の欲望を抑制して、枯木寒巌になるための修行を続けていたのであるが、それが、老婆の気に入らなかったようだ。ではどのような答えをすれば、老婆は気に入ったのだろうか。それがこの公案のねらいである。

禅の修行の目的は、本来の面目《めんもく》（各人が本来備えている真実の姿）を明らかにすることである。僧が本来の面目を明らかにしているのかどうかを、老婆は確かめようとして、わざと僧に十六歳の美少女を抱きつかせたのである。

欲望のおもむくままに、事に及べば、不淫戒を犯すことになり、僧としては失格、即破門である。

公案（禅問答）には正解はこうだというものはない。修行僧が自分なりに必死に考えて、その答えを師匠に示すのである。

そこで、良寛がこの僧の立場だったら、どう答えるだろうか。円通寺の国仙和尚のもとで、十数年もの間、厳しい修行を重ね、印可《いんか》の偈《げ》を授かったほどの良寛である。決して、「枯木寒巌に倚《よ》る、三冬暖気なし」とは答えないだろう。抱きついてきた少女に、にっこりと微笑んで、「可愛い娘さんじゃのう。そなたはおいくつかな」などと、やさしい言葉を投げかけるのではないだろうか。

無心になって、どのような「はからい」や執着心・分別心も持たないときに、ごく自然な感情がわき上がってくるのは、人間のもともとの姿であり、そうした自然な心のおもむくままに、今その時を精一杯に生きてきたのが良寛である。「騰騰任天真《とうとうてんしんにまかす》」の生き方である。

若く美しい尼僧が目の前に現れれば、美しいと思うのは人間本来の自然な感情であり、良寛もそう思ったはずである。だが良寛は、この美しい尼と毎日でも会いたいなどと思うような執着心はもたないであろう。ましてや、不淫戒を犯すようなことは決して考えることはないはずである。貞心尼との出逢いでもそうだったに違いない。

【二人の関係は疑似親子？】

良寛は出家前の名主《なぬし》見習役の頃に妻帯しており、半年で離別し、生家 橘屋を出奔《しゅっぽん》した。そして、離別した妻にはその後女の子が生まれたが幼くして亡くなったという。おそらく良寛は若く美しい貞心尼を見て、今は亡き自分の娘の成長した姿を重ね見たのではないだろうか。

また、貞心尼も幼くして母に死別し、乳母のもとで育てられたことから、両親から愛情をたっぷり注いで育てられたわけではなく、良寛に理想の慈父の姿を見出したのではないだろうか。

良寛の晩年の足かけ五年（実質四年）という短い期間ではあったが、貞心尼と良寛はお互いが実の親子のように感じながら、清らかな心の交流を深めていったのであろう。

【瀬戸内寂聴師の言葉】

瀬戸内寂聴師の「貞心尼と良寛」という題の講演が平成四年（一九九二）に柏崎市であった。その講演録が中村昭三編『良寛と貞心　その愛とこころ』（考古堂書店　平成五年（一九九三））に掲載されている。その一部を抜粋させていただく。

「（前略）貞心尼と良寛様が肉体関係があったということを書かれた書物もございます。けれどもこれは出家ということがどういうことか分からない方のお書きになったもので、私はこの二人のことを調べるほど、（『手毬《てまり》』という小説を）書いていけばいくほど、二人が本当に清らかな間柄だということを疑いもなく確信いたしました。

だって良寛様は七十歳なんだもの、もうできませんよ、なんて言う人もありましたけれども、そんなことはありませんよね。お坊さんの中には九十歳過ぎて子供を産ました人も何人かいます。私も知っています。ですから、七十歳でも稀なる人はそういうことができるのですよね。まして貞心尼はこの頃、三十歳でございますから女盛りでございます。その二人の間に何かがあったってそれは可能だと私は思います。けれどもお二人の間にはそういうことはありません。

この二人が交わした歌が、非常に情愛が濃《こま》やかで実に素直な歌で、特に良寛様の歌が本当に率直で、愛情を恥ずかしげもなく吐露《とろ》して素直なものですから、これは完全な相聞歌《そうもんか》、いわゆる恋歌《こいうた》で、恋の歌だと解釈する人もございます。

もちろんこれは愛の歌です。けれども恋の歌ではありません。これは明らかに師弟の愛の歌であり、人間と人間の愛の歌でございます。それだからこそ、この『はちすの露』が美しく清らかなんです。

それだから貞心尼が臆面もなくそれを自分の手で書き残し、後世に伝えようとしたわけでございます。もしもやましいものがございましたら、それを貞心尼は書き残さなかっただろうと思います。自分と良寛様の二人の秘密だから、自分が大切にして、自分だけでそれを心に抱いて、そしてだまって死んでいこう、と考えただろうと思います。これは彼女にやましさがなく、良寛様にやましさがなかったからでございます。(後略)」

第二章　貞心尼の波瀾の前半生

1　関長温との結婚は駆け落ちだったか

晩年の良寛の仏弟子となって交流した貞心尼は、越後長岡藩の下級武士の二女 奥村マスとして、寛政十年（一七九八）に生まれた。三歳のときに母に死別、女中の八重によって育てられる。（小出郷新聞社創業者で魚沼市 小出公園に貞心尼歌碑を建立した祖父 松原啓作氏の代から、永年にわたって貞心尼を研究されている松原弘明氏によれば、母は寛政十二年（一八〇〇）十月九日没（月光貞圓大姉《だいし》）。奥村五兵衛《ごへえ》家過去帳調べ）

マスの名前について、木村秋雨《しゅうう》『越後文芸史話』に概ね次の内容の記述がある。

「良寛さまから貞心尼に送られた手紙、すなわち地蔵堂 中村家から出された「秋萩の花も さかりをすぎにけり」の歌入りの手紙は、貞心尼から北魚沼郡小出の松原家（注）に進上された。松原家では表装をして楽しまれたことでしょう。その後、松原家で整理の時に出まして、同所の丸木さん（渡辺敬太郎氏）へ納まった。この時に、この軸の巻留に「升尼あて」とあった。小出では升尼は「しょうに」と呼ばずに、「升尼《ます》」と呼んでいた。これが貞心尼、俗名マスの出所。貞心尼在俗の頃、小出の医師 関長温に嫁いだので、小出の人たちは俗名を知っていて、マスを「升」と書いたものと思われる。

なお、この手紙は昭和の初年、丸木さんから、長岡の井口庄蔵さんの所へ納まった。」

（注）松原家とは松原雪堂《せつどう》（俊蔵）のことである。のちに貞心尼から良寛肖像画を依頼され、その礼に良寛からの手紙を頂いた。雪堂は昭和期には「かねき」、平成以後は「タケヤ時計店」の位置に住居していた。

中村藤八《とうはち》氏が智譲尼《ちじょうに》から聞いた話が『浄業餘事《じょうぎょうよじ》』に記述されており、次のような話もある。

「マスは糸を紡《つむ》ぐ作業で賃金を得ており、親には毎日申し付けられた分だけ紡いだ糸を渡し、その残りをお金に換えて、筆墨紙を求め、学問をしていた。囲炉裏でチガヤを焼くときに、手拭《ぬぐ》いをかぶり、囲炉裏の中の灰に字を書いて、字を覚えた」

学問好き、文学好きな少女で、努力家だったようである。

貞心尼の『蓮《はちす》の露』は難解な平安文法の擬古文《ぎこぶん》で書かれており、その文字も流麗《りゅうれい》な草仮名《そうがな》である。まともな教育を受けられなかった当時の女性としては、マスはなみはずれた努力によって、独力で文字や学問を学んでいた。その努力は関長温との夫婦時代や閻王寺《えんのうじ》での尼僧時代も続けられ、おそらく源氏物語や伊勢物語などの古典もたくさん読んでいたのではないか。武家の娘として、花、茶、和歌の心得があっただけでなく、書も巧みで、古典や文学の教養も有していた。

『蓮の露』『もしほ草』といった歌集を残して、生涯にたくさんの優れた和歌を詠んだ貞心尼は、まさに「幕末の三大女流歌人」と呼ばれるに相応《ふさわ》しい教養人・文化人であった。

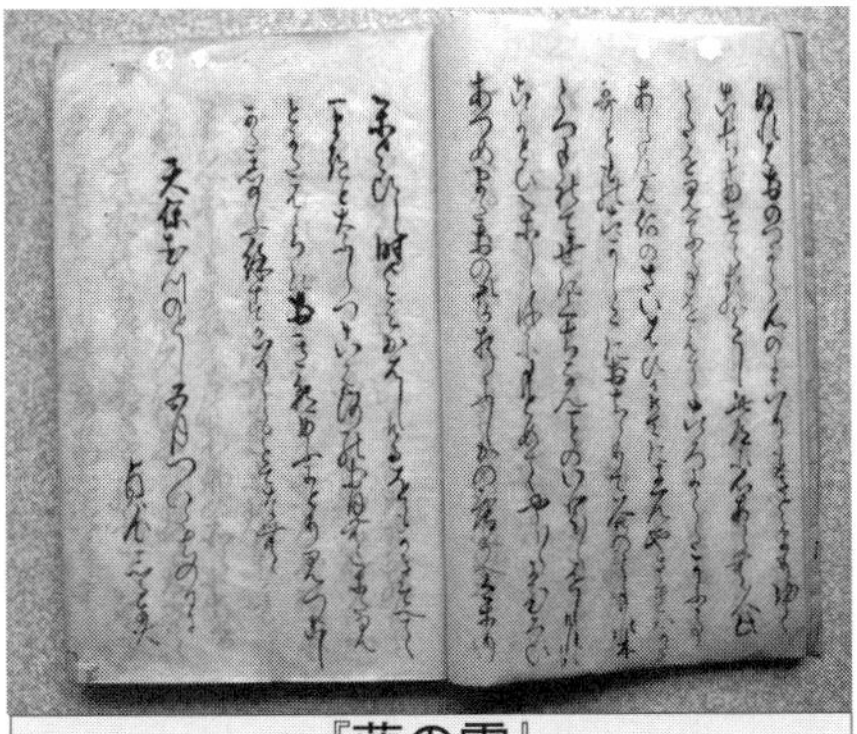
『蓮の露』

奥村マスと関長温との結婚の経緯について、松原弘明氏の語るところを要約すると次のようになる。

「マスは少女時代に長岡城に御殿奉公に上っていた。長岡小町と呼ばれたほど美しかった（小柄、凄味を帯びた稀な美人、面長《おもなが》で鼻が高い。松原啓作調べ）。十五歳のマスが城中で奉公していたときに、とある上級武士の侍から見初《みそ》められ、妻にしたいという申し入れが奥村家になされた可能性があると思われる。奥村家は大工（松原啓作調べ）をする下級武士（鉄砲台師）で、結婚の申し出を断ることができなかったのではないか。しかし、マスは、その若侍と一緒になることを望まなかったものと思われる。

そのころ、長岡城にときどき出入りしていた漢方医の助手として、関長温《ちょうおん》（「ながたみ」と読んだか？）という男がいて、独身であった。関長温は御殿《ごてん》に往《ゆ》くと、奥女中達がのぞき見しあったほどの美男であったという。マスも関長温にほのかな思いを寄せていたのであろう。武家の娘と平民という身分の違いもあり、なんとか、関長温と駆け落ちしてでも、逃げ出すことしか思い浮かばなかったのではないか。

ある日、マスは関長温に、私と一緒になって駆け落ちしてほしいと懇願した。長温はマスの美しさと、自分への熱い情熱を感じたのか、マスの申し入れを受け入れたようだ。マスは長温を説得した後、実家にはその旨を伝え、神隠しにあったことにして、決して探さないでくれと頼み込んだのではないか。マスには姉がいたから、味方してくれただろう。

そして、関長温と長岡城東の千手観音《せんじゅ》（と思われる）で夕刻に駆け落ちしたマスは、山古志《やまこし》の険しい山道の峠越えを行って、長温の実家である竜光村《りゅうこう》（旧 堀之内町、現 魚沼市竜光）の下村家《しもむら》にたどり着いて、しばらくそこで身を隠していたというようなことが考えられる。その後、長温とマスは下村家で祝言《しゅうげん》をあげた（松原啓作調べ）。

長温とマスは堀之内（現 魚沼市）の吉水村《よしみず》（当時）で漢方医をしていた関道順《どうじゅん》（「みちなり」と読んだか？）の両養子になって、小出嶋村《こいでじま》（旧 小出町、現 魚沼市）で開業した。寒村の吉水村では人口が少なく、養父と医業はとてもやっていけないため、発展と人口増加が見込まれた小出嶋村で開業したようだ。

場所は小出嶋村の西井口家《にしいのくち》の代門《だいもん》に空いた家があると聞いて、そこで開業したが、西井口家は当時の役所でもあり、マスは家の中に隠れていなければ、噂が長岡城下まで伝わってしまう。このため、マスは近所づきあいをしなかった。

開業した時期については、文化十年（一八一三）には小出嶋に開業していた。このことは、文化十年七月二十二日に長温の父である下村家第五代　藤蔵（恭林）稱擅院恭樹雙林法師が死去し、その香典帳に「小出嶋　長温」と記載されていることからわかる。

小出嶋での開業が文化十年（一八一三）以前であるとすると、マスと長温の結婚はそれ以前となり、仮に文化十年だとすると、マスが十六歳の年ということになる。

マスと結婚したときの長温の年齢を考えて見る。下村家の過去帳に、清次郎《せいじろう》（長温の本名）の兄の第六代　清右衛門《せいえもん》（光重）が嘉永四年（一八五一）六月十三日に六十七歳で没していることから、兄の生年は天明五年（一七八五）だとわかる。前当主　下村清一郎《せいいちろう》夫人の資料から兄弟は八人であった。八人兄弟の二番目の子である次男の清次郎（長温）が長男　清右衛門の一歳年下と仮定すると、関長温は天明六年（一七八六）年生まれとなり、マスよりも十二歳年上の二十八歳ということになる。長温の母（中条村　中林半右衛門妹　自證院微風揺珞比丘尼）は天保六年（一八三五）四月一日に七十七歳で死去しており、宝暦九年（一八五九）生まれである。長温が生まれたと仮定した天明六年（一七八六）には、長温の母は二十八歳だったことになる。」

関長温と奥村マスの結婚は奥村マスが十七歳の時と多くの研究書にあるが、その根拠は不明である。良寛の伝記でも、十八歳で光照寺に入った（注1）とか、越後への帰国は寛政八年（一七九六）良寛三十九歳の年（注2）であったなど、根拠があまり明確でない説が多くある。

マスは文化十年（一八一三）に十六歳で結婚したとすると、『浄業餘事』の智譲尼からの聞き書きに「貞心尼離縁（八・九年間 夫婦トナル）」とあるので、マスが離婚した年齢は、文政四年（一八二一）の年、二十四歳と思われる。

（注1）良寛は十八歳で生家橘屋を出奔して、坐禅修行を始めた。二十二歳の時に越後に巡錫《じゅんしゃく》してきた備中 円通寺の国仙和尚によって、光照寺で得度し、そのまま国仙和尚とともに円通寺に向かった。

（注2）冨澤信明氏の詳細な研究によると、良寛が越後に帰国して、郷本の空庵に仮住まいしたのは、良寛三十五歳の年であるという。

小出郷新聞の昭和三十三年八月一日の「小出と貞心尼」の記事の中に次の記述がある。

「当時の関医者についてはほとんど何もこれを物語るものは発見されません。ただ井口《いのくち》さんの先代の恒定《つねさだ》さんや家族の方のお話されたことによると、

「医者どんは余りはやる医者ではなかったらしい、奥さん（貞心尼）は世間並みの嫁とはよほど異なって、家庭内のことにはいたって無頓着《とんちゃく》で、夜は何時までも起きていて、朝は遅く、掃除を几帳面《きちょうめん》にするというのでもなければ、洗濯ものは寝間の隅に投げつけたなりで、友達とお茶飲みに回ることもなく、独りでブラブラしているといった具合で、医業は振るわず、貧乏医者であったと聞いています。」

井口家に貞心尼の作品を拝観に行った時、こんな話を聞いて意外の感に打たれました。貞心尼は早く母を失い継母に育てられました。そうして少女時代は〃あんどん〃に着物を掛け、人目をしのんで勉強

したことが伝えられていますから、貞心尼は幼い頃から読書好きの文学少女であった訳です。この西井口《にしいのくち》さんの話から察しますと、この若奥さんは現実的でマメマメしく立ち働く型の女性ではなく、常に超世間的で、友達と半日しゃべり合ったり、世間並みの交際をする体《てい》の女性でなかったことがうなずけます。数回、福島《ふくじま》へ行って老人達の話を聞いた中に、「尼さんはあの欅《けやき》の下の辺りでいつも何か考えながら歩いていたところをよく見受けた。また、月の良い晩は夜明けまで石に腰かけていることがあったそうだ」と話してくれました。どの話も共通していると思います。」

マスは読み書きもできる教養を身に付けた武家の娘であり、和歌や、物語などの文学好きであったため、多少浮き世離れしたところがあって、世間づきあいや家事もあまりせず、漢方医の妻としては、客の相手をそつなくこなす気さくなおかみさんと言うタイプではなかったようだ。夫の長温や養父母は、医者の女房として、客あしらいがうまくて、かいがいしく家事に精を出してくれる平凡な妻であることを望んだと思われるが、そうした期待にはマスはこたえられなかったようだ。

しかし、和歌や物語などを熱心に読んで文学好きであったマスを、夫の長温は理解し、温かく見守っていたのではないか。そうでなければ、夜は遅くまで読書し、朝は遅くなってようやく目を覚ますよ

関長温生家

うな生活を送れるわけがないし、八・九年も夫婦を続けられるわけがない。長温は愛するマスの文学への熱い思いとその才能を知って、マスの思うようにさせていたのではないだろうか。

小出郷新聞の昭和三十九年七月二十日の記事に、桑原亮川《りようせん》氏の「貞心尼の夫について」があり、桑原氏の老妻が栃尾又《とちおまた》温泉の湯元 自在《じざい》館の星松江《まつえ》（星杏子《きようこ》）さんから聞いた話が載っている。一部を抜粋する。

「下村家に置いて行かれた嫁入り衣装の中に美しい蒔絵《まきえ》の手文庫があり、その中には、昔 若先生（長温）と取り交わした手紙やら、お二人で歌の稽古《けいこ》をした草稿やら、沢山秘められてあるとか聞きました。何しろご夫婦ともお歌が上手で、その上手筋なども勝れていて、近郷に並ぶ者がなかったという事です。」

2　良寛との最初の出会いは奥村マスの離婚前だったか

貞心尼と良寛が初めて出逢ったのは文政十年（一八二七）であるが、それより前に会っていたという伝説が、石川徳男「『武家娘マス（貞心尼）の生涯」（『長岡郷土史』第十八号　昭和五十五年）にある。

「不運にも離別することになったマスが、悲しみのあまり、ある夜、魚野川に身をなげようとしたところ、折よく通りがかった旅僧に助けられ、死することの悪《あ》しきをさとされた上、マスの身の上を聞いた旅僧は「これからは、一切の俗世をすてて、御仏《みほとけ》にすがることが、救われる道である」と説き、マスに仏門に入ることをすすめたというが、この旅僧こそ、数年後に貞心尼が歌の師とした、良寛和尚であった。」

この伝説が事実であることを示す具体的な史料はないが、松原弘明氏によれば、良寛が魚沼地方にたびたび足を運んでいるという伝承はいくつか残っているという。

なお、マスが身投げしようとした場所について、松原弘明氏は「祖父と調査した結果、昔の羽根川《はねがわ》（当時川幅二十メートル）が魚野川と合流した中之島公園北側（「割烹うおの」裏電柱「2南3東1」付近）」と語った。

私は、いまさら継母がいる長岡の実家に戻れないマスが、自分に子供が出来ないことに悩み、思うように外出もできない辛さもあって、離婚する直前（文政四年七月頃か）に入水自殺を図ろうとしたのではないかと思う。そして旅の僧に説得されて思いとどまり、出家という選択肢《し》が見えてきたので、離婚に踏み切ったのではないかと思う。


良寛は、亡くなる前年の文政十三年（一八三〇）三月、与板の和泉屋山田家での貞心尼らとの楽しいひとときを過ごした後、小千谷市片貝の佐藤家に雄四郎を訪ねたと思われる。粟守酒を土産にもらったことへのお礼の三月二十五日付けの佐藤家旧蔵の手紙がある。雄四郎は解良叔問《けらしゆくもん》の四男で、佐藤家に養子に入った人物である。佐藤家は代々飢饉《ききん》のたびに飢民に粥《かゆ》などを提供してきた家柄で、秋山郷の飢饉を救援した佐藤左平治の名代《みようだい》として、実質的に秋山郷を救ったのは養子の雄四郎である。雄四郎の弟の五男の栄重《よししげ》は『良寛禅師奇話』を書いている。物ごころついてからの良寛との交わりは栄重よりも雄四郎の方が長かった。良寛は暇乞《いとまご》いに雄四郎を訪ねたものと思われる。

良寛は亡くなる前年でさえも片貝まで出かけているのである。それよりも前ならば、魚沼まで足を伸ばすことは、十分にあったものとも考えられる。

良寛は人の悩みを聞いてカウンセリングしたり、困りごとの相談に乗ってやって、適切なアドバイスを行うということは、円通寺の師匠国仙和尚譲りのものがあった。

菅江真澄《すがえますみ》『来目路《くめじ》の橋』によると、天明四年（一七八四）七月一日に、信濃国の松本に近い湯の原村で、菅江真澄は叔父の法兄にあたる国仙和尚とその僧衆と出会った。国仙は菅江真澄に語った。

「近き年、君に仕《つか》う奉《まつ》りし士の、如何《いかが》したりけん、現無《うつつ》う心乱れて年来ありつる人に、われ拙《つたの》う、

捨てし身は　心も寛《ひろ》し　大空の　雨と風とに　任《まか》せ果《は》ててき

と詠《なが》めて見せしかば、これを三たび誦《ず》し返して、やがて気も心も涼しうなりて、ふたたび君に仕へしことあり。」

（訳　近年、主君に仕える武士で、どうしたのか、精神的に不調になっていた人に、私は拙《つたな》い歌ではあるが、

「捨てし身は　心も寛し　大空の　雨と風とに　任せ果ててき」

という歌を詠み聞かせたところ、その武士はこの歌を三回復唱した。そしてそのまま気が晴れ、心も爽《さわ》やかになったのか、再び主君に仕えるようになったことがあった。）

それに対して、菅江真澄は国仙和尚に問うた。

「この歌の末の「き」の文字を「は」と云ひ替えて、
捨てし身は　心も寛し　大空の　雨と風とに　任せ果てては
として、その人の返しやし侍《はべ》らん。」
（訳　この歌の末の「き」の文字を「は」と言い換えて、
「捨てし身は　心も寛し　大空の　雨と風とに　任せ果てては」
と、その武士は歌を返したのではありませんか。）

その菅江真澄の問いを聞いた国仙和尚は、頤《おとがい》を放ちて笑い、近くに一緒にいた僧たちも微笑んだという。

この一緒にいて微笑んだ僧たちの中には、良寛もいたに違いない。国仙和尚の歌の意味は、
「一切の求める心　こだわる心　はからう心　を捨ててしまえば、心も寛《ひろ》くなる。大空に降る雨や吹く風のような、広いこの世界に起こる辛い苦しい出来事や楽しい出来事も、そのまますべてを受け入れることができる。自分の心の中にある仏の心・清浄心《しょうじょうしん》のおもむくままに すべて任せてしまうのだ。」というようなものだろう。

それに対する菅江真澄が想像した武士の返歌の意味は、

「一切の求める心・こだわる心・はからう心を捨てて心も寛くなりました。大空に降る雨や吹く風のような、広いこの世界に起こる辛い苦しい出来事や楽しい出来事も、そのまますべて受け入れたから。自分の心の中にある仏の心・清浄心のおもむくままにすべて任せたから。」というようなものだろう。

この逸話から、国仙和尚をはじめ、当時の僧侶は、心を病んだ人々、悩み事を抱える人々の相談に乗ってやって、人々の苦しみを救っていたのである。

良寛は国上山《くがみやま》周辺の庄屋たちからも尊敬され、よく相談に乗っていたようである。

良寛の援護者の中に、彼を特に援助した人たちがいた。渡部村 庄屋 阿部家（定珍《さだよし》）、牧が花村 庄屋 解良家（叔問《しゅくもん》）、中島村 庄屋 斎藤家、国上村 庄屋 涌井家、真木山村 庄屋 原田家（鵲斎《じゃくさい》）、地蔵堂町 町年寄 中村家、地蔵堂組 大庄屋 富取家（正誠）、竹ヶ花村 梅津竹丘、与板町 大坂屋 三輪家（権平）、与板町 町年寄 山田家（重翰《しげもと》、号は杜皐《とこう》）、島崎村 能登屋 木村家（利蔵）、小豆曽根村 庄屋 竹内家、粟生津村 医家 鈴木家（文臺《ぶんたい》）などである。挙げられている名前は、医師・商人・豪農など、いずれも地域の有力な名士で町役人を兼ねている者が多い。彼らのことを、長岡の城下では『東村の叟《おきな》』と呼んで、敬《うやま》っていたそうである。いわれは、人々や町のため寺

五合庵

社のためなら、協力し合い私財をなげうってまでして努めたかららしい。

東村の叟たちの取り組んだ事業として円上寺潟の干拓がある。長岡市寺泊に、円上寺潟という島崎川の水が淀《よど》んでできた大きな潟があった。今の大河津《おおこうづ》分水路のあたりで、国上山の麓《ふもと》、真木山《まぎやま》、大森子陽の墓のある当新田の万福寺周辺などに囲まれていた。洪水の時期には氾濫《はんらん》して周辺に大きな被害を及ぼした。

原田仁一郎氏の『円上寺潟の干拓』（私家版 平成三年）によると、面積は推定で五百数十町歩（一町歩＝十反＝三千坪＝約一万㎡＝約１ヘクタールであるから、五百数十ヘクタール）であったという。ちなみに東京ドームのグラウンドの広さは１・３ヘクタールなので、東京ドームのグラウンドがだいたい四百個くらいとなる広さであった。

そこで、この円上寺潟の干拓事業が計画された。潟の北側の山にトンネルを掘り、日本海に排水するという計画である。この山にトンネルを掘って排水する須走間歩《すばしりまぶ》川の工事は、寛政十二年（一八〇〇）に起工し、文化十二年（一八一五）に完成した。

円上寺潟の干拓は困難を極めた事業であった。まず、野積《のづみ》には塩浜・塩田があったが、そこに排水するので、塩田が全滅する。そこで、被害が出たら毎年 金や米を払って補償するという約束を取り交わさなければならなかった。ところが野積は松平氏の白川藩領であった。そのため、まず、村上藩を説得し、村上藩から松平藩に働きかけてもらわなければならない。役人との困難な交渉は村上藩だけでなく、松平藩の役人とも行わなくてはならず、交渉に苦労してようやく同意を取り付けた。工事も素人ではトンネルは掘れない。プロの技術者をどこから連れて来るかという問題もあった。また、大量の人夫が必要であり、その確保と賃金の財源をどうするかという大問題もあった。干拓工事の過程で多くの反対者もおり、訴訟も起きた。阿部定珍《さだよし》などは訴訟対応で江戸に出かけたりしたのである。

こうした困難な課題を多く抱えた干拓事業は、長い年月と莫大な費用と多くの労力を要して、ようやく完成したのである。

この干拓事業のまとめ役は村上藩の三条役所配下の地蔵堂組の大庄屋だった富取家で、真木山の良寛の親友　原田鵲斎の兄、原田要右衛門が第一線に立ち、牧ヶ花村の解良叔問《しゅくもん》、渡部村の阿部定珍、小豆曽根の竹内家といった円上寺潟周辺の庄屋たちがみんな必死になって協力してようやく実現したのである。

そんな「東村の叟《おきな》」達が取り組んだ円上寺潟の干拓事業の遂行に際して、良寛の果たした役割があった。平成十八年九月十四日の信濃川自由大学　第十一回講座「良寛と信濃川　～自然を愛し民衆を愛した良寛和尚」で井上慶隆《けいりゅう》氏は次のように述べている。

「(前略) もう、大変苦労をしていたはずなのです。阿部定珍《さだよし》や解良叔問が良寛と親しくしていたのは、ちょうどその頃なのです。阿部家や解良家に、良寛の詩や歌や書簡がいっぱいあります。あれは隠居のひまにわけのわからんのを見て楽しむというふうなのではなくて、彼らはもっと切実に良寛さまと接していた。もちろん良寛に「この図面を見てくれ」と言ったって、分かるはずはないのだけれど、「全く困りましたわ」くらいの相談事は始終していたと思います。良寛はそういう意味で地元と密着していたと思います。(中略) おそらく解良叔問や阿部定珍たちはもっと切実に、なんと言ったらいいでしょうか、相談役あるいは苦情の捨て所みたいな形で、良寛さまに親しんでいたのじゃないか。（後略）」

良寛がいろいろな人達から相談を受けて、アドバイスをした逸話が多くのこされている。

○旧分水町（現燕市）野中才《のなかさい》の専念寺の僧坡丈《はじょう》が、和歌や俳諧には巧みだったが、字の下手なことに嘆いていた。良寛は「字の美醜に心をつかい過ぎてはいけない。あまり細かいことにこだわらなければ、書は自然にうまくできあがるものだ」と言った。

○中島の医師原田正貞《しょうてい》が良寛に尋ねた。「私はお金が欲しいのですが、どうしたら得られるでしょう。」良寛は「仕事を熱心にして、人の生活ぶりを見てはいけない」と教えた。

○あるとき木村家の人が「私は他人に気《き》兼《が》ねする性質で困るが、何かよい方法はないでしょうか」と尋ねた。良寛は「人がつんとしていたら、自分もつんとしていればよい」と答えた。

○ある人が「百歳まで生きるにはどうすればよいか教えてくれ」と良寛に頼んだ。良寛は「今が百歳だと思えばよい」と答えた。

与板の徳昌寺の虎斑《こはん》和尚は伊勢の松坂まで出かけて大蔵経《だいぞうきょう》を購入した。しかし代金の一部しか払えず、島崎の能登屋木村元右衛門から不足分を借財して代金を支払った。だが、虎斑和尚は木村家に借金を返済できず、大蔵経の所有権が木村家に移ろうとした。しかし、その両者の間に立った良寛のすすめにより、木村元右衛門は徳昌寺への貸し金を帳消しにした。そうした経緯もあり、木村家十一代元右衛門利蔵《としぞう》は良寛を尊敬し、国上山にも良寛を訪ねている。文政九年（一八二六）には、良寛を木村家に迎い入れた。良寛示寂後、木村家の当主元右衛門利蔵は、これからは誰に相談したらよいのかと嘆き悲しんだという。良寛がいろいろな人達から相談を受けて、アドバイスをした逸話が多く残されている。

3　関長温との離婚と出家の真相

養子の長温のマスへのやさしい思いとは逆に、関家の養父母はせっかく養子になったのに、マスに子供ができず、長温に跡取りができないことが気に入らなかったのではないか。おそらく関家の長温の養父母は、長温に、跡継ぎとなる子供をもうけるよう迫っていたのではないか。稼ぎがあれば、妾を囲ってでも、跡継ぎを作って欲しかったが、長温は医者としては、流行《はや》っていなかったので、長温の稼ぎは少なく、とても妾を囲える余裕はなかった。

松原弘明氏によれば、「マスは薬草や医の知識もなく、看護も苦手であったという松原良一《りょういち》氏の家の伝承がある。

また長温が開業した小出嶋村・下町《したまち》の北裏にある西井口家の代門《だいもん》（現 魚沼市小出稲荷町「アララ」南隣の民家付近で、西井口家の屋敷稲荷前の石垣には昭和期に山萩と白萩が咲いた。）には、直前まで藤岡蕙谷《けいこく》（後に医師となる）が父母らとともに住居していたところであったが、下町南側を経て、上町へ転出した。関長温の開業場所は医業を営む場所としては好立地ではなかった。というのは三百軒にも満たない小出嶋村には、中町に阿達升益、上町に阿部隆悦の二人の町医の他に、大滝道三医師が西井口家の主治医に任じられていたから、西井口家の敷地に開業した関長温の

関長温　開業地跡の灯籠

医業は、流行る要素が当初から全くないものであった。それでも関夫妻が来た理由は、やむにやまれず、長岡城下から身を隠した妻マス（貞心尼）の命を守るための最後の手段であったと考えられる。」

また、当時の医者の稼ぎが少ないのは長温だけでなく、ほとんどの医者がそうであった。殿様の典医にでもならないかぎり、医者はさほど儲《もう》かる仕事ではなかった。なぜなら、当時の庶民は貧しく、医者にかかることは非常に少なく、親が死にそうになったときくらいなものであったから。

そして、ついに、関家の養父母は長温に、マスと離縁して、跡継ぎを生んでくれる女と再婚してはどうかとまで言ったのではないか。江戸時代は儒教倫理に基づいた家父長制により、何よりも家の存続が重視された時代であり、「三年にして子なくば去る」とまで言われ、子供ができないというだけの理由で、一方的に三下り半（離縁状）を突きつけることができた時代であった。

長温も、マスには打ち明けなかったかもしれないが、内心は自分の跡継ぎが欲しいとの思いもあったであろう。そうした養父母や自分の思いと、愛するマスとの間で板挟みとなった長温の悩みは大きかったと思われる。そして長温の苦悩を察していたマスは、自分に責任があることを痛感するようになった。松原弘明氏は語った。「先祖が松原雪堂《せつどう》と兄弟の関係にある松原良一《りょういち》氏（二〇一九年没）によると、伝承では「子供ができないので、マスの方から離縁を申し出た」という。子供ができないのに八年以上もご一緒に家庭を保たれたのだから、夫婦ともどもお互いの愛情が強く、強い絆で結ばれていたのだと思う。命がけで長岡城から逃げてきた奥村マスは関家の存続を何よりも願ったはずだ。」

マスと関長温との離婚の原因について、昭和五十五年に「浜の庵主《あんじゅ》さま」伝承が紹介されて以降、浮気した夫が愛人と駆け落ちして、栃尾に逃亡したことが原因との説があった。しかし、前述したように、栃尾逃亡の事実が否定されたからには、離婚の原因が夫の不倫逃亡という説も否定されることになる。関長温は格調の高い見舞い状を書けるほどの教養を有し、庄屋や地域の人々から重んじられ、尊重されていた。香典帳の名簿の順番も上位なのである。そんな立派な長温さま、愛する長温さまのために、自分が身を引く形で離縁することをマスは考えはじめた。

だが離婚した場合、マスはその後をどうやって生きてゆけばよいのかと悩んだに違いない。実家に戻ろうにも、長岡の実家には継母がおり、とても戻って生活することは考えられなかった。愛する長温さま以外の男性と再婚することも考えられなかった。長温さまと自分の間に子供ができないことに悩み、思うように外出もできない辛さもあって、ついにマスは入水自殺を図ろうとしたのではないか。

マスは入水自殺しようとまで思い詰めたが、旅の僧に諭されたことにより、思いとどまって、出家して尼になるという選択肢が見えてきた。尼になって、托鉢で生きる仏の道に進もうと思ったのだろう。

実家に戻って、再婚して、封建的な「家」に入ったまま、今までと同じような束縛を受けて暮らすよりは、尼となって、貧しい生活、厳しい仏道修行をしながらも、歌や文学に親しむという自分の生きがいを達成できるとも考えたと思われる。

だが、尼になれる見込みがなければ、離縁して、関家を出ることはできない。マスは、少女時代に、乳母と呼んだ女性の故郷の柏崎に行って、尼僧の静謐《せいひつ》な生活を見たことを思い出した。その乳母をたよって、柏崎に行けば、尼になれるだろうと考えた。

松原弘明氏によると、「文政四年（一八二一）（貞心尼二十四歳の年）五月五日 長温内」（内は妻をさす）という記述が西井口《にしいのくち》家の文書（当主の日鑑）にある。小出稲荷町の渡辺隆《たかし》氏によれば、その当時の五月五日は女性の節句だという。五月五日の日鑑には、マスが西井口家の当主と、湯之谷 七日市 薬師の山に登った」という。

このことから、マスと長温が離婚した時期は、文政四年（一八二三）、結婚して八年数か月後、マスが二十四歳の年と思われる。

子供ができなかったことから、ついに二人は離婚した。マスは関家のために自分から身を引いて、尼になるために、尊敬し愛する長温のもとから去ったのである。これが離婚の真相であったと思われる。

従来、西郡久吾《にしごおりきゅうご》『北越偉人 沙門《しゃもん》良寛全伝』、相馬御風《ぎょふう》『大愚良寛』、堀桃坡《とうは》『良寛と貞心尼の遺稿』などでは、関長温とマスは死別したとされていた。

江戸時代は、離婚は非常に少なく、死別によって尼僧になる女性も多かった時代である。加えて、良寛を郷土の偉人と見做《な》そうとした明治時代の人々にとって、離婚は悪であり、教育上、青少年には勧めることのできないことであった。そのため、良寛の仏弟子の貞心尼は死別したため出家して尼僧になったと、当時の人々は温かい目で真相を隠したのだろう。

なお、尼になる人が多かった理由の一つは、貧しかったり、一人親が亡くなったりすると、いずれ、遊女に売られて行くことの多かった時代であったため、不憫《ふびん》に思った親族が、売られる前に、その少女を尼さんにすべく、尼寺に入れるということも多かったようだ。現に、貞心尼も幼い少女を何人も弟子として預かっており、智譲尼もその一人である。

宮栄二「貞心尼と良寛 ―関長温との離別説―」（『越佐研究』第四十集 一九八〇）によれば、下村家の過去帳などに、長温の没年は文政十年（一八二七）二月十四日とあり、現在では死別説は否定され、離婚説が定説となっている。

死別説では、死別後ほどなく柏崎で尼になったとされたが、離婚説では、離婚した年や尼になった年は明確になっていない。

『浄業《じょうぎょう》余《よ》事《じ》』に貞心尼の離婚の記述の箇所に「八・九年間 夫婦となる」とあることから、十六歳で結婚したとすると、文政四年（一八二一）マス二十四歳の秋頃に離婚したのではないかと思われる。

関長温墓碑

松原弘明氏によると「関長温の家を出たマスは、二軒隣の松原雪堂の家や、関長温の実家の下村家にしばらく滞在した」という伝承があるという。おそらくは、松原雪堂や下村家の人々は、相思相愛だった長温とマスの間をなんとかつなぎ止めたいと思って、マスを説得していたのではないか。しかし、関家を出るというマスの覚悟は変わらず、気持ちの整理をつけたマスは、いったん長岡の実家に行き、離縁したことを伝えたものと思う。

そしてすぐに、柏崎の下宿《しもしゅく》に近い中浜に住む　かつて乳母と呼んでいた女性の家を頼って、柏崎に行ったのではないか。

上杉涓潤《けんじゅん》師の調査収集した貞心尼に関する膨大な資料をもとに、相馬御風氏が書いた『良寛と貞心』によれば、「長岡の生家の隣家に柏崎の佐藤彦六の娘が女中奉公していた。その女中が少女時代の貞心をかわいがり、柏崎の話、海の話をした。貞心は海へのあこがれに駆られて、女中に連れられて柏崎の海に出かけた。中浜の薬師堂付近の明媚《めいび》な風光を見て、こんなところにいたいという思いが湧き上がった」という。そんな思い出もあって、柏崎に行ったのであろう。

柏崎の下宿の新出《しで》に、心竜尼《しんりように》、眠竜尼《みんりように》の姉妹の尼が住む閻王寺《えんのうじ》があり、そこがマスを受け入れてくれた。

マスは閻王寺で心竜尼、眠竜尼を師として剃髪し、貞心尼という名をもらい、尼としての仏道修行を始めた。奥村マスの母の戒名には「貞」があり、母の名を入れた可能性もある。また、小出柳原《やなぎわら》の柳原庵《りゅうげんあん》には、当時「無山貞心尼」が出家したばかりで、この若い年下の尼との親交が影響したのかもしれない。

貞心尼が出家して尼になった背景には、貞心尼が仏の道に進むことに影響を与えた人物がいたという面もある。

相馬御風『良寛と貞心』に概ね次の内容の記述がある。「奥村家からは彼女以前に西蒲原郡燕村　萬能《まんのう》寺十三世の住職であった光大和尚という禅僧も出している」

木村秋雨『越後文芸史話』に概ね次の内容の記述がある。

「上杉涓潤《けんじゅん》方丈と、当時　長岡市長柄町の奥村家を訪ねた。同家の妻女クラ女の話　「貞心さんが出られるずっと以前に名僧が一人出られたことがあると親共から聞いた。どこの寺か名前もわからない」。早速そのころ健在だった智譲庵主に尋ねた。「そういえば、貞心庵主が毎朝ご回向《えこう》なさる中に、万能十三世タイガンレイコウ大和尚というのがあった。」昭和二年五月九日、涓潤方丈と連れだって燕町の万能寺へ出かけた。時の方丈 行田金龍は不在だったが、無理に過去帳を見せていただいた。十三世 泰旭国光大和尚という名前が見当たった。

万能寺再建は文政六年（一八二三）癸未の年でその上棟式は同年十一月二十八日。再建の棟札に「長岡産、現住十三世 大旭再建之」とあり、又「金主、長岡家中、奥村五兵ヱ嘉光 現住父也」とある。奥村五兵ヱ嘉光は奥村家五代の主かと思われる。明岳智燈居士、文政九戌正月朔日歿、この人でしょう。棟札に金主と記すほどですから、当時よほど金子を喜捨されたと思われます。」

4　柏崎時代の尼僧生活と良寛への想い

堀桃坡《とうは》氏の『良寛と貞心尼の遺稿』では「福島《ふくじま》の閻魔堂《えんまどう》に移ったのは文政十年（一八二七）の三月と思われる」とある。良寛に逢いに行くために閻魔堂に移転したとも考えられるので、閻魔堂への移転を文政十年と考えることは妥当と思われる。

貞心尼が二十四歳で離婚・出家したとして逆算すると、柏崎の閻王寺《えんのうじ》で生活していたのは、六年間だったということになる。

柏崎の閻王寺で尼になった二十四歳の美貌の貞心尼は村人の噂になり、「姉さ庵主《あんじゅ》」という仇名《あだな》をつけられたという。

心竜尼《しんりように》、眠竜尼《みんりように》の姉妹のうち、姉の心竜尼は嫁いだが夫と死別した。妹の眠竜尼は未婚のまま尼になった。特に心竜尼はすこぶる道徳堅固《けんご》で峻厳《しゆんげん》であった。貞心尼はその家風を慕い、好んで随身し、過酷とも言える仕付けを受けたという。そのため、貞心尼は托鉢に出る時以外はあまり息を抜くことができなかったのではないか。好きな古典やさまざまな物語を読んだり、和歌を詠んだりする余裕はあまりなかったのではないかと思われる。

心竜尼、眠竜尼の弟で、洞雲寺《とううんじ》第二十五世住職を務め、後に貞心尼を正式に得度させた泰禅《たいぜん》和尚は、かよわい貞心尼をいつまでも、この二人の尼の膝下《しつか》におくことが、いかにも可哀想《かわいそう》と思ったのか、これを見かねて、福島の閻魔堂に貞心尼が行くことを、長岡の実家に話をされたという言い伝えがあるという。（上杉涓潤《けんじゆん》「良寛雑考」（『貞心尼考』中村昭三編））

閻王寺で仏道の厳しい修行はしていても、雑用も多く、貞心尼は自分を本当に導いてくれる仏道の師匠を求めていたのではないか。

なお、心竜尼・眠竜尼の二人が後に釈迦堂《しやかどう》に移ってからは、閻王寺は頽廃《たいはい》して、今では寺の建物は跡形もない。

貞心尼の長岡の実家の近所に、貞心尼と親しくしていた家があった。その家の親戚が与板の豪商和泉屋山田家であった。その縁で、貞心尼は与板の山田家とも親しくなったのであろう。山田家は俳諧や和歌などをたしなむ家風であり、良寛の父以南の実家である新木家とも親戚で、良寛とも親交があった。

その和泉屋山田家の奥さんのおよせさんから、徳の高い僧侶で、和歌や書も秀《ひい》でている良寛という国上山に住む僧侶の噂を、貞心尼は聞いたのであろう。そして、ぜひ良寛さまを師として仏の道や和歌を学びたいという思いを持つようになったのではないか。

さらに、関長温と離別する前に、入水自殺を図ろうと川の岸に立っていた私に声をかけて、私を救ってくれた旅の僧が、たしか「わしの名は、りょうかん と申す。」と言ったという伝承が事実であるならば、もしかすると、国上山に住まわれている徳の高い良寛さまは、私をお救い下さった「りょうかんさま」と同じ方ではないかという思いも持ったに違いない。

また、貞心尼の書簡の中に、弟 由之《ゆうし》の長男 馬之助の妻 お遊とその娘 おみねに宛てた次の手紙がある。お遊は文政八年（一八二五）貞心尼二十八歳の年に亡くなっているので、良寛と出逢う二年前までには、貞心尼と出雲崎の橘屋とは面識があったことになる。良寛の噂を聞いた貞心尼は、托鉢の際などに良寛の実家 橘屋にも立ち寄ったりして親しくなったのではないか。

良寛堂（生家 橘屋跡）

「　かへすがへす　いまだ寒さつよくおはしまし候をりから、ずいぶんずいぶんよく御《お》いとひ遊さるべく候かしこ

あたらしき春にうつらせられ、いよいよごきげんよくおはしまし候や、わたくし事も　かはりなうと

しをかさね悦びまゐらせ候。こぞの冬はめづらしき大雪にて、ま事《こと》にま事に　こまりまゐらせ候へしが、まづ春になり　やうやうあんどいたしまゐらせ候。されど　なほたへがたき寒さにて見うごきもならず、こたつにばかり　すがりつき　をりまゐらせ候。そもじ様にも　さぞかしと御案じ申上まゐらせ候。ことしはどふか四五月比は参り度物と心がけをりまゐらせ候。何事も御めもじのふしと、まづは春の御しうぎまでに、あらあらめで度かしこ

むつき月廿八日　　　　　　　　　　　　　　貞心

おゆう様

おみね様

こぞのしはすよみし長うたおかしからねど御なぐさみと御めにかけまゐらせ候」

また、和島の木村家宛の書簡もある。良寛が木村家に移り住む前から、貞心尼は木村家とも面識があり、親しかったのではないか。

ただ、貞心尼の住む柏崎と良寛の住む国上山はあまりにも遠く隔《へだ》たっていた。

第三章　貞心尼と良寛の心の交流

この章における貞心尼と良寛の会話の部分は、このような会話があったのではないかという私の推測である。

1　良寛の木村家への移住

【乙子神社草庵への移住】

良寛は四十代・五十代は五合庵に、六十代は乙子《おとこ》神社草庵と、国上《くがみ》山中に約三十年間住んだ。

文化十三年（一八一六）良寛五十九歳の年に、良寛は五合庵から、乙子神社草庵に移住した。その理由はいくつか考えられる

○　一般的に言われている理由は、薪水《しんすい》の労が老いの身にこたえるようになったからというもの。

だが、この理由は余り説得力はないのではないか。乙子神社の方が五合庵よりも、村里に近いといっても、かなりの坂道を登らなくてはならないという点では、五合庵と五十歩百歩である。

ただし、国上山中の生活で一番こたえるのは冬の雪であろう。今は地球温暖化が進み、暖冬小雪の傾向が顕著であるが、良寛が暮らしていたころは、毎年雪が一メートルは積もったはずだ。

○　移住した年、良寛はかなり風邪をこじらせて、病臥《びょうが》していた。その原因は五合庵の建物としての老朽化が進み、雨漏りやすきま風がひどくなったからではないか。万元《ばんげん》上人の隠居のために作られた五合庵は、良寛が住んでいた頃にはかなり老朽化していたと思われる。享和二年（一八〇二）良寛四十五歳の年から翌年までの間に、国上寺《こくじょうじ》の住職　義苗が隠居して五合庵に入るにあたって、それなりの修理は行われたかもしれないが、それからまた十三年も経っている。

○　良寛のもとに若い遍澄《へんちょう》が弟子入りをして、身の周りの面倒を見ることになったのは、乙子神社草庵に移住した年であった。身の周りの面倒を見るということは、あるいは一緒に同居して暮らしたのではないか。おそらく、遍澄と同居するには、五合庵では手狭であったため、もう少し広い乙子神社草庵に移住したということも考えられる。

○　文化十二年（一八一五）五月に乙子神社の宮額が奉納されており、現存している。この宮額の「乙子大明神」という神名を書いて欲しいという、出雲崎の儒者 内藤方盧《ほうろ》あての三月五日付けの良寛の手紙がある。

　この手紙は、最初 書くよう頼まれた良寛が、自分は僧侶だから、儒者の内藤方盧に書いてもらった方がよいと言って、紹介状を書いたものだろう。あるいは、字の書けない村人が、内藤方盧への依頼状を、良寛に書いてもらったものかもしれない。

　宮額が新しく書かれたと言うことは、乙子神社の建物が改築されたことを意味するのではないか。そうだとすると、このときに社務所も建て替えられたか、大幅な改修がなされた可能性もある。乙子神社の社務所が広く新しくなったことも、移住の背景にあったかもしれない。そして、移住を勧めたのは、国上村の庄屋 涌井唯左衛門《わくいいざえもん》と思われる。この唯左衛門は良寛自筆の万葉集抄本《しょうほん》『あきのの』を所蔵していた人物である。

乙子神社草庵（昭和六十年 筆者撮影）

つまり、良寛の高齢、五合庵の老朽化、遍澄の弟子入り、乙子神社の社務所の建て替え又は改修、などが乙子神社草庵への移住の理由だったと思われる。

【木村家庵室への移住】

　では、乙子神社草庵から島崎の木村家の庵室に移住したのはなぜだろう。乙子神社草庵から木村家庵室へ移転した時期については、冨澤信明氏の「良寛は何時　乙若庵から柴庵へ移住したのか」（『おくやまのしょう』第三十七号 平成二十四年）に詳しく、その論文によると、文政九年（一八二六）良寛六十九歳の年の、九月六日の寒露《かんろ》の前後の好天日であったという。生きている　はらから（兄弟）は、六十四歳の由之と五十歳のみかだけだった。

○　解良栄重《よししげ》の『良寛禅師奇話』では「薪水《しんすい》ノ労を厭《イト》フ」とあり、鈴木文臺《ぶんたい》も同様のことを言っている。

○　木村元右衛門は尊敬する良寛を何回か訪ねており、良寛に木村家への移住を勧めていたという。そんな中、弟子の遍澄が地蔵堂の願王閣《がんのうかく》に迎えられ、六十九歳の良寛と行動を共にすることができなくなるため、遍澄の生家の隣の木村家に良寛のお世話をお願いした。木村元右衛門は良寛を迎えることを快諾した。その快諾の返事を聞くやいなや、遍澄は木村家まで良寛を連れて歩いてやってきたという。この場合は、老齢のために病臥したときに備えての配慮ということであったろう。

　しかし、良寛は国上山《くがみやま》への愛着が非常に強く、国上山麓から引っ越すことは、最初はあまり考えてはいなかったのではないか。

谷川敏朗氏の『良寛の書簡集』によれば、「寺泊町引岡の小林与三兵衛は、文政九年（一八二六）五月に良寛を訪問して、寺泊町吉《よし》の竹内源右衛門が良寛のために新しい庵を作りたい旨を告げており、それに対して良寛は、前よりありし庵ならば宜《よろ》しかれども、新しく造るには、いや、と申され候 という記事が、与三兵衛の日記に記されている」という。

小林与三兵衛も源右衛門ともに、三島《さんとう》郡の引岡村と吉村の百姓代であったが、良寛はそれらを断っている。ただし、最終的には、同じ三島郡島崎村の百姓代 木村元右衛門の誘いを受けて移住した。

また、良寛に七月四日付けの次の手紙がある。

「今日は わざと人遣《つか》はされ、委細承り候ふ処、御地へ住庵致すようにとの思し召しに候。野僧《やそう》、近ごろ老衰致し、何方《いずかた》へも参る心これなく候。何卒《なにとぞ》その儀は、然《しか》るべき人にお頼み遊ばされ下されたく候。以上。

七月四日　　　　　　　　良寛

了阿君 」

宛名の了阿が何者なのかよくわからず、寺泊町の回船問屋で町年寄だった外山茂右衛門が出家して良阿と号しているのではないかという渡辺秀英氏の説を、谷川敏朗氏の『良寛の書簡集』が紹介している。了阿が良阿だとすれば、良寛を乙子神社草庵から寺泊に移住させようと誘った良阿の手紙への、これは良寛の断りの返事だということになる。

寺泊町吉《よし》の竹内源右衛門の申し入れに対しては、新しい庵を造るという申し入れを、逆手にとって新しい庵であれば「いや」であると断り、良阿からの誘いに対しては、自分の老衰を理由に断っている。

この時点で良寛が断っているということは、国上山への愛着が強く、まだ転居を望んでいなかったのではないか。

なお、良寛が老衰を理由に転居を断っているということは、老衰のためではない何らかの理由で移転しなければならない事情があったことを暗示しているのではないか。

良寛の木村家への転居の理由を考えるにあたって、重要な点が三つある。

一つ目は、転居先が最終的には島崎の木村家だったという点。二つ目は、他に転居を勧めた二人はいずれも寺泊の人物だったという点。三つ目は、良寛を尊敬していたであろう村上藩 三条役所の三宅相馬が文政八年（一八二五）、良寛六十八歳の年に三条を去っている点である。

村上藩の三宅相馬が三条に赴任した文化十三年（一八一六）は、五十九歳の良寛が五合庵から乙子神社に転居した年である。

前田喜春氏の「良寛と村上藩士　三宅相馬」（『良寛』第二十五号　平成六年）によれば、当時、三条から国上山あたりは村上藩の飛び地であった。村上藩士の三宅相馬は十六歳という若さで、郡吏《ぐんり》として三条に赴任した。九年後の文政八年（一八二五）に三条を去るとき、六十八歳の良寛は二十五歳の三宅相馬と相見《しょうけん》し、和歌を二首贈った。この人なら、領民を慈悲の心で治めてくれるのではないかと期待したのであろう。

うちわたす　県司《あがたつかさ》に　もの申す　ものと心を　忘らすなゆめ

（うちわたす…衆生を済度《さいど》する）（心…領民を慈しむ心）（忘らすなゆめ…決して忘れないでください）

（訳　人々の苦しみを救うべき地方の役人に申し上げる。
どうか本来の領民を慈しむ心を決して忘れないでください。）

幾十許《いくそばく》ぞ　珍《うづ》の御手《みて》もて　大御神《おほみかみ》　握りましけむ　珍《うづ》の御手《みて》もて

（幾十許ぞ…どれほどか多く）（珍の…尊く立派な）（大御神…厳かな神は）（握りましけむ…人々を治めただろうか）

（訳　どれほど多くの尊く立派な御手で、厳《おごそ》かな神は人々を
お治めになったことであろうか、その尊く立派な御手で。）

この歌を書いた良寛の書に、鈴木文臺の題言が合装されており、その中に次の記述がある。
「…昔年　三宅君郡吏《ぐんり》たりしの日、師　之と相見し、席上書して以て之を贈る。蓋《けだ》し　師の三宅君の年少敏才なるを見、当世吏たる者の貧墨《ひんぼく》の風に倣《なら》わんことを恐れ、之を諷《ふう》せし者なり。…」
その後、清廉潔白、質直廉勤《しっちょくれんきん》であった三宅相馬は良寛の期待によく応え、郡吏から郡奉行、典客《てんかく》兼砲術師範となり、四十歳ころから儒学に励み、詩文をよくした。五十一歳の時、いったん辞職するが、五十八歳の時、藩の財政を救えるのは相馬しかいないということで、やむなく大阪に派遣されて、藩債の処理に当たった。万延元年（一八六〇）六十歳で没した。

三宅相馬は尊敬する良寛を何かとかばっていたのではないか。
良寛は村上藩から何かと目を付けられていたのではないか。

玉木礼吉氏の『良寛全集』に次の逸話がある。

「国上山は村上藩の領土に属す、侯 猟を好み出遊《しゅつゆう》時を顧《かえり》みず、禅師一日 山を下る、村民奔走して途を掃ふ、禅師その故を問ふ、村民声を潜めて曰わく、我侯将《まさ》に猟せむとす、今や我儕《ともがら》秋収に忙し、然れども侯の命奈何《いかん》ともする能《あた》はざるなりと、禅師曰わく 予 汝等の為に、侯の出遊を止めんか、村民皆曰わく至嘱《ししょく》々々（注1）、禅師乃ち榜子《ほうす》（注2）を作らしめ之に題して曰わく

短か日の　さすかぬれきぬ　乾しあへぬ　青田のかりは　心してゆけ

（ぬれきぬ…濡れた着物と、冤罪の意味の「ぬれぎぬ」の掛詞）　（かり…稲の刈り取りと狩猟の狩りの掛詞）

（訳　秋の短い日が射していると思うとすぐに雨が降り、濡れた着物を乾かすことができないと同時に、農民を狩りのために動員することであなたがぬれぎぬを着せられそれをはらすことができずに悪者にされますよ。まだ実らない青田を刈り取るような、農民を苦しめる狩猟は、どうかおつつしみください。）

既にして駕《が》至る、侯之《これ》を熟視し悵然として駕《が》を回し、これより復《ま》た出猟せざりしと、」

（注1）至囑…おたのみします
（注2）榜子…宋代、百官の相見るに用いた一種の手札で、官職氏名等を認めたもの

この話ははたして事実であろうか。榜子《ほうす》に村上藩主の秋の出遊を諌《いさ》める歌を書くということは、良寛がそれを胸に貼って、正座して土下座して訴えたのではないか。果たして、「公儀のさた」などを戒語で誡《いまし》めていた良寛が、そのような直訴じみた過激な行動を実行したのだろうか。

この逸話には疑問もないわけではないが、良寛の差別・搾取《さくしゅ》されていた農民への慈愛の気持ちは強く、時としてこのような農民を身をもってかばう言行が多々あったのであろう。事柄《ことがら》が事柄だけに記録に残すことは危険な面があったため、ほとんど記録がないだけであるのかもしれない。また当時既に、良寛の名は高くて、良寛を支援する人も多く、藩主といえども無視できない存在であったこともうかがわせる。良寛に直接、法に触れる行為がなければ、おいそれとは良寛を取り調べて、罪科を負わせることはできなかったのではないか。それにしてもこのような行動に出る良寛は、村上藩から目を付けられていたのではないかと思われる。


北川省一《せいいち》氏の『良寛遊戯』に次の記述がある。

「名宛て人は不明であるが残された良寛の書簡の中につぎの一枚があった。

「一筆申上候《そうろう》　然《しか》らば乙助しばられ候はゞ　はやく御しらせ可被下《くださるべく》候。八日」

良寛壮年の頃の勇気凛々《りんりん》たる筆であった。乙助が何者であったか、事情がどのようなものであったかは全く判らないが、乙助は指名手配された被疑者であるが、それが捕縛《ほばく》されたならば、駆けつけて行って

役人と掛け合い、弁護してやりたいという決意がありありとうかがえるような文面であった。」

内山知也・谷川敏朗・松本市壽編集『定本良寛全集第三巻書簡集、法華転《ほっけてん》・法華讃』に次のような説明がある。

「「乙助」は現在の新潟県燕市溝《みぞ》のもと士族であった溝口乙助であるという。早川玉吉氏によると、新発田《しばた》溝口藩の乙助は、ある事件によって打ち首になるところ、脱藩して溝に身をひそめていた。そこで役人たちは、乙助の行方を追っていたわけである。藩の追及が厳しくなったので、良寛はもし乙助が捕らえられたら役人に弁護してやろうとしていたのだという。同地の「宗門帖」をみると、安政二年（一八五五）乙卯《きのとう》に乙助は「四十二」とあり、万延二年（一八六一）辛酉《かのととり》には「四十八」とあるから、文化十一年（一八一四）甲戌《きのえいぬ》生まれとなろう。良寛が役人の誤解をといてやったためか、乙助は同地で安らかに生涯を終えたという。」

良寛には、このように役人から追われる者をかばう行動が時にあったのではないか。もし、そうだとすれば、代官所の役人からは、相当危険人物視されていたものと思われる。

三宅相馬が三条を去ってからは、良寛をかばう者がいなくなり、良寛への圧迫が強くなり、良寛はついに、村上藩領の国上山に居られなくなったのではないか。

おそらく良寛は、正式な住民としての資格がなかったのかもしれず、空庵に勝手に住み着いた旅の修行僧のような存在だったものとも思われる。

そして良寛の身元保証人的な存在であった牧ヶ花の庄屋の解良叔問《しゅくもん》は没し、村上藩医だった原田鵲斎も加茂へ隠居して移住し、良寛をかばってくれた三宅相馬も三条を去ってしまった。

村上藩にとって、なにかと抵抗し、目の上のタンコブであり、煙たい存在であった良寛は、ついに住民としての資格がないという理由で、他藩への移住を迫られたのではないか。例えば正式な住民としての資格がない者は他藩領に立ち退《の》くべしというようなお触れが、国上周辺の庄屋に出されたのではないか。まさに良寛をターゲットにしたような話があったのではないか。

そうした事情を関係者は知っていて、島崎の木村家や、寺泊の吉《よし》の百姓総代の竹内源右衛門、寺泊町の回船問屋で町年寄だった外山茂右衛門などは、良寛に自分の処に移り住むように誘ってくれたのではなかったか。

当時、島崎は島崎川を境に、木村家の反対側の下領は村上藩領だったが、木村家がある上領は天領で、出雲崎代官所の領地だった。そして寺泊は柏崎領だった。私は長い間、老衰した良寛の世話をなぜ島崎の木村家がみて、あれだけ良寛と親しかった阿部家や解良家がお世話してやらなかったのだろうかと疑問に思っていた。それは、阿部家も解良家も村上藩領であったからだと思うのである。

良寛が権力から、危険人物としてマークされていたことを示す逸話が西郡《にしごおり》久吾氏の『北越偉人 沙門《しゃもん》良寛全伝』にある。

「予、之を木村周作君に聞く。禅師寂後、其の歌稿を装訂して三巻となしたるものを、出雲崎代官より持参出頭すべき旨の厳命に接し、曾《そう》祖父 元右衛門 携帯参庁、三昼夜にして却下 帰郷を許されたりと。」

そうした状況の中、九月はじめに、良寛は病に臥《ふ》してしまった。そのとき、晩秋の嵐が三日三晩吹き荒れた。病気で身動きできない良寛は、不安な三日間をただ吹き荒れる風の音を聞きながら、過ごした。そんな思いを歌にしている。

長月《ながつき》の初《はじめ》つ方、心地悪《あ》しくて庵《いほ》に籠《こ》もりけるに、風のいたう吹きて三日三夜《みかみよ》さ、止《や》まざりければ、心やりに詠める

（心やり…気晴らし）

憂《う》き我を　いかにせよとて　秋風の
吹きこそ増され　止むとはなしに

（訳　病気のためつらい思いをしている私を、どのようにしようと思って、秋風はますます強く吹くのだろうか。風が止む気配もないのに。）

むらぎもの　心さへにぞ　失《う》せにける　夜昼《よるひる》言わず　風の吹ければ

（むらぎもの…「心」の枕詞）

乙子神社草庵

（訳　木々の葉はもちろん、私の心までも吹き飛ばしてしまいます。夜となく昼となく、風が激しく吹くので。）

しかりとて　誰《たれ》に訴《うた》へむ　よしもなし　風の吹くのみ　夜昼《よひる》聞きつつ

（訳　風が激しく吹くからといって、それを誰かに訴える方法もありません。秋の風がわびしく吹くばかりで、その風の音を夜となく昼となく聞きながら、つらい思いをしています。）

こうした心細さを痛感したことを契機に、良寛は、権力の圧迫には従う気はなかったものの、国上山を去る方向に心が傾いていったのかもしれない。

遍澄には、地蔵堂の願王閣に自分を迎えたいという富取家からの話が前からあったのであろう。あるいはその話は、長年世話になった遍澄を思って、良寛が働きかけた話であったかもしれない。遍澄は自分が良寛のもとを去ることになる以上は、良寛の世話をしてくれる人を見つける必要があった。遍澄の生家の隣にあって、気心の知れた木村家に、良寛様のお世話をしていただけるか打診したのではないか。そうしたところ、自分も良寛を迎え入れたいと思っていた木村元右衛門から、快くお引き受けいたしましょう　というありがたい返事があったものと思われる。

そこで遍澄は、木村家からの申し出を良寛に伝えたところ、良寛は即座に移住を決心したようだ。

おそらく遍澄の将来のことを考えての決断だったのではないか。遍澄は良寛の決心を聞いて、木村家への移住の話をすぐに実行に移した。越後の厳しい冬はもう目の前に来ていた時期でもあった。良寛もまた、島崎なら、弟 由之のいる与板《よいた》にも、出雲崎にも近いこと、そして能登屋木村家は浄土真宗の信仰の篤《あつ》い家であったこともあり、すぐに転居することを了承した。

良寛の木村家庵室への移住にあたっては様々な事情があったわけであるが、案外、大きな影響を与えたのは、良寛の着物を洗濯したり、繕《つくろ》ったり、何かと身の周りの世話をしてくれた妹 むらが亡くなったことではなかったか。文政七年（一八二四）良寛六十七歳の年、三月五日に、良寛の妹 むらの夫、寺泊町の回船問屋で酒造業も営んだ外山文左衛門が六十八歳で亡くなった。むらもその後、病床につき、十二月十七日、六十五歳で亡くなった。墓は寺泊町（現 長岡市）の法福寺にある。良寛は、むらの病気を見舞うため、十一月四日に和歌三首を詠んで贈った。

越《こし》の海　野積《のづみ》の浦の　雪海苔は　かけて偲《しの》ばぬ　月も日もなし
（かけて…心にかけて）

（訳　越後の海に沿う野積の浜の磯で 真冬に採れた岩のりのおいしさを、心にかけて すばらしいと思わない 月も日もありません。）

越の海　野積の浦の　海苔を得ば　分けて賜れ　今ならずとも

（訳　越後の海に沿う 野積の浜の磯で 採れた岩のりを手に入れたならば、
分けて下さい。今でなくてもよいですから。）

越の浦の　沖つ波間を　なづみつつ　摘《つ》みにしのりを　いつも忘れず

（なづみつつ…難渋しながら）

（訳　越後の海岸で、沖の波間で苦労しながら
摘んでくれた岩のりのおいしさを、忘れることはなく、いつも思っています。）

野積は雪の降るころに、質の良い岩のりが穫れるため、むら は毎年、良寛に雪海苔を贈っていたのであろう。良寛は元気になって、また雪海苔を贈ってほしいという歌を贈り、見舞ったのである。

妹むら の死後、良寛は むら への哀傷歌《あいしょうか》を詠んでいる。

春ごとに　君が賜ひし　雪海苔を　今より後《のち》は　誰《たれ》か賜はむ

（訳　春になるたびに あなたが贈ってくれた 真冬に採れる岩のりを、
これからは誰が贈ってくれるのだろうか。あなたのほかにはいないのに。）

【木村家】

能登屋　木村家は近世初め、菩提寺の隆泉寺とともに能登から移ってきた。明治までは島崎村の百姓代を代々務めてきた旧家である。良寛の住んでいた小庵は、中央に炉があってかぎ竹がつるされており、薪《たきぎ》も飲み水もすぐ側にある簡素なものであった。木村元右衛門は、母屋《おもや》の中をと勧めたが、良寛は離れの小屋で結構だと言い、そこを改造して住んだ。

同家及び庵室は、明治維新の戊辰戦争で焼失したが、良寛の遺墨を収蔵した土蔵だけは焼失をまぬかれた。

利蔵は兄の木村家十代　元右衛門の遺言を守って、一切経《いっさいきょう》（大蔵経《だいぞうきょう》）とそれを納める大蔵経堂を隆泉寺に寄進した。隆泉寺の境内に大蔵経碑がある。碑は明治四十年建碑《けんぴ》。大蔵経堂は戊辰《ぼしん》戦争の戦火を免れた。大蔵経は京都より購入したもので、二百七十五帙《ちつ》（六千七百十一巻）を十六個の荷物にして馬五頭で運んできた。代金は百五十両。木村家の十代と十一代当主が二代に渡って一切経を集めた。これに感激した良寛が次の謂《いわ》れ書きを書いた。

「我が兄（十代　元右衛門）終焉《しゅうえん》の夕、密かに我を召し慇懃《いんぎん》に属《しょく》して曰く、我に夙願《しゅくがん》あり、一大蔵経を建立せんと欲す。奈何《いかん》せん、家貧しくて遂げること能はず。憾《うら》む所は唯是《ただこれ》のみ。願わくは爾《なんじ》（利蔵）我が志を継ぎて之を成せと。言了《おわ》りて奄然《えんぜん》として逝く。爾自以来《これより》、戦々兢々《きょうきょう》として深淵に臨むが如く、薄氷を踏むが如し。今茲《ここに》文政十一戊子《つちのえね》の夏四月、所願《しょがん》を果たし得たり実に重擔《じゅうたん》を脱せしが如し。然《しか》り而して疇昔《ちゅうせき》の事を思ふ毎に悲喜交《こもごも》集《つど》ひ、涕涙殆《ているいほと》んど襟《えり》を霑《うるお》すに至る。主人其の事を以て余に語り、且《か》つ之を記さん事を求む。因りて禿筆《とくひつ》を援《と》りて以てこれを述ぶとす。

願主　能登屋元右衛門　　沙門良寛謹書　」

木村家第十二代 元右衛門周蔵は十一代 元右衛門利蔵の子。一時、放蕩《ほうとう》にふけったため、利蔵から勘当された。しかし、良寛の取りなしで勘当がとける。良寛からの訓戒の手紙が効果があったようだ。

おかの は周蔵の妹。文政十二年（一八二九）一月十四日、早川平三郎と結婚した。おかの は美人ながらも わがまま娘であったので、困った両親が嫁に行く娘のために、良寛に戒語を頼んだという。

「一　朝夕、親につこうまつるべき事　（つこうまつる…仕える）
一　縫《ぬ》ひ織《お》りすべて女子《おなご》の所作、つねに心掛くべき事
一　菜ごしらひ、お汁のしたてよう、すべて食物《くひもの》のこと、しなら
ふべき事
一　読み書き油断《ゆだむ》すべからざる事
一　掃き掃除すべき事
一　ものに逆ろふべからざる事
一　上を敬《うやま》ひ、下を憐《あは》れみ、生《しよう》あるもの、鳥獣《とりけだもの》にいたるまで、
情けをかくべき事
一　げらげら笑ひ、安面《やすづら》はらし、手もずり、無駄口、立ち聞き、
隙《すき》のぞき、余所目《よそめ》、かたく止むべき　事
右の条《くだり》つねづね心掛けらるべし
おかのどの　」

隆泉寺　大蔵経堂

おかの は、芯の強い女性だったようだ。戊辰戦争の際、官軍が島崎周辺の村々を焼き払いながら進軍した。官軍に軍資金を供出しない家には火を放った。良寛の遺墨を収めた木村家の蔵の前で、おかのは立ちはだかり、この蔵だけは火を付けないでと申し入れたという。一説に、おかの が嫁いだ早川家にも官軍の兵士が来て、軍資金を供出しなければ火を放つと脅迫したが、玄関の前で仁王《におう》立ちした おかのは「お金はありません。火を付けるなら、その前に私を殺してから、火をつけなさい」と決死の形相《ぎょうそう》で言い放って、立ちはだかった。官軍の兵士は、そのまま帰ったという。

2　貞心尼と良寛――文政十年

【原田鵲斎の死】

文政十年（一八二七）二月十六日に原田 鵲斎《じゃくさい》が亡くなった。享年六十五歳。原田鵲斎は三峰館時代の良寛の学友で、医業を営むかたわら、詩歌にも秀でており、良寛の生涯の親友であった。晩年は加茂に住んだ。鵲斎を偲んだ哀傷歌を鵲斎の長男正貞《しょうてい》と唱和している。

いますとき　深くも匂ふ　梅の花　今年は色の　うすくもあるかな　（正貞）

（訳　父がおられたときは　奥深い香りを放った梅の花も、
今年はその色が　涙でうすく見えます。）

何事も　みな昔とぞ　なりにける　花に涙を　そそぐ今日かも　（良寛）

（訳　なにごとも、みんな昔のこととなってしまいました。
あなたと一緒に見て楽しんだ　梅の花を前にして、涙を流す今日の日です。）

【良寛】

貞心尼は、良寛に何とかお逢いしたいと思って、文政十年（一八二七）三月に柏崎の閻王寺《えんのうじ》から長岡福島《ふくじま》の閻魔堂《えんまどう》に引っ越してきた。つてをたどっていろいろ探したが、島崎に近いところでは見つからず、長岡の福島の閻魔堂に何とか住むことができたようだ。

この引っ越しに先だって、かつて夫だった関長温が二月十四日に死亡した。長温の没年齢は、長温が兄より一歳年少だったとすれば、四十二歳という若さであった。

松原弘明氏は語る。「文政十年一月四日に西井口《にしいのくち》家に葬儀（七代 新左衛門の後妻）があって、長温は出席しており、香典帳に記録が残っている。このことから、長温の死は長患《ながわずら》いの末の病死ではなく、二月十四日に急病死または事件事故に巻き込まれて死亡したなどの、何らかの理由による不慮の死だった可能性がある。そして、仮にこの不慮の死の原因の一端が貞心尼にあったとするならば、貞心尼はこのことに非常に悩んで、すぐにでも良寛に心の苦しみを打ち明けたいと強く思ったのではないか。そのため、大急ぎで良寛の住む島崎に近い場所を探したのではないか。じつは、松原一族のごく限られた人たちだけに、関長温はお手討ち（斬殺）されたという話が密かに代々語り継がれてきたという事実がある。」

良寛に逢うための閻魔堂という前進基地を築き、橘屋、木村家、山田家などの関係者と事前に連絡をとって、ようやく貞心尼が良寛に逢いに出かけたのは、文政十年（一八二七）四月十五日頃のことであった。それは、四月一日に関長温の葬儀（当時は四十九日に行われた）が行われ、貞心尼はかつての夫を弔《とむら》った直後である。

福島の閻魔堂から島崎の木村家まではかなりの距離である。福島から歩いて信濃川まで出て、和泉屋山田家や大坂屋 三輪家の船に乗せてもらい、船で与板の川袋《かわぶくろ》まで下り、そこから与板の町へ歩いて出て、難所の塩入峠《しおのり》を越えて、ようやく島崎にたどりつけるのである。そのため、その後も与板の和泉屋山田家を中継地点として、一泊させてもらうことがたびたびとなったのではないか。江戸時代は治安も悪く、場所によっては山賊が出没したりもするので、貞心尼は、塩入峠を越えるときは、和泉屋 山田家の使用人と一緒だったのではないか。

貞心尼は、良寛から聞いて知っている良寛自身のことを、『蓮《はちす》の露』の序文に書いている。読みやすくするために句読点を入れた。

「良寛禅師《ぜじ》と聞えしは、出雲崎なる橘氏の太郎のぬしにておはしけるが、はたちあまりふたつといふとしに かしらおろしたまひて、備中《びっちゅう》の国 玉嶋《たましま》なる円通寺の和尚国仙といふ 大徳《だいとこ》の聖《ひじり》のおはしけるを師となして、としごろそこに物《もの》し給ひしとぞ。又世に其名聞えたる人々をば遠《をち》こちとなくあまねくたづねとぶらひて、国々に すぎやう（修行）し給ふ事 はたとせばかりにして、つゐに其道《そのみち》の奥をきはめつくしてのち、故里《ふるさと》にかへり給ふといへども、さらにすむ所をさだめず、こゝかしこと物し給ひしが、後は国上の山にのぼり、みづから水くみ たき木をひろひて、おこなひすませ給ふ事 三十年とか。
島崎の里なる木村何がしといふもの、かの道とくをしたひて、親しく参りかよひけるが、よはひたけ給ひて、かゝる山かげにたゞひとり物し給ふ事の、いとおぼつかなうおもひ給へらるゝを、よそに見過ごしまゐらせむも心ぐるしければ、おのが家ゐのかたへにいさゝかなる庵のあきたるが侍《はべ》れば、かしこにわたり給ひてむや。よろづはおのがもとより物し奉らん、とそゝのがし参らするに、いかゞおぼしけむ、稲ぶねのいなとものたまはず、そこにうつろひ給ひてより、あるじいとまめやかにうしろ見聞えければ、ぜじ（禅師）も心安しとてよろこぼえ給ひしに、そのとしよりむとせといふ年の春のはじめつ方、つゐに世を去り給へぬ。

かく世離れたる御身《おんみ》にしも、さすがに月花《つきはな》のなさけは捨てたまはず、よろづの事につけ折にふれては、歌よみ詩作りて、其心ざしをのべ給へぬ。されど是《これ》らの事をむねとしたまはねば、たれによりてとひまなびもし給はず。たゞ道の心をたねとしてよみいで給ひぬる。其歌のさま、おのづから古《いに》しへの手ぶりにて、すがたこと葉もたくみならねど、たけ高くしらべなだらかにして、大かたの歌よみのきはにはあらず。長歌みじかうたとさまざま有《ある》が中には、時にとり物にたはぶれてよみすて給へるもあれど、それだによの常のうたとは同じからず。ことに釈教《しゃっきょう》は更にもいはず、又月のうさぎ、鉢の子、しら髪などよみ給ふもあはれにたふとく、打《うち》ず（誦）しぬれば、おのづから心のにごりもきよまり行くここち南《なむ》せらるべし。此道に心あらん人、此歌を見る事をえて、心に疑ふ事あらずば、何のさいはひか是に過んや。

さればかかる歌どものこゝかしこに落ちちりて、谷のうもれ木うづもれて世に朽《く》ちなんことのいといと惜《お》しければ、こゝに問ひ　かしこにもとめて、やうやうに拾い集め、又おのれが折ふしかの庵りへ参りかよひし時、よみかはしけるをも書きそへて一まきとなしつ。こは師のおほんかた見とかたはらにおき、朝ゆふにとり見つつ　こし方しのぶ　よすがにもとてなむ

天保むつのとし五月ついたちの日に

貞心しるす」

この内容はかなり正確で、貞心尼は良寛から聞いたことをそのまま覚えていたようだ。

この中の、「二十歳《はたち》余り二つといふ年（つまり二十二歳）に頭おろし給ひて」とある文章の右側に「十八歳」と訂正してある。これは、おそらく、良寛から、「十八歳の年に家を出て坐禅修行を始め、二十二歳の時に光照寺に巡錫《じゅんしゃく》してきた円通寺の国仙和尚によって得度し、正式な僧侶になった」ということを聞いていた貞心尼は、出家した年齢としては、はたして十八歳だったのか二十二歳だったのか、どちらだったのか迷ったのではないだろうか。逆に『浄業餘事』には、十八歳と書いた文章の右側に二十二歳と訂正してある。

【寺泊での夏籠もり】

長年、自然の豊かな国上山で暮らした良寛にとって、賑《にぎ》やかな島崎の町中での暮らしはなじめなかったようだ。木村家に移住した文政九年の十二月二十五日付の阿部定珍《さだよし》宛の手紙がある。

「まことに狭くて暮らし難《がた》く候。暖気になり候はば、また何方《いづかた》へも参るべく候」

そうしたことからか、島崎に移住した翌年、文政十年（一八二七）良寛七十歳の年の夏の間、立夏

（四月十三日）前から白露《はくろ》（七月十七日）頃、海と佐渡の見える寺泊の照明寺密蔵院《しょうみょうじみつぞういん》で過ごした。また、阿部定珍宛の次の手紙もある。

「僧もこの夏、密蔵院へ移り候。観音堂の守《も》り致し、飯は照明寺にて食べ候。一寸《ちょっと》御知らせ申し上げ候。」

おそらく良寛は、文政十一年も、文政十二年も、寺泊の照明寺密蔵院で、一定期間逗留《とうりゅう》していたのではないか。寺泊には、妹のむらの嫁いだ外山家や、妹のたかの娘が嫁いだ石原家をはじめとして、本間家や、五十嵐家など、友人・知人が数多くいた。そして、照明寺からは、出雲崎の実家の目の前にあった海と、母のふるさと 佐渡が見えるのである。そうしたこともあって、夏には海から涼しい風が吹く寺泊が気に入っていたのだろう。また、お世話になっている木村家への遠慮も少しはあったかもしれない。

照明寺の過去帳に次の歌が書かれている。

終日《ひめもす》に　夜もすがらなす　法《のり》の道　うき世の民に　回《え》して向かはむ

（法の道…仏の道）（回して向かはむ…回向《えこう》を行う）

（訳　昼となく夜となく、仏の道に生きている身です。この世の人々のために、読経《どきょう》を行って、亡き人のご冥福をお祈りしましょう。）

密蔵院で良寛は万葉調の長短歌も作っている。

寺泊に居りし時詠める

大殿の　大殿の　殿の御前《みまえ》の　み林は　幾代経《へ》ぬらむ
ちはやぶる　神さびにけり　そのもとに　庵を占めて
朝《あした》には　い行き廻《もとほ》り　夕べには　そこに出《い》で立ち
立ちて居て　見れども飽《あ》かぬ　これのみ林

（大殿…照明寺の観音堂）
（ちはやぶる…「神」の枕詞）

（訳　この尊いお堂の、その尊いお堂の、お堂の前の林は、いままでどれだけの年月を過ごしたのだろう。まことにおごそかな林です。その林のもとの密蔵院を私の庵として、朝には林に出かけて行ってめぐり歩き、夕暮れには林に出かけて行ってたちどまり、立ちつくして見ても、見飽きることのない、ここの林であるなあ。）

（反歌）
山陰の　荒磯《ありそ》の波の　立ち返り　見れども飽かぬ　これのみ林

（山陰の　荒磯《ありそ》の波の　…「立ち返り」の序詞）

（訳　山の陰の岩の多い磯に、波がくり返し寄せるように、くり返し見ても見飽きないものは、このお堂の前にある林です。）

大殿の　林のもとに　庵《いほ》占めぬ　何かこの世に　思ひ残さむ
（訳　このお堂の前にある林の下の庵に暮らしています。
だから、この世に思い残すことが何かあるでしょうか。もう何もありません。）

大殿の　林のもとを　清めつつ　昨日《きのふ》も今日も　暮らしつるかも
（訳　このお堂の前にある林の下を、掃き清めながら、
昨日も今日も、この林を慕《した》わしく思って暮らしています。）

月夜には　寝《い》も寝《ね》ざりけり　大殿の
林のもとに　行き帰りつつ
（訳　月の明るい夜には、よく寝ることができません。
そこで、このお堂の前にある林の下を、
行ったり来たりしています。）

密蔵院にをりし時

夜《よ》明くれば　森の下庵《したいほ》　からす鳴く　今日もうき世の　人の数かも

（訳　夜が明けたので、森の下の庵で目を覚ますと、烏が鳴く声が聞こえました。今日も生きていて、この世の中の人の数に入っているなと思いました。）

大殿の　森の下庵　夜明くれば　からす鳴くなり　朝清めせん

（訳　この尊いお堂の前の森の下にある庵で、朝目を覚ますと、夜が明けたので、烏が鳴いています。さあ、外に出て朝の掃き掃除をしましょう。）

寺泊から島崎に戻るときの歌がある。

寺泊を　出づる時詠める

縁《えにし》あらば　またも住みなむ　大殿の　森の下庵《したいほ》　いたく荒らすな

（訳　縁があったら、またやってきて住むことにしよう。この尊いお堂の前にある林の下の庵を、どうかひどく荒らさないでおくれ。）

命《いのち》の　全《また》くしあらば　木の下《もと》に　庵《いほり》占めてむ　また来《こ》む夏は

（訳　私の命が無事であったならば、この木の下の密蔵院を庵と定めて住むことにしよう。またやってくる夏の季節には。）

寺泊から島崎に戻った後の秋であろうか。木村家の人々との楽しいやりとりの歌がある。

終夜《よもすがら》　爪木《つまぎ》たきつつ　円居《まろい》して　濁れる酒を　飲むが楽しさ

（訳　一晩中、たきぎを燃やしながら、囲炉裏を円《まる》く囲んで座り、親しい人と濁《にご》り酒を飲むことは、楽しい事です。）

次の日は、しきりに風吹き雨降り、たしなみつつ島崎に到りぬ。人の家苞《いへづと》を乞ひたりければ
（たしなみつつ…苦労しながら）（家苞…おみやげ）

笠は空に　草鞋《わらじ》は脱げぬ　蓑《みの》は飛ぶ　我が身一つは　家の苞《つと》とて

（訳　笠は風で空に舞い、わらじは足から脱げ、蓑もまた風で吹き飛ばされました。だから、私の身一つだけが、家へのおみやげなのです。）

【富取正誠《まさのり》の妻八重への哀傷歌】

文政十年（一八二七）六月一日、地蔵堂町の大庄屋を務める富取家八代 武左衛門正誠《まさのり》の妻 八重が四十六歳で亡くなった。このとき正誠は五十一歳だった。子が八人いたという。良寛の哀傷歌がある。

正誠が妻の身罷《みまか》りけりと聞きて、ほど経て後、詠みて遣《つか》はしける

秋の夜も やや肌寒く なりにけり 独りや君が 明かしかぬらむ （良寛）

（訳 秋の夜も次第に肌寒くなりました。
あなたは独りで長い秋の夜を明かさすことが できないでいるのでしょうね。）

また正誠に代わりて

如何なるや 事《こと》のあればか 我妹子《わぎもこ》が 数多《あまた》の子らを 置きて去《い》につる （良寛）

（訳 どのようなことがあったからなのか。
私のいとしい妻が、多くのこどもを残して、亡くなってしまうとは。）

【一二三四五六七八】

その年の四月十三日頃か十五日に、良寛がいつも子供たちと手毬《てまり》をついているということを聞いた

貞心尼は、自分でゼンマイの綿を芯にして糸で巻いてから刺繍《ししゅう》をした手作りの手まりを持って、島崎の木村家庵室の良寛を訪ねた。

しかしながら、良寛は直前に寺泊の照明寺密蔵院《しょうみょうじみつぞういん》に出かけており、不在だった。そこで貞心尼は次の和歌（これぞこの…）とみやげに持ってきた手まりとその場で書いた手紙を木村家に託して、良寛に渡してもらうことにした。

あるいは、十三日頃に木村家を訪問し、不在のためいったん木村家を立ち去って、その日は与板の山田家に泊まり、十四日頃に福島に帰ってから、十五日付けの手紙を書いて、十五日に手まりと和歌とともにその手紙を木村家に送った。

四月十五日付けの木村元右衛門に宛てた貞心尼の手紙がある。

「何《いず》かたにか御座なされ候やらん、やがてまたあつき時分は御かへり遊さるべくと存じ候へば、どふぞややそのみぎり参りたき物とぞんじまゐらせ候。わたくしもまづ当分柏崎へはかへらぬつもりにて、さえわひ此ほどふくじまと申ところにあき庵の有候まゝ、当分そこをかりるつもりにいたし、あとの月より参りおり候、されどへんぴのところよ（ゆ）へ便り遠に候まゝ、もし御文下さるとも与板のあぶらや喜左衛門様まで御出しくだされば、長岡まで日々便り有候まゝ、さやうなし被下度候《くだされたく》、何事もまた御めもじのふしゆるゆる申上べく、まづは御礼までに、あらあらめで度《たく》かしく
卯月十五日　貞心
のとや元右衛門様

御うち殿御もとへ　　　　　　　　　　　」

この手紙の中の「油屋喜左衛門」について、原田勘平氏は昭和三十四年一月十五日の小出郷新聞の記事の中で次のように述べている。「与板の油や喜右エ門という家は、上町にあって、槙原へ通ずる角屋敷であったという。」油屋では、長岡との間で、手紙や荷物の定期的な運送が行われており、その長岡の拠点まで、貞心尼は托鉢のついでにたびたび立ち寄ったのであろう。また、良寛の行き先が寺泊であるということを木村家も知らなかったようだ。

師常に手まりをもて遊び給ふと聞きて奉るとて

これぞこの　仏の道に　遊びつつ　つくや尽きせぬ　御法《みのり》なるらむ　（貞心尼）

（訳　手まりをつくことが　仏の教えにかなう遊戯三昧の境地であり、仏法の奥義なのでしょうか。私に仏法を教えていただけませんか。）

良寛の手まりは良寛の仏道を象徴するものであり、仏の教えを体現したもの、仏法の真理にかなうものであるということを、貞心尼は見抜いて、良寛にこの歌を詠んで贈ったのではないか。

良寛は立秋の閏《うるう》六月十五日以降に、木村家に戻ってから、貞心尼からの手まりと和歌を受け取った。そして良寛は貞心尼に閏六月二十四日付けの手紙で、次の歌を返した。

御返し

つきてみよ　一《ひ》二《ふ》三《み》四《よ》五《い》六《む》七《な》八《や》　九《ここ》の十《とを》　十《とを》とをさめて　またはじまるを（良寛）

（訳　あなたが作ってくれた手まりを私の前で無心についてみなさい、一二三四五六七八九の十と、十で終わり、また一から繰り返す、その繰り返しの中に、仏の教えが込められているのです。さあ、私について、今すぐ仏道修行を始めて、仏道を学び尽くしなさい。）

この歌の「つきてみよ」の句には、手まりをついてみなさいという意味と、私について（弟子になって）みなさいという意味と、仏道を究めつくすという三つの意味が込められている。そして、頭で考えるだけの「なるらむ」ではだめだ、仏道修行は実際に体で実践するものだ、さあ今すぐに修行を始めなさいという厳しい指導の言葉なのであろう。

良寛が手まりをつくことには、いくつかの仏道上の教えが込められている。

○　当時の手まりは形もいびつで小さく、よくは弾まないため、うまくつくことが難しかった。どこに跳《は》ね返ってくるか分からない手

木村家

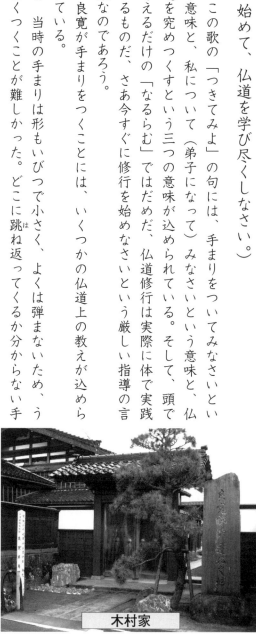

まりをうまくつくためには、雑念を捨て無心になりつつ、臨機応変につかなければならない。この無心になることが重要だという教えが込められている。遊びとは無我無心になることなのである。

○　この歌は、子どもたちと毬つきをして遊ぶときの、数え歌が、一二三四五六七八《ひふみよいむなや》　九《ここ》の十《とを》となると、また元に戻り、一二三…と続くことを踏まえたものであり、時というものが循環するもの永遠なるものという思想が背景の一つにあるのであろう。

良寛は漢詩の中で、過去、現在、未来と詠っており、遙《はる》かな過去から、遙かな未来まで、時間が続くものと認識していた。一方で、輪廻転生《りんねてんしょう》の仏教思想の影響か、時間についても循環するかのごとき認識も持っていたようである。時間は永遠である。つまり、始まりも無ければ終わりも無いと。

そして良寛は、手まり歌が一から始まり、十で終わり、また一から始まるという永遠の繰り返しであることと、仏道修行というものは生涯続けるものであり、毎日が坐禅や作務《さむ》などの同じ修行の繰り返しであるということと同じだという教えが込められている。

千利休がお茶の心を詠んだ歌がある。

稽古《けいこ》とは　一より習ひ　十を知り　十より返る　もとのその一

○　一二三四五六七…には、当たり前のこと、ありのままのことという意味もあり、「花は紅《くれない》　柳は緑」という、あるがままの自然の摂理が仏法の真実であるという諸法実相《しょほうじっそう》の世界を表している。

良寛の漢詩に出てくる「一二三四五六七」について、『禅学大辞典』（大修館書店）では、「子供でも知っていること。当たり前のこと。どこにでもざらにある普通の事をあらわす」とある。

『禅語字典』（思文閣出版）では、「予定調和の現成《げんじょう》、花は紅《くれない》、柳は緑　の諸法実相の世界」とある。

孝久晶子氏は全国良寛会編の雑誌『良寛』第二十四号（平成五年）の「良寛の一詩に想う 一二三四五六七」の中で、おおむね次のように述べている。「一二三四五六七は、普通の順序数ではなく、森羅万象・諸法実相をあらわし、禅の極意を表現する語句という」

貞心尼への「つきてみよ」の返歌で、良寛の「一二三四五六七八」という手まりつきの数え歌には、あるがままの世界がそのまま仏法の真理である（諸法実相）という教えがこめられてる。

〇 坐禅の時に心を調える、精神を集中統一する工夫の一つに「数息観《すそくかん》」がある。普通は吐く息を主として数える。出る息を丹田《たんでん》から外界に吐き出すような気持ちで、声には出さずにこれを「ヒトー」と数え、次いで吸う息を「ツー」と数える。こうして十までできたら、また初めの一つに戻って、これを何度でも繰り返す。一二三四五六七八九の十には、数息観の教えが込められている。

手毬は坐禅の時に、頭にのせて落ちないようにすることで、正しい姿勢を保つという利用方法もないわけではないが、一般的には子供の遊びのためのものである。

だが、良寛にとって手毬とは、子供たちと遊ぶための単なる道具ではなく、手毬をつくことが良寛の仏道修行であり、手毬が良寛が究めた仏道とはどういうものであるかということを示すための手段でもあった。

良寛が子供たちと手毬で遊んでいたということは、ある意味では、子供たちに仏の教えを説いていたということにもなる。

良寛にとっての手毬とは、衣裏宝珠《えりほうじゅ》（注）であり、仏性《ぶっしょう》であり、良寛の仏道そのものであった。

（注）衣里宝珠とは、『法華経』のたとえに由来する衣の裏につけられた宝珠のことで、すなわち人間の生命に本然《ほんねん》として備わっている仏性をたとえたもの。

【第一回相見　文政十年（一八二七）秋】

秋の閏六月十五日頃、良寛が夏の間過ごした寺泊の照明寺密蔵院から戻ってきた。その後、そのことを与板のあぶらや経由で届いた木村家からの手紙で知った貞心尼は、さっそく福島を出発し、おそらく与板の和泉屋で一泊し、翌日塩入《しほのり》峠を越えて、島崎の木村家に至り、良寛と初めて出逢って対面した。

ようやく良寛に逢うことができたのである。その時の唱和の歌がある。

初めて相見奉りて

君にかく　あい見ることの　嬉しさも　まだ覚めやらぬ　夢かとぞ思ふ（貞心尼）

（かく…こうやって）

（訳　お師匠様にこうやってはじめてお会いできたことをうれしく思う気持ちはとても言葉で言い表すことはできません。まるで夢を見ているようです。夢ならばいずれ覚めるのでしょうか。）

御返し

夢の世に　かつまどろみて　夢をまた　語るも夢も　それがまにまに　（良寛）

（まにまに…なりゆきにまかせよう）

（訳　この世の中のことは すべてが夢のように はかないものです。夢のように はかないこの世の出来事（あなたが私と会ったこと）を、うとうとと眠って見た夢のようだとあなたが語ることも、あなたが見た夢（あなたが私と会ったこと）も、ともに夢のように はかないこの世での出来事です。だから、あなたが語る夢はさめずに、夢のままでよいのです。）

仏教では、すべてのことはみな夢・幻すなわち「空《くう》」と見る。全てが「空」であるから、現実か夢かという区分は無意味なのだ。そして、すべての事象《じしょう》はあるがままの姿で存在しているだけだから、夢はさめなくても夢のままでよいのである。

その日 貞心尼は、熱心に良寛の仏道の話を聞いていたが、夜が更《ふ》けてきたので、良寛は次の歌を詠んだ。

いとねもごろなる道の物語に夜も更けぬれば

白妙《しろたえ》の　衣手《ころもで》寒し　秋の夜の　月なか空に　澄みわたるかも　（良寛）

（白妙の…衣の枕詞）

（訳　着ている着物の袖のあたりが寒くなってきました。月が空の中ほどに上り、どこまでも澄んでいます。（仏法の真理は輝くばかりに明白なのです。））

この歌の月は仏法の真理の象徴であり、月が澄みわたっているということは、仏法の真理は明白だということであろう。あわせて、月が空高く昇り、夜も更《ふ》けたことから、今日はこれくらいにしようという意味を込めた歌であろう。

夜が更けても、まだまだ仏道の話を聞きたいと思った貞心尼は次の歌を返した。

されどなほ飽《あ》かぬ心地して

向かひゐて　千代《ちよ》も八千代《やちよ》も　見てしがな　空ゆく月の　こと問はずとも（貞心尼）

（空ゆく月のこと問はずとも…空行く月は言葉を言わなくとも）

（訳　仏法の真理の象徴である月をいつまでも見ていたい、仏道の話をもっと聞いていたいのです。空行く月は言葉（仏法の真理）を言わないとしても、良寛さまから仏道の話を聞き続けたいのです。）

一方でこの歌は、「良寛さまと向かい合って　いつまでも良寛さまを見ていたい。空行く月は何も言わないように、良寛さまが私になにも話をしなくとも」というような意味にもとることができる。

この歌に対して、良寛は次の歌を返した。

御返し

心さへ　変はらざりせば　這《は》ふ蔦《つた》の　絶えず向かはむ　千代も八千代も　（良寛）

（訳　仏道を極めようというあなたの心さえ変わらなければ、蔦がどこまでも伸びていくように、いつまでも向かい合って、またお話をしましょう。千年でも、八千年でも。）

この歌を聞いて、貞心尼は次の歌を返した。

いざ帰りなむとて

立ち帰り　またも訪《と》ひ来《こ》む　たまぼこの　道の芝草　たどりたどりに　（貞心尼）

（たまぼこの…「道」の枕詞）

（訳　いったん帰って、またお師匠様をお訪ねいたします。お師匠様の庵へと続く道に生えている芝草を少しずつ探り進みながら。）

さらに良寛は貞心尼に次の歌も返した。

御返し

またも来よ　柴の庵を　厭《いと》はずば　すすき尾花の　露を分けわけ　（良寛）

（訳　またおいでなさい。粗末な私の庵をいやに思わなければ。
すすきの花穂の露をわけながら。）

すすき尾花の咲く時期に、また来て下さいと貞心尼に詠んだのである。二人が初めて出逢った日から、貞心尼は良寛の仏道の弟子となり、手紙のやりとりや貞心尼の良寛への訪問が続くことになる。やがて、お互いの心が通い合い、良寛が遷化《せんげ》するまでの約四年間、良寛と貞心尼の、仏道の師匠と弟子としての、純真で清らかな心の交流が続いたのであった。

貞心尼は朝に福島《ふくじま》の閻魔堂を出て、その日は与板の和泉屋　山田家に泊めてもらい、翌朝、与板を発《た》って、お昼までには島崎の木村家に到着したのではないか。そして、お昼過ぎに良寛に相見《しょうけん》し、夜遅くまで話し込んだのだろう。おそらく、翌日も昼過ぎまでは、会って話をしていたのではないか。あるいはこの時の相見は数日にわたった可能性すらある。良寛の仏道の話はかなり深く、多岐《たき》にわたり、本質を突いた話であったため、貞心尼にとっては、容易に理解できるものではなかったのではないか。

私はこのときの良寛と貞心尼の間に、次のような会話もあったのではないかと推測している。良寛は自分から仏法の説教をすることはなかったが、真剣に乞われれば懇切丁寧に仏の教えを説いたのである。

なお、これは貞心尼が離婚前に入水自殺しようとしていたときに良寛に諭《さと》されて思いとどまったと言う話と、関長温は不慮の死を遂げたという話が事実と仮定しての推測である。

貞心尼：私は出家する前、夫の長温様との間に子ができず、そのことで悩んでいました。私が身を引いて死ねば、長温様は別の女性との間で跡継ぎの子供をもうけることができると考え、川に身投げしようとして立っていたところを、お師匠様に「死ねば親が嘆きますぞ。いっそ御仏《みほとけ》に仕えておすがりすれば、きっとあなたをお救い下さる。出家して尼さんになられてはどうじゃ」と諭され、助けていただきました。ほんとうにありがとうございました。あのときの御恩は一生忘れません。

良寛：そんなこともあったかのう。よく、思いとどまり、出家して尼になる決心をしてくださった。なかなか、できぬこと、立派なことです。

貞心尼：じつはその長温様が今年の二月に亡くなりました。私の不注意で斬《き》られて亡くなったのです。昔、長岡のお城に御殿奉公に上がっていた頃、私に結婚を申し込まれたお侍様がおりましたが、私は長温様と一緒になりたくて駆け落ちしました。長岡から小出に逃げてきたのです。実家にお願いして、私は神隠しにあったことにしたのです。それから十数年がたちました。長岡の実家に行くときには、なるべく人目につかないように気をつけておりましたが、正月の実の父（五代 五兵衛）の一周忌に実家を訪れた際、ついうっかり、日中に城下の通りを歩いてしまったのです。そこで、バッタリ、そのお侍様に遭《あ》ってしまったのです。そのお侍様は私の実家に私を連れて行き、神隠しだといっていたが今までどこで何していたんだと詰め寄りました。私は黙っていましたが、家族が、すべてを話してしまったのです。そのお侍様は、「拙者からマスを奪い、あげくに離縁してマスを捨て、まだ小出で医者をのうのうとやっているのだな」と、たいそう長温様をお恨《うら》みのようでした。この出来事を長温様にお伝えすれば良かったのですが、何かと忙しかったうえ、雪の中を小出まで出かけることもできず、お伝えできなかったのです。そして、二月十四日に長温様は斬られて亡くなってしまったのです。そのお侍様と御家来の方にお手討《てう》ちにされたのではないかと思われるのです。私のせいで、長温様が殺されたのです。

毎日毎日、後悔して自分を責め続けているのです。私はどのようにすればよいのでしょうか。

良寛：そうであったか。長温様にはお気の毒なことじゃ。あなたもさぞ辛い日々を送っていることでしょう。私もあなたの悲しみと苦しみがどれだけのものかようくわかります。忘れたくともなかなか忘れられるものではない。長温様のご冥福をお祈りし続けることじゃ。

しかし、仏に仕える身である以上、日々の仏道修行は真剣に努めねばならぬ。ひたすら坐禅に打ち込むことが大事じゃ。ひたすら坐禅修行を行えば、身心脱落の境地、身も心も一切の束縛から離脱して大悟《だい》底《ごてい》の境涯に至れる。いな、只管打坐《しかんたざ》そのものが、身心脱落の姿なのじゃ。過去を振り返っているばかりではなく、今生きている瞬間を必死になって生き抜くことじゃ。歌がある。

さしあたる　そのことばかり　思へただ　かへらぬ昔　知らぬ行く末（注）

（注）この歌は『蓮《はちす》の露』の本編にあるが、「道二翁道話《どうにおうどうわ》」（中沢道二の話を編集したもの）に「さしあたる今日の事のみ　思へただ　かえらぬ昨日　知らぬ明日の日」があり、良寛の純粋な創作ではないと思われる。

貞心尼：私は幼いころに実の母親を亡くし、昨年の正月には実父を、この二月には長温様を、相次いで亡くしました。仏に仕える身である以上、生死《しようじ》の迷いを超えねばなりませんが、どのようにして超えてゆけばよいのでしょうか。

良寛：薪《たきぎ》は囲炉裏で燃え、囲炉裏には灰が残る。だが、薪は薪で灰ではない。灰は灰で薪ではない。薪が灰になったと考えてはならぬ。薪は薪、灰は灰、全く別物じゃ。生死もそうじゃ、生が死に移ると考えてはならぬ。生は生になりきっているときの状態であり、死は死になりきっているときの状態である。だから生がくれば生になりきり、死が来れば死になりきることだ。生きてるときは、今生きているその瞬間・瞬間を精一杯生ききることが大事なのじゃ。生に執着し、死を厭《いと》うてはならぬ。道元《どうげん》禅師もこのように言っておられる。

「ただ生死《しようじ》すなわち涅槃《ねはん》とこころえて、生死《しようじ》としていとふべきもなく、涅槃としてねがふべきもなし。このときはじめて、生死をはなるる分あり。生より死にうつると心うるは、これあやまり也。生はひとときのくらゐにて、すでにさきあり、のちあり。故《かるがゆゑに》、仏法の中には、生すなはち不生といふ。滅《めつ》もひとときのくらゐにて、又さきあり、のちあり。これによりて、滅すなはち不滅といふ。生といふときには、生よりほかにものなく、滅といふとき、滅のほかにものなし。かるがゆゑに、生きたらばただこれ生、滅《めつ》来《きた》らばこれ滅にむかひてつかふべし。いとふことなかれ、ねがふことなかれ。

この生死は、即《すなわ》ち仏の御いのち也。これをいとひすてんとすれば、すなはち仏の御いのちをうしなはんとする也。これにとどまりて、生死に著《ぢゃく》すれば、これも仏のいのちをうしなふ也。仏のありさまをとどむるなり。いとふことなく、したふことなき、このときはじめて、仏のこころにいる。ただし心を以《もつ》てはかることなかれ、ことばをもつていふことなかれ。ただわが身をも心をもはなちわすれて、仏のいへになげいれて、仏のかたよりおこなはれて、これにしたがひもてゆくとき、ちからをもいれず、こころをもつひやさずして、生死をはなれ、仏となる。たれの人か、こころにとどこほるべき。

仏となるに、いとやすきみちあり。もろもろの悪をつくらず、生死に著するこころなく、一切衆生のために、あはれみふかくして、上《かみ》をうやまひ、下《しも》をあはれみ、よろづをいとふこころなく、ねがふ心なくて、心におもふことなく、うれふることなき、これを仏となづく。又ほかにたづぬることなかれ。」

（注）「生すなはち不生」とは「生は生を超越した生だから不生」、「滅すなはち不滅」とは「滅は滅を超越した滅だから不滅」。無差別平等の道理を知る真実智からみれば、涅槃《ねはん》の平等心を離れて生死はないということ。

貞心尼：仏に仕える身として、どのような心で生きてゆけばよいのでしょうか。

良寛：わしが心掛けている四つの心がある。

一つ目の心は、慈愛の心である。厳しい修行を積んで、自分だけが悟りを開けばよいというものではない。それは小乗《しょうじょう》の教えだ。果てしない欲望を追い求めても心が充たされることのない衆生《しゅじょう》を救わねばならない。自分が悟りを得て、心の安寧《あんねい》が得られるだけで満足せず、多くの人々を救わねばならぬ。衆生済度《しゅじょうさいど》こそが、大乗の、法華経の尊い教えなのだ。

伝教大師（最澄）の言葉に「忘己利他《もうこりた》」という言葉がある。己を忘れて他を利するは慈悲の極《きわ》みなりと申されたそうな。慈悲とは一般的には、情けをかけて、いつくしみ あわれむことである。仏教では、慈は抜苦《ばっく》、すなわち苦しみを除くこと、悲は与楽《よらく》、すなわち心の安らぎを与えることと考えられている。生《しょう》あるものは鳥や獣《けもの》にいたるまで、すべてに慈愛の心を注がねばならぬ。目の前に着る物もなく寒さに苦しんでいる貧しい人がいたら、自分の着物を脱いで与えてでも救わねばならぬ。人と接するときには にこやかな笑顔で接し、やさしい言葉をかけねばならぬ。これを「和顔愛語《わげんあいご》」という。決して暴悪な言葉を使ってはならぬ。わしが書いた戒め言葉（戒語）があるので、そなたにも差し上げよう。

二つ目の心は「求めない心」である。清貧《せいひん》に生きる心である。子供の頃は純真で嘘偽《うそいつわ》りはなくても、大人になると、贅沢《ぜいたく》を求め、快楽を求め、自分さえよければよいなどと、愛欲や煩悩《ぼんのう》にだんだんまみれてくる。金や財物を求めたり、地位や権力を求めたり、名誉を求めたり、求めるばかりになる。金銭財産を愛する人は蓄財に奔走《ほんそう》し、心身が安らぐ時がなく、年々人間性を損《そこ》ない、財を困っている人に分け与えることもしない。そして死んだ後は、蓄えた財産は他人が使い、本人の名声が伝わることはない。

何ものにもとらわれない自由な心になるのは、求める心を捨て去らねばならない。欲なければ一切足り、求むるあれば万事窮《きわ》まる。快楽を求めず節度を守る、財物を所有せず清貧に暮らす、地位・権力・名誉を求めず市井《しせい》に生きる、こういう求めない心で生きて行かねばならぬ。求める心がなくなれば、他人を疑うということもなくなる。人を疑うということは、自分が不利益を受けることを警戒することである。つまり利益を求める心があるから人を疑うのである。利益を求める心がなければ人を疑う必要はない。人を信じて生きることだ。

三つ目の心は「こだわらない心」である。執着しない心である。我見《がけん》すなわち自分の考えに執着するから言い争いになるのだ。人はよく、自分の考えに似ていれば誤ったことも正しいと考え、自分の考えと異なっていれば、正しいことも誤っていると考える。我見で物事の是非《ぜひ》を判断することは愚かなことだ。ものごとに執着しない心・こだわらない心で生きなければならない。自分の命さえ執着しなくなれば、ドロボウと間違われて殺されそうになっても、弁明さえしなくなるものだ。また、真理を理解すること・悟ることに執着することはかえって迷妄《めいもう》である。真理・悟りに執着することが迷妄であることを体得することが、すなわちほんとうの真理・悟りなのである。

四つ目の心は「はからわない心」である。相対・差別を超える心である。人間はあらゆるものを対立的な相対的な価値、差別の基準で考え、そのどちらか一方を求めようとする。美醜《びしゅう》、浄穢《じょうえ》、智愚《ちぐ》、是非、迷悟などがそうだ。相対・差別でものごとを判断してはならぬ。そもそも相対・差別は二つあるように思うかも知れないが、一つなのだ、「不二《ふに》」なのだ。「不二」とは二つではないということ、すなわち一つであること、同じであることだ。なぜなら、美醜、浄穢、智愚などの相対・差別は、人間が頭の中で考えている概念にすぎない。ただの概念であるがゆえに固定的な実体ではない。固定的な実体がないものすなわち「空《くう》」なのだ。美は空である。醜も空である。だから美も醜も同じ空である。したがって美と醜は二つではなく、一つなのだ。「不二《ふに》」なのだ。貧乏より金持ちがよいとか、異性は美しい方がよいとか、着物は綺麗な方がいいとか、さらには、愚者から智者になろうとか、迷いを捨てて悟りを得ようとか、そうしたあらゆる作為、はからいをすべて捨て去って、なにものにもとらわれない束縛されない自由な心にならなければならぬ。

さらに、事象が「空」であるとか「有」であるとかで争い、その対立を克服して、空と有を止揚《しよう》したより高い次元である中道《ちゆうどう》にかなったとしても、結局は中道の有無という相対・差別の岐路にまた迷い込むだけだ。そこで中道をも超えた、より高次の境地を目指さなければならない。向上の一路あるのみなのだ。この妙法は玄妙にして決して言葉では伝えることのできぬものである。

貞心尼：仏教の経典はたくさんありますが、どの経典を学べばよいのでしょうか。

良寛：どの経典も素晴らしいものであるが、道元禅師も「諸経《しよきよう》の王」と讃えられた『法華経《ほけきよう》』をまず学ぶのがよいであろう。

良寛に、大悟徹底の禅者の視点で『法華経』の二十八品《ほん》に対する自己の見解を「讃」(内容を讃える偈《げ》)として表現した『法華讃《ほっけさん》』という作品がある。『法華讃』は高遠な禅の境地と、豊かな仏教学の学識を持つ良寛が、法華経の多才な思想を偈《げ》(宗教上の心境を詠んだ漢詩)によって明かしていくもので、良寛の仏教思想の精髄《せいずい》ともいえるものである。

この『法華讃』は貞心尼に禅と法華経を教える際にも使われた可能性もあるのではないか。

貞心尼：仏の教えとはどのようなものなのでしょうか。

良寛：仏教の教えに四法印《しほういん》というものがある。四法印とは、諸行無常印、諸法無我印、涅槃寂静《じゃくじょう》印、一切皆苦《かいく》印のことである。

諸行無常《しょぎょうむじょう》とは、この世のあらゆる存在は、常に流動変化するものであり、瞬時たりとも同一ではあり得ないということ。すべてのものは生じ、そして滅する。祇園精舎《ぎおんしょうじゃ》の鐘の声 諸行無常の響きあり。

諸法無我《しょほうむが》とは、すべての存在は、不変の本質を有しておらず、固定的な実体のない「空《くう》」であり、主体とも呼べる「我《が》」がないことをいう。一切のものは時々刻々変化しているが、人間は変化の中に、何者かが変化してゆくのだと考えようとする。その変化の主体を想定してそれを我《が》という。仏教は、存在とは現象として顕《あら》われるものであり、変化そのものであり、変化する何者かという主体をとらえることは誤りであり、自己に対する執着は虚《むな》しいと指摘する。この意味で、諸法無我は、すべての存在は縁起《えんぎ》によって生かされて生きているということを教えている。

涅槃寂静《ねはんじゃくじょう》とは、煩悩《ぼんのう》の炎の吹き消された悟りの世界（涅槃《ねはん》）は、静《しず》やかな安らぎの境地（寂静《じゃくじょう》）であるということ。無常と無我とを自覚してそれによる生活を行うことこそ、煩悩をまったく寂滅することのできる安住の境地である。

一切皆苦《いっさいかいく》とは。仏教の説く「苦」は、人々が考える「苦」とは別物である。人々の「苦」には、肉体的な苦痛と、精神的な苦痛とがあるが、仏教で説く「苦」とは「思うようにならない苦しみ」という哲学的意味の苦である。したがって、「悟《さとり》」を得たからといって、病気や肉体的な苦痛が無くなる訳ではない。無常、無我の世界に常住《じょうじゅう》や自我を追い求める迷妄《めいもう》から、現実を生きることは、人間にとってすべてが「苦」になるのである。よりどころとはならないものを、あてにして、我他彼此《がたひし》の妄念差別《しゃべつ》の心を生じ、すべてを対立的にみるからこそ、すべてが「苦」になるのである。この迷いにより現実がすべて「苦」であることを「一切皆苦」という。

貞心尼：仏法の真理とはどのようなことなのでしょうか。

良寛：「諸法実相《しょほうじっそう》」という言葉がある。諸法とはすべての存在・森羅万象《しんらばんしょう》のこと、実相とは真実の姿のこと。諸法実相とは悟りの立場から見るもろもろの存在のあるがままの姿かたち、真実のありようをいうのだ。花は紅《くれない》であり、柳は緑である。禅では、諸法実相という言葉は、森羅万象は父母未生《みしょう》以前の「本来の面目《めんもく》」であるということを表す。本来の面目とは、人間の生活活動、意識活動以前の生かされてあるいのち・存在・自己の真実ありのままの姿をいう。本来の面目を明《あか》らめることを箇事究明《こじきゅうめい》という。悟りの境地に達して、自由でとらわれのない無為《むい》の心（求めない心、こだわらない心、はからわない心）、慈愛の心、すなわち仏の心で、見ることができるあるがままの世界が、そのまま清浄な仏の世界なのだ。美しい花も山河も仏の世界なのだ。これらのことは言葉で説明できるものではない。だから、言葉で分かっただけではだめなのだ。全身の体で、自分が宇宙と一体となり、自分も宇宙の一部だというくらいの強烈な体験を通らなければ、真に身についたとは言えないのだ。

【手紙のやりとり】

「すすきの穂が咲く季節にまた来なさい」と良寛が言ったので、貞心尼は訪問する日の約束を取り付けていた。にもかかわらず、貞心尼は約束をすっぽかして、訪問しなかったという。そのため、良寛は催促の歌を手紙で贈った。

ほどへて御消息給はりけるなかに　（消息…手紙）

君や忘る　道や隠るる　この頃は　待てど暮らせど　訪《おとず》れのなき　（良寛）

（訳　あなたは私のことを忘れてしまったのですか。
それとも雑草が茂って道が隠れてしまったのですか。
あなたが来ることを待ちながら日々暮らしているのに、何の知らせもありませんね。）

この手紙を見た貞心尼は返事の歌を贈った。

御かへし奉るとて（こは人の庵に有りし時なり）
（人の…柏崎の人の）

ことしげき　葎《むぐら》の庵《いお》に　閉ぢられて
身をば心に　まかせざりけり
（貞心尼）
（ことしげき…煩雑な用事がある）

（訳　なにかと多忙なため、草庵に閉じ込められ、
心はお師匠さまのもとにありながら、
身体は自由にならなかったのです。）

山の端《は》の　月はさやかに　照らせども
まだ晴れやらぬ　峰のうす雲
（貞心尼）

（訳　山の端に上る月は明るく照らしていますが、峰のうす雲はまだ晴れていません。仏法の真理はあるのでしょうが、私の心は曇ったままで、まだ見えません。）

「ことしげき…」の歌は、心竜尼《しんりように》・眠竜尼《みんりように》のいる閻王寺《えんのうじ》で、いろいろな用事があったせいで、自由に行動できないでいることと、まだ夫だった関長温の死亡の原因が自分にあるとの自責の念を忘れることができないでいるということの弁解の歌である。しかし下句《しもく》で、心は良寛にあるのだが身と離ればなれになっていると、うまく弁解している。

「山の端…」の歌は、まだ仏法の真理を体得していないため、自分の心の中にはうす雲がかかっている（迷いがある）という歌である。良寛を訪問するという約束をすっぽかしたのも、良寛の教えをまだ十分理解できていないことが背景にあったのであろう。

その手紙を見て、良寛はさらに、次の励ましの歌を冬のはじめに贈った。

御かへし

身を捨てて　世を救う人も　在《ま》すものを　草の庵《いほり》に　暇《ひま》求むとは　（良寛）

（訳　我が身を捧げて、世の中の苦しむ人々救おうとする方もおられるのに、草庵にこもったままで、無駄に時間を過ごしているとは、どういうことでしょう。）

この歌は、かつて自省の歌として自分が作った歌を貞心尼にも贈ったものであろう。
さらに十一月四日付けの貞心尼宛の手紙で、次の歌も贈っている。

久方《ひさかた》の　月の光の　清ければ　照らしぬきけり
唐《から》も大和も　昔も今も　嘘もまことも

（良寛）

（ひさかたの…月の枕詞）

（訳　月の光は澄み切って、あまねく照らしているのです。中国も日本も、過去も現在も、虚《きよ》も実《まこと》も。（真如《しんによ》の月の光すなわち仏法の真理はすべてに平等に現れるのです。あなたにも。））

この歌は、美しい月の光　すなわち仏法の真理は、古今・東西・虚実《きよじつ》のあらゆるところを平等に照らし続けている、あなたにも真如の月の光が照らしている、ということを説いた歌であろう。

晴れやらぬ　峰のうす雲　立ち去りて　のちの光と　思はずや君

（良寛）

（訳　峰のうす雲が去った後にあかるい月の光がさしてきますよ、（信仰上の迷いがとければ、その後に仏法の真理が明らかになってきますよ、）　そう思いませんか。）

【白雪羔】

良寛に白雪羔《はくせつこう》という菓子を所望《しょもう》する手紙が二通ある。（羔は正確には糕）

「白雪羔少々御恵み賜りたく候。以上。

十一月四日　　良寛

菓子屋 三十郎殿」

「白雪羔少々御恵み賜りたく候。余の菓子は無用。

十一月五日　　沙門良寛

山田杜皐老」

この手紙は文政十年なのか、十一年なのか、十二年なのか分からない。日付が一日違いで二通も出しているので、それなりの量を急いで求めていたようだ。三十郎という菓子屋は当時なく、遊廓《ゆうかく》のことではないかとの説もある。遊廓であれば、遊女が客に出すためのお菓子として白雪糕ぐらいは常備していたのだろう。

白雪糕とは米や蓮《はす》の実の粉に砂糖を混ぜて作った美味な干菓子であり、栄養価が高く、当時では白雪糕をお湯に溶かして母乳の代わりに乳幼児にあたえたという。「七人目白雪糕で育て上げ」という川柳があるという。

名主の長男として育った良寛の好物のお菓子だったのではないかと考える人もあるかもしれないが、自分の好みのお菓子を食べたいがために、果たして手紙までそれも二通も出すだろうか。また、晩年の良寛が病弱な自分が食べるために滋養豊富な白雪糕を求めたとも考えられるが、余の菓子は無用と明記しており、母乳代わりに使用する目的で求めたのが真相ではないか。おそらく良寛の周囲に、例えば近所の嫁や木村家の使用人の家族などに、母乳が出なくて赤子を育てられない貧しい女性がいて、良寛は彼女とその乳飲《ち》み児を救おうと、懸命になって手紙を出したのだろう。

3　貞心尼と良寛―文政十一年

【手紙のやりとり】

翌年、文政十一年（一八二八）の春の初めに、貞心尼から歌が届いた。

春の初めつ方　消息奉るとて

おのづから　冬の日かずの　暮れ行かば
待つともなきに　春は来にけり
（貞心尼）

（訳　自然と、厳しい冬の日数も過ぎてしまったので、
特に待っているわけではないのに、
いつのまにか春がやってきました。）

托鉢良寛像（隆泉寺）

我も人も　嘘もまことも　へだてなく　照らしぬきける　月のさやけさ　（貞心尼）

（訳　私も他人も、虚も実も、区別することなく、美しい月は光を照らし通すように、仏法の真理もあまねく、明らかに現れているのですね。）

さめぬれば　闇も光も　なかりけり　夢路を照らす　有明の月　（貞心尼）

（訳　夢が覚めてしまうと、夢の中の闇や光もありません。夢の中の道を明け方の月が照らしています。迷いから覚めてしまうと、仏法の真理が闇や光の区別なく、ゆきわたっていることが分かります。私が迷っているときでさえも、仏法の真理の光は私を照らし続けていたのです。）

これらの歌で貞心尼はようやく迷いから抜け出たことを詠っているようだ。

この歌を良寛が見て、貞心尼も仏法の真理とは何かについて、なにかしらの見性《けんしよう》をしたと考えたのではないか。良寛は、貞心尼からの春の初めの音信を喜ぶ歌と、仏法についてのさらなる教えの歌を贈った。

御かへし

天《あめ》が下《した》に　満つる玉より　黄金《こがね》より　春の初めの　君がおとづれ　（良寛）

（訳　この世の中にあふれている宝石や黄金よりも、貴いものは、春の初めに届いたあなたからの便りです。そしてもっと貴いものはあなたが私の庵を訪ねて来ることです。）

手にさはる　ものこそなけれ　法《のり》の道　それがさながら　それにありせば（良寛）

（訳　仏法とは手に触《さわ》れば分かるような分別《ふんべつ》世界のものではなく、森羅万象のすべてがそのまま、あるがままの姿が真実であるということが、仏法の真理がそのまま顕現《けんげん》していることなのです。）

この仏法についての教えの良寛の歌は、諸法実相の教えを詠んだ歌であろう。
この歌に対する貞心尼の返歌が届いた。

御かへし

春風に　深山《みやま》の雪は　とけぬれど　岩間によどむ　谷川の水（貞心尼）

（訳　春風が吹いて奥山の雪は解《と》けてしまったけれども、谷川の水はまだ岩の間によどんだままです。
いったんは迷いから覚めたかと思いましたが、まだ心によどむものがあるのです。）

貞心尼からの歌は、まだ完全に迷いが吹っ切れてはいないのです、という内容であった。

御かへし

深山べの　み雪とけなば　谷川に　よどめる水は　あらじとぞ思ふ　（良寛）

（訳　奥山の方の雪が解ければ、谷川によどむ水はなく、あなたの迷いも流れ去るでしょう。）

それに対して良寛は「春になれば自然に雪が解けて、谷川に流れるという自然の摂理が、すなわち仏法の真理であるから、よどめる水はなく、流れているはずです。（あなたの迷いもなくなりますよ）」という歌を返した。

御かへし

いづこより　春は来《こ》しぞと　たづぬれど　答えぬ花に　うぐひすの鳴く（貞心尼）

（訳　どこから春はやってきたのか尋ねても、花は答えず、答えない花の枝に、いつのまにかウグイスがやってきて、鳴いています。）

君なくば　千《ち》たび百《もも》たび　数ふとも　十《とを》づつ十を　百と知らじを　（貞心尼）
（十づつ十を百…仏法の真理の存在）
（訳　お師匠様がおられなかったら、百回千回と数えても、いつまでたっても、十づつ十が百だという当たり前のことが、すなわち仏法の真理であることを、知ることができませんでした。）

その後、貞心尼は迷いが吹っ切れたのか、「春になれば、自然に花は咲き、花が咲けば、自然にウグイスが来て鳴く」という自然の摂理を詠った歌と、「当たり前のことがすなわち仏法の真理であることを知りました」という歌を返してきた。

御かへし

いざさらば　我もやみなむ　ここのまり　十づつ十を　百と知りせば　（良寛）
（いざさらば…そのようにわかったのならば）（我もやみなむ…私もこれ以上いふことはない）
（ここのまり…九のあまり（次が十の意）十の枕詞）
（訳　そのように（十づつ十は百という当たり前のことが　すなわち仏法の真理であることが）わかったならば、私ももう仏道のお話は終わりにしましょう。）

貞心尼の歌を見た良寛は、貞心尼が仏法の真理を理解したと考え、「もう言葉で教えるものはありません」という歌を返した。

【第二回相見　文政十一年（一八二八）春】

ところが、貞心尼は「まだまだお師匠様から教えを受けたいと思っていたのに、お師匠様は完全に自分が仏法の真理を悟ったと誤解された」と思い、直接お逢いしてお話したいと思ったのであろう。春に島崎の良寛の草庵を訪ねたようである。そこでいろいろな話をしたあと、貞心尼が帰ろうとする時に詠み交わした歌がある。

いざさらば立ち帰らむといふに

霊山《りようぜん》の　釈迦の御前《みまえ》に　契《ちぎ》りてし　ことな忘れそ　世はへだつとも　（良寛）

（訳　お釈迦《しやか》様のみ前で誓った時と今とでは世は隔《へだ》たっているが、いまこうして仏に仕える身になっているのは、お釈迦様の前で、仏道に精進することを誓ったからなのですよ。そのことを決して忘れてはなりません。）

御かへし

霊山の　釈迦の御前に　契りてし　ことは忘れじ　世はへだつとも　（貞心尼）

（訳　お釈迦様のみ前で誓った時と今とでは世は隔たっていますが、いまこうして仏に仕える身になっているのは、お釈迦様の前で、仏道に精進することを誓ったからなのですね。そのことは決して忘れはいたしません。）

インドの霊鷲山《りょうじゅせん》で弟子や信者達に法華経を説法したお釈迦様の言葉「法華経を説き弘《ひろ》めよ。そうすれば世をこえて諸仏に守護され、いつか未来に誰もが仏道を成就できる」に、釈迦のみ前にいた弟子や信者達は　みなその道を行くことを誓ったという。

現在、僧や尼になって、仏法と縁が結ばれているのは、過去の世に釈迦のみ前で、仏道に精進することを誓ったからだという。

奈良時代の僧・行基《ぎょうき》の歌が平安時代中期の拾遺集《しゅういしゅう》にある。

南天竺《みなみてんじく》より東大寺供養（天平勝宝四年（七五二）に催された東大寺開眼供養会《かいげんくようえ》）にあひに、

菩提（天竺から来日した菩提僊那《ぼだいせんな》（婆羅門僧正））がなぎさ（難波津《なにわつ》の渚）に来つきたりける時よめる

霊山《りょうぜん》の　釈迦のみまへに　契りてし　真如《しんにょ》くちせず　あひみつるかな

（拾遺集　句番号１３４８）

（意訳　霊山の説法の時、釈迦のみ前で誓った者は仏道を成就できるという真理は、消滅することなく一貫していることよ、そのためこうしてあなたと逢うことができたなあ。）

この二人の唱和の歌の「世はへだつとも」という良寛の言葉には、あるいは、「自分が先に死んで、二人があの世とこの世に隔たったとしても」という思いも込められていたのかもしれない。

このときであったか、いつであったかわからないが、良寛と貞心尼の間に、次のようなやりとりがあったのではないだろうか。

貞心尼：お師匠様はなぜ出家されて仏の道を歩まれたのですか。

良寛：はるか昔の話だなあ。母親は観世音菩薩《かんぜおん》を信仰して、実に信心《しんじん》深い方だった。子供の頃に手習いを光照寺の蘭谷《らんこく》万秀《ばんしゅう》和尚に習って、仏の教えを聞いたりもした。三峰館の大森子陽《しよう》先生も、永安寺の大舟《だいしゅう》和尚のもとで有願《うがん》と一緒に学ばれて、仏の道には詳しかった。そんな諸々《もろもろ》の人たちから仏教の話を聞いて、いつしか、仏の道に憧《あこが》れるようになったというところかな。これも縁であろう。

貞心尼：私はお師匠様がお話しされる仏についての教えがなかなか理解できませんでした。お師匠様は、国仙和尚から印可《いんか》の偈《げ》をいただくまで、順調に修行を続けられて、今の境地に至ることができたのでございましょうか。

良寛：長年、円通寺で修行を続け、独りで悟りを得ようと努力したが、納得するような悟りの境地にはなかなか到らずにいた。宗龍《そうりゅう》禅師との相見により、清貧《せいひん》の生き方を学んで、少しばかり省吾《せいご》した。

しかし、まだ、国仙和尚や宗龍禅師のように、寺に住職として住むという生き方には心から納得できず、自分の生き方がはっきり定まらなかった。こうした「更に精彩莫《な》し春又《ま》た冬」という状況が続いた。

この精彩のない状態を、国仙和尚による道元禅師の正法眼蔵《しょうぼうげんぞう》の提唱を契機に打開し、見性《けんしょう》した（翻身《ほんしん》の機があった）。あらゆる欲望から自由になる身心脱落がそのまま悟りであるということを悟ったのである。ひたすら坐禅修行を続けることがすなわち悟りであると悟ったのだ。そこで永平録《えいへいろく》を見せていただき、繰り返し読んで学んだ。

そうすることで、そして道元禅師も言われるように、一人で努力するだけではだめだ、身心脱落の只《し》管打坐《かんたざ》に励むとともに、多くの高僧知識を尋ね、商量《しょうりょう》・問答を重ね、托鉢行脚《あんぎゃ》の修行も実践し、更に悟境《ごきょう》を深めなくてはならないと自覚した。

また、自分が悟って安心を得るだけにとどまらず、衆生済度《しゅじょうさいど》するための菩薩行《ぼさつぎょう》を実践することが、仏者《ぶつしゃ》の使命であることも、道元禅師の正法眼蔵を学んで自覚したのだ。

貞心尼：お師匠様はなぜ、お寺にも住まず、住職にもならず、托鉢だけで生きておられるのですか。

良寛：残念ながら今の仏教界は腐敗・堕落しておる。すべての家が檀家になるという幕府の寺請《てらうけ》制度に安住して、檀家からの安定的な布施《ふせ》で庶民以上に贅沢《ぜいたく》な暮らしをし、厳しい修行をすることも、苦しむ衆生を救おうともしない、そんな僧侶ばかりだ。釈尊《しゃくそん》の生きた時代はそうではなかった。釈尊は決して大きな伽藍《がらん》に住むことなく、常に托鉢しながら国々をくまなく行脚《あんぎゃ》され、仏の教えを説き弘《ひろ》められた。

私は、寺に住んで住職になって安穏に暮らすという生き方ではなく、ただひたすら坐禅修行をつづけながら、釈尊に習って、托鉢で生きていく道を選んだのだ。私は貧しくて様々なことに苦しんでいる農民に寄り添って、その苦しみを癒《い》やすための方法として、上から目線で仏法はこうだとかいって説教するのではなく、菩提薩埵四摂法《ぼだいさったししょうぼう》という方法を実践してきた。菩提薩埵四摂法とは、布施、愛語、利行《りぎょう》、同事《どうじ》と言う四つの方法で、庶民に接することだ。

布施とは、出家の僧が在俗の人々から財施《ざいせ》として米などの喜捨《きしゃ》を受けるとともに、出家の僧が在俗の人々に法施・無畏施《むいせ》などを施すことだ。私は法施だけでなく、和顔施《わげんせ》や愛語施を心がけてきた。

愛語とは、やさしい言葉をかけてあげることである。逆に、けっして使ってはならない言葉がある。それを戒語（いましめことば）として、忘れないように常に頭の中に箇条書きで覚え、諳《そら》んじている。時には戒語を書いて人に与えることもある。

利行《りぎょう》とは、相手をいたわり支えることである。私の行った利行は、托鉢に行って、疲れたり体調の悪い人には按摩《あんま》やお灸《きゅう》をしたり、具合の悪い人には看病したりすることであった。また、親の命日だと言われて頼まれれば、読経《どきょう》もした。忙しい農繁期に子供たちと遊ぶことは、親から見ればありがたいことであり、これも利行であった。

同事《どうじ》とは、相手と同じ目線に立って、同じ境遇に身をおき、相手に安らぎを与えることである。私が子供たちと一緒に遊んだことも、親しい農夫とよく一緒に酒を酌《く》み交わしたことも、同事行《ぎょう》であった。また、遊女とおはじきをして遊んだこともある。遊女の中にはまだ十代の幼い少女も多く、これも世間からは虐《しいた》げられた少女に対する同事行である。

私にとって托鉢は、菩提薩埵四摂法を行う手段であった。托鉢は、出家の仏と在家の仏が出会い、財施をいただくかわりに、法施《ほうせ》、和顔施《わげんせ》、愛語施や仏徳施《ぶっとくせ》という布施を施すものであり、菩提心《ぼだいしん》を持って行う衆生済度《しゅじょうさいど》のための菩薩行《ぼさつぎょう》でもあった。托鉢を行ったのは、にこやかな表情（和顔）でやさしい言葉をかけたり（愛語）して、清らかな慈愛の心で人々と接することで、人々の苦しみを和らげるためであった。住職になって寺にいるだけでは檀家を相手にするだけで、多くの人々と接することはできないが、托鉢に出かければ、多くの人々に接することができ、多くの人々の苦しみを和らげることができる。

こうした僧としての生き方は私独自のものだろう。仏者それぞれに生き方が違う、その人なりの仏道がある。大忍国仙和尚のように、円通寺を有数の格式のある寺にしたり、修行道場でたくさんのお弟子さんを一人前の僧侶に育てて、仏法を嗣《つ》がせ、弘《ひろ》められた方もおられる。私も国仙和尚から育てていただいた一人だ。

また、大而宗龍《だいにそうりゅう》禅師のように、全国を行脚し、授戒会《じゅかいえ》と安居《あんご》を数多く行ったり、大般若経石経《だいはんにゃきょうせっきょう》書写奉納の大願を成就《じょうじゅ》されるなど、衆生済度のために、生涯にわたって奮闘された立派な方もおられる。じつに素晴らしい方で、私も何回となく、直接教えを受けたのだ。

貞心尼：大而宗龍禅師とはどのような方でございましたか。

この問いに、良寛は感動的な出来事を語っている。良寛の初めての漢詩集『良寛道人《どうにん》遺稿』を出版した蔵雲《ぞううん》和尚の照会に対する回答の手紙の中で、貞心尼は詳しく述べている。

「宗龍《そうりゅう》禅師の事、実に知識に相違なき事は良寛禅師の御はなしに承り候、師其のかみ（むかし）行脚の時分、宗竜禅師の道徳高く聞えければ、どふぞ一度相見いたしたく思ひ、其寺に一度くわた（掛塔・注1）いたしをり候へど、禅師今は隠居し給ひて、別所にゐましてやういに人にま見え給はず、みだりに行事《いくこと》かなはねば、其侍僧に付いてとりつぎを頼み給ひど、はかばかしくとりつぎくれず、いたづらに日を過し、かくはせっかく来《きた》りしかひ（甲斐）もなく、しゅせん（所詮）人伝にては、らち（埒）あかず、直にねがひ参らせむと、其おもむき書きしたため、ある夜しん（深）更にしのび出、隠寮《いんりょう》（注2）のうらの方へまはり見るに、高塀《たかべい》にてこゆべくも見えず。

こはいかがせむと見めぐり給ふに、庭の松がえ（枝）塀のこなたへさし出たる有り、是れさいはいと、それにとり付 やうやう塀をこえ、庭の内に入たれど、雨戸かたくとざしている事ならず、是まで来りてむなしくかへらむもさんねん（残念）なり、いかがせんとしばし立ちやすらひ ここかしこ見わたし給ふに、雨戸の外に手水《ちょうず》はちの有りければ、是こそよき所なれ、夜明《あか》ばかならず手水し給はん、其時御目にあたるやうにと、手水鉢のふたの上に、文書物をのせおき、塀のもとまで行給ひしが、ふと心付、若し風の吹きなば立ちうせんもしれずと、又立ちもどり、石をひろひて其うえにのせおき、からうじてやうやう立かへり、とかうする程にはや朝の行事はじまり、普門品《ふもんぼん》（注３）中半《なかば》よむ頃隠りやう（寮）のらうか（廊下）の方より、ちやちん（提灯）てらして、きやくでん（客殿）の方へ来る僧有、人々いぶかり何事の有て今時分来るならんと見ゐたるに、良寛と申す僧 有るよし、只今来るべしと、御つかへに参りたりといふに、皆おどろきあやしみけれど、われはうれしく、早速参り相見いたしけるに、今よりは案内におよばず、いつにても かつてしたへ（勝手次第）に来るべしと有りければ、それより度々《たびたび》参り法話致せしとの御物語、其時の問答の事とひきかざりし事の今更 残念至極にぞんじまいらせ候。

されど実に有難がたき知識なればこそ、其心ざしをあはれみ、一刻もさしおかず、夜の明《あけ》るもまたで、むかひをつかはされし御《ご》しんせつ、道愛の深き事きくだになみだこぼれ侍《はべ》りぬ。されば証《しょう》ちやう（注４）主はたびたび良寛禅師のもとへ参られ候へば、直説（接）承りて碑文にかかれたる物ならむとぞんじまいらせ候。何分国所寺号も知れず候へば、ほい（本意）なき事にぞんじまいらせ候。」

観音院（新発田市紫雲寺）

（注1）掛搭《かた》…衣鉢《えはつ》袋をその寺の僧堂の単位(座席)の鉤《かぎ》に掛けること。転じて叢林《そうりん》(坐禅道場)に止まり安居《あんご》すること。
（注2）隠寮…隠居した宗龍禅師の住居
（注3）普門品…法華経の観世音菩薩普門品
（注4）証ちやう…証聴（良寛晩年の仏弟子）

貞心尼：お師匠様は、自力本願の曹洞《そうとう》宗の円通寺で厳しい修行を長年積まれた禅僧ですが、最近では木村家の人達など、他力本願の浄土真宗の信者にも、阿弥陀仏がお救いくださるというような内容の和歌を詠み与えていらっしゃいますが、なぜでございましょうか。

越後は親鸞《しんらん》が流された地であるとともに、越後の平野部は江戸初期以降に湿地帯を埋め立てる新田開発が多くなされたことから、加賀や能登などから新天地を求めて一向宗《いっこうしゅう》（浄土真宗）の信者が多く移住した。こうしたこともあって、島崎周辺も浄土真宗の信者が多い地域であった。良寛が晩年に身を寄せていた木村家も屋号が能登屋で、隆泉寺とともに、能登から移住してきた熱心な浄土真宗の信仰の篤い信者であった。

良寛は自力本願の禅の修行をおこなったが、晩年に近づくにしたがって、他力本願の浄土思想に傾倒したかのように、阿弥陀仏に救いを求める浄土信仰的な歌を、次の歌など多く詠んでいる。

かにかくに　ものな思いそ　弥陀仏《みだぶつ》の　本《もと》の誓いの　あるにまかせて　（良寛）

（本《もと》の誓い…衆生をお救いくださると誓われたこと）

（訳　あれこれと物を思わずに、阿弥陀仏が衆生をお救い下さるという
最初に誓われたことを信じて、すべてをお任せしなさい。）

我ながら　うれしくもあるか　御《み》ほとけの　います御国《みくに》に　行《ゆ》くと思へば　（良寛）

（訳　私のことながら、うれしいことです。
み仏《ほとけ》のおられる極楽浄土に行くことができると思うと。）

愚かなる　身こそなかなか　うれしけれ　弥陀の誓いに　会ふと思えば　（良寛）

（なかなか…かえって）

（訳　愚かな自分であるからこそかえってうれしいのです。愚かだからこそ、
ひたすら阿弥陀仏の衆生をお救い下さるという誓いを信じて身を任せることしか
できないのです。そうすることで阿弥陀仏の誓いにめぐりあえるからです。）

待たれにし　身にしありせば　いまよりは　かにもかくにも　弥陀のまにまに（良寛）
（待たれにし…命の終わりを待っている）（まにまに…心のままにまかせよう）
（訳　命の終わりを待っている身であるので、今からは、とにかくも、阿弥陀仏の衆生をお救い下さるという心のままにおまかせすることにしよう。）

極楽に　我が父母は　おはすらむ　今日膝もとへ　行くと思へば（良寛）
（訳　極楽浄土に私の父や母がおられることだろう。今日、その膝《ひざ》もとに行けると思うと、安らかな思いになります。）

草の庵《いほ》に　寝ても覚めても　申すこと　南無阿弥陀仏　南無阿弥陀仏（良寛）
（訳　粗末な庵に住んでいて、眠っていても、目覚めていても、唱え申しあげるのは、南無阿弥陀仏、南無阿弥陀仏の六字の御名号（ごみょうごう・おみょうごう）です。）

禅の高僧　一休も晩年には親鸞の教えに傾倒された。親鸞聖人《しょうにん》の二百回忌のとき、蓮如に頼んで買ってきてもらった親鸞の似顔絵に次の讃を書いた。

襟巻きの　あたたかさうな　黒坊主　こいつが法《みのり》は　天下一なり　（一休）

（黒坊主…線香の煙で親鸞の像が黒ずんだから黒坊主という）

良寛：釈尊の時代、仏の教えにはもともと宗派というものはなかったのだ。道元禅師も、正法《しょうぼう》を継いでおられると考えておられた。それが時代が下るごとに多くの宗派に別れてしまい、いまでは他の宗派を攻撃しておる。同じ宗派の中でも抗争さえしている。実に嘆かわしいことだ。

わしは、釈尊の時代の本来の姿に立ち帰って、大きな伽藍《がらん》に住むことなく、托鉢で生きていく道を選んだ。そして、自力だとか他力だとかにこだわらず、唯一絶対の仏の道を求めてきた。

浄土教の教えについても、出雲崎の浄玄寺の天華上人《てんげしょうにん》（注）から、『阿弥陀経』を借りて読んだり、源信《げんしん》の『往生要集』を読んだりして、若いときからいろいろと学んできた。わしの修行した曹洞宗《そうとうしゅう》と浄土真宗とは、自力と他力でまったく別物のように思うかもしれんが、本質は同じなのだ。

浄土教の大事なところは、修行といった条件のない「弥陀の誓い」にすべてをゆだねることである。こんな歌を詠んだことがある。

隆泉寺

「かにかくに　ものな思ひそ　弥陀仏の　もとの誓いの　あるにまかせて」

この歌の「もとの誓い」とは本願《ほんがん》のことである。本願とは阿弥陀仏が法蔵菩薩だった頃、修行を始める一番最初に、自分が仏に成ったら何を実現すべきかを、はかりしれない時間をかけて自問し、そしてたてた誓願《せいがん》のことである。本願の中には、念仏を一回でも唱えれば、極楽往生できるというものもある。阿弥陀仏はただひたすら、私を救おうとしていてくださる。私はただ弥陀仏の願心《がんしん》に身をゆだねていればよい。いっさいのはからいは無用である。浄土思想の核心は「一切のはからいを放下《ほうげ》する」ところにあるのだ。

それはわしが修行した禅も同じなのだ。禅もまた、ひたすら坐禅する只管打坐《しかんたざ》の修行で、身心脱落の境地に至り、一切の分別心・はからいを捨て去って、無心無作《むさ》に生きる道じゃ。騰騰任運《とうとうにんぬん》・随縁《ずいえん》の生き方じゃ。他力と自力で対極にあるように見える浄土教も禅と同じところを目指しているのだ。

それに、今のひどい世の中では、農民は出家して仏道修行をすることすら許されていない。修行を積めなければ、煩悩《ぼんのう》を捨てて、悟りを得て、大安心で生きることができないではないか。わしはそんな貧しい農民たちを救うために、托鉢に出て菩提薩埵《ぼだいさった》四摂法《ししょうぼう》すなわち布施・愛語・利行《りぎょう》・同事という行を実践してきた。これこそ菩薩行だと思っておる。

だが、浄土真宗の信者にとっては、ひたすら南無阿弥陀仏と唱え、一心に阿弥陀仏を信じ、阿弥陀仏にすがることで、来世は極楽に行って救われるという教えは、多くの貧しい人々に安心を与え、実に尊いものである。

わしとて、坐禅修行は続けているものの、この齢《とし》になって、阿弥陀仏の本願に一切の身を任せようという考えは十分納得できるようになったのだ。

（注）天華上人とは、良寛の妹の みか の夫でもある浄玄寺住職の曽根《そね》智現《ちげん》のことである。出雲崎町羽黒町に浄土真宗浄玄寺があった。平成二十六年に良寛記念館のすぐ近くに移転している。
浄玄寺の二十世 曽根智現に良寛の二十歳年下の妹 みか が嫁いでいる。曽根智現は権律師に任じられ僧官一級を賜って本願寺の嗣講師《しこうし》に補せられた学僧であった。
その浄玄寺の天華上人と良寛は親しくしており、題が「秋日 天華上人と雲崎《うんき》（＝出雲崎）に遊ぶ」、首句が「夫人之在世」の漢詩、題が「天華上人が歳末に貽《おく》らるるに和する作」首句が「人世可怜過隙駒」の漢詩がある。題が「秋日天華上人と雲崎に遊ぶ」の詩の中に、「同調復《ま》た相得たり 誰か主と賓《ひん》とを論ぜん」の句があり、良寛は同じ心を持つ友人を得た喜びをこの詩で詠んでいる。題が「天華上人が歳末に貽《おく》らるるに和する作」の詩は、天華上人がまず平声陽韻《ひょうしょうよういん》を踏んだ詩を良寛に贈り、これに対して良寛は同じく平声陽韻（場、霜、香、岡）の韻字を用いて作って返した詩である。天華上人、良寛ともに漢詩文に精通していたようである。
藤山 鋹太郎《ちょうたろう》編『近世越佐人物伝』（樋口小左衛門書舗 明治三十一年）の釈良寛の次に釈智現の記述があり、その中に「（略）智現資性質朴《しせいしつぼく》、状貌《じょうぼう》 愚の如し、 而《しこう》して行事 超邁《ちょうまい》 非凡、思議《しぎ》すべからざる所あり（略）而して貧窮を見れば、嚢《ふくろ》を竭《けつ》して之を救ふ（略）」という記述がある。あたかもその性格や慈悲心などは良寛のことの如くである。

天華上人は、良寛が「有懐四首」と題した漢詩にある亀田鵬斎《ぼうさい》、大忍《たいにん》魯仙、三輪左一、有願《うがん》の四人とともに、托鉢僧良寛の僧侶としての独自の生き方と、良寛の仏法を良く理解し、偉大な宗教者としての良寛を尊敬した「知音《ちいん》」であった。

井上慶隆《けいりゅう》氏は『長岡郷土史　第五十二号』（平成二十七年）に発表した論文「良寛・智現そして大等・賢治」の中で、次のようにも述べている。

「浄玄寺十九世 子観とみかは寛政九年（一七九七）に結婚したが、享和三年（一八〇三）子観は早世したため、存命していた十八世 覚賢は娘のおきつに智現を招いて二十世とした、ところがまもなくおきつが死去、寡婦《かふ》となっていたみかが智現の後妻に迎えられた、という経緯が考えられる」

【第三回相見　文政十一年（一八二八）三月】

晩春三月、木村家庵室の良寛を貞心尼は訪ねた。そこで良寛はその頃興味をもって研究していた五十音の音韻《おんいん》のことを貞心尼に話したようである。良寛の歌は調べが整い、朗詠《ろうえい》して格調が高く、聞くに心地良くて心が澄《す》んでいく。そうした歌を作るに当たって、良寛は五十音の音韻を独自で研究していた。

例えば、次の良寛の歌には、A母音《ぼいん》が十二箇含まれている。A母音は広さを表し、A母音が多いと響きが明るくなる。この歌は内容が難解であるにもかかわらず、名歌であるとの評価が高い、その理由は、このあたりにあるのではないか。

あはゆきの　なかにたてたる　みちおほち　またそのなかに　あわゆきぞふる

声韻《せいいん》の事を語り給ひて

かりそめの　事とな思《も》ひそ　この言葉　言の葉のみと　思ほすな君

（良寛）

（声韻…声母（子音《しいん》）と韻母（母音《ぼいん》））

（言の葉…コトバを構成する一音一音）

（訳　ここでお話しした言葉とは、大した事ではないと思ってはいけません。言葉は意味を表すだけと思ってはいけません。母音と子音からなる音韻という音楽的な要素が大切なのですよ。）

御いとま申すとて

いざさらば　幸《さき》くてませよ　ほととぎす

しば鳴く頃は　またも来てみん

（貞心尼）

（幸くてませよ…お元気でいてください）

（しば…しきりに）

（訳　さあそれではお元気でいらっしゃってください。ホトトギスがしきりに鳴く夏の頃には、またお伺いいたします。）

浮き雲の　身にしありせば　ほととぎす

しば鳴く頃は　いづこに待たむ

（良寛）

（浮き雲の…浮雲のように所定まらぬ）

語らいの像（出雲崎町）

（訳　私は浮雲のように所を定めずに漂《ただよ》っている人間ですから、ホトトギスがしきりに鳴く夏の頃には、どこであなたをお待ちしていることでしょうか。）

秋萩の　花咲く頃は　来て見ませ　命全《また》くば　共にかざさむ　（良寛）

（命全くば…まだ元気でしたら）

（訳　秋になって萩の花が咲く頃になったら、また訪ねて来てください。私がまだ元気でしたら、いっしょに萩の花を飾って楽しみましょう。）

貞心尼が帰る際に詠んだ「ホトトギスが　しきりに鳴く頃にまた来ます」という歌に対して、良寛は「ホトトギスがしきりに鳴く頃には、（托鉢に出かけることも多いことから）どこでお待ちしていることでしょう」という歌を返している。

あるいは、次の歌に「命またくば」とあることから、自分の命がそう長くないことをうすうす自覚して「あの世に行って待っているかもしれませんよ」という思いも込められているのかもしれない。

貞心尼がホトトギスが鳴く初夏にまた来ますと言ったのに、良寛が秋萩のころに来てくださいといったのは、おそらくまた夏の間に寺泊の照明寺密蔵院《しょうみょうじみつぞういん》にでも行こうかと考えていたからであろう。

この頃の良寛と貞心尼との相見の中で、次のようなやりとりもあったのではないだろうか。

貞心尼：お師匠様、私に和歌の作り方を教えて下さい。

良寛：和歌は自分のすなおな心をそのまま詠《うた》うことが大切だ。よい歌を作ろうと思ったり、技巧を凝《こ》らした歌を作ろうなどと考えてはならない。和歌を学ぶなら、おおらかな心を素直に詠った『万葉集』が良い。『古今集』はまだよいが、『新古今集』以降のものは読むに堪《た》えない。万葉集は難しいが、分かる歌だけを読めばよいのだ。

貞心尼：お師匠様は、なぜ、子供たちと一緒になって毬《まり》つきなどで遊ばれるのですか。

良寛：大人は腹黒いが、子供は純真で嘘や偽りがない。私も無心になって生きているので、子供たちとウマが合うのかな。子供たちと遊んでやっているのではなく、私自身も子供みたいなものだから、一緒になって遊んでいるだけだよ。それに、毬つきをしている女の子の中には、水害の年になって年貢《ねんぐ》が納められないと、その農民は水牢《みずろう》に入れられ、水牢から出るには年貢に代わる金を納めなければならない。そのために関東あたりの宿場町に飯盛り女として売られていく女の子がたくさんいるのだ。そうして売られた女の子はろくな食事も与えられず、男の客を取らされるような過酷な労働と病気などで、だいたいが二十歳《はたち》前に亡くなってしまうのだ。そんな過酷な運命が待っている女の子たちに、少しでも楽しい思い出を作ってあげるために、いっしょに毬つきをして遊んであげているのだよ。

【第四回相見　文政十一年（一八二八）夏】

されどその程《ほど》を待たず、また訪《と》ひ奉りて

秋萩の　花咲く頃を　待ち遠み　夏草分けて　またも来にけり　（貞心尼）

（待ち遠み…待ち遠しくて）

（訳　秋萩の花が咲く頃までは待ち遠しくて、生い茂っている夏草を分けながら、またもお訪ねしました。）

御かへし

秋萩の　咲くを遠みと　夏草の　露を分けわけ　訪《と》ひし君はも　（良寛）

（訳　秋萩の花が咲くのが待ち遠しくて、生い茂っている夏草の露《つゆ》を分けながら、私の庵を訪ねてくださったのですね。あなたは。）

「秋萩の花咲く頃にまた来てください」という良寛の歌に反して、待ち遠しく思った貞心尼は、夏草の茂った頃にまた良寛を訪ねたようである。幸い、良寛は寺泊から戻ってきていたのであろう。貞心尼の歌について「貞心尼に代わりてよめる」との詞《ことば》書きのある次の良寛の歌があるので、良寛は「自分ならこう詠《よ》む」と貞心尼に示したのかもしれない。貞心尼は和歌についても良寛の教えを望んでおり、良寛は仏道の指導だけでなく、貞心尼の作った歌について、こうすればもっとよくなるという添削《てんさく》の指導もこの頃から行っていたようだ。

萩が花　咲けば遠みと　ふるさとの　柴の庵《いほり》を　出《い》でて来《こ》しわが　（良寛）

（訳　萩の花が咲くのが待ち遠しくて、ふるさとの粗末な庵を出てやって来た私です。）

やはり歌の品格は貞心尼の歌よりも良寛の歌の方がまさっている。

【由之との交流】

島崎の木村家の庵室に住む晩年の良寛と、与板の松下庵《しょうかあん》に隠栖《いんせい》していた弟の由之《ゆうし》は、塩入峠《しほのり》をお互いに行き来して、親密に交流した。

また、与板には父 以南の実家 新木家の菩提寺 徳昌寺や、良寛と交流のあった豪商 大坂屋三輪家、和泉屋山田家、扇屋中川家もあった。由之は自分が出した手紙の中で、大坂屋三輪家の世話になっていると書いており、親戚でもあった与板の豪商の食客《しょっかく》になっていたものと思われる。

良寛の五歳年下の弟・由之は、良寛に代わって出雲崎町の名主 橘屋を嗣《つ》いだものの、文化七年（一八一〇）町民から訴えられた訴訟《そしょう》に敗訴し、家財没収・追放という判決を受け、橘屋は没落した。

由之はその後 一時期、石地《いしじ》に移り、文化十四年（一八一七）福井、三国《みくに》に移住し、そこを根拠に、各地を廻った。

翌年の文政元年（一八一八）には京都、奈良、吉野、伊勢、松坂、大津を巡覧《じゅんらん》して、三国に戻った。

文政三年（一八二〇）福井県三国を出発して帰国の途につき、出雲崎に帰宅した。

文政四年（一八二一）出雲崎から酒田に向けて出発し、酒田で一年ほど滞在した。

文政五年（一八二二）酒田を出発し、秋田で暫《しばら》く滞在した後、翌年には青森、翌々年には北海道にも渡った。

文政九年（一八二六）二月頃、各地の旅から戻り、与板に庵を結んで隠棲《いんせい》した。

天保五年（一八三四）享年七十二歳で没した。遺言《ゆいごん》により由之の墓は良寛の墓の隣に建てられた。

和歌の宗匠《そうしょう》として活躍した由之の後半生は、国内第一の遊歴歌人としても評価できる。

由之は晩年の兄 良寛との親しい交流を記録した日記を残した。『山つと』と『八重菊』である。

『山つと』は、文政十三年（一八三〇）三月二十日に小山田《をやまだ》の桜見物に出かけ、閏《うるう》三月から、四・五月を経て、六月一日に与板の草庵に帰るまでの旅の記述から始まり、七月六日に良寛の病気見舞いに島崎に出かけ、そこで兄 良寛と唱和した歌も記述し、最後は九月二十七日の記述で終わっている。

『八重菊』は、文政十三年（一八三〇）九月から翌天保二年（一八三一）八月までの約一年間の日記である。この間の旅行は白根《しろね》の茨曽根《いばらそね》、地蔵堂、島崎、新津《にいつ》などであり、特記すべきは良寛の遷化と、わが子 泰樹（馬之助）の死亡である。良寛の和歌や、良寛が亡くなった際の様子が詳しく記述されており、貴重な史料となっている。

由之のいる与板と良寛のいる島崎の間には標高百十メートルほどの塩入峠《しほのり》があり、その峠道は当時たいへん険しく、良寛は由之を訪れることができずにいた。良寛の歌がある。

君が家《や》と　我が家《や》と分かつ　塩入《しほのり》の
坂を鍬《くは》もて　こぼたましものを　（良寛）（こぼたまし…打ち崩したい）
（訳　君の家と私の家を分け隔てる塩入坂を、できれば鍬で打ち崩したいものだ。）

塩入《しほのり》の　坂をかしこみ　このたびは
大川の辺《べ》を　回《た》みて来《き》にけり　（良寛）
（かしこみ…恐ろしいので）（たむ…回る）
（訳　塩入坂が険しくて恐ろしいので、
信濃川の川べりを回って、やって来ました。）

しかし、文政十一年（一八二八）の秋頃、与板藩主　井伊直経《なおつね》によって改修工事が行われた。良寛は若き藩主の善政を讃える長歌と次の反歌《はんか》を詠んだ。この反歌の歌碑が塩入峠の与板側に建つ。

塩入《しほのり》の　坂は名のみに　なりにけり
行く人しぬべ　よろづ世までに　（良寛）

由之 隠栖遺蹟

（訳　塩入峠の坂が険しいというのは過去の話になりました。この峠の坂道を行く人は、坂道を改修して通りやすくした方のことを、いつまでも感謝して慕《した》い続けなさい。）

峠の改修を喜んだ良寛は早速、由之に次の旋頭歌《せどうか》を贈ったようだ。

塩入《しほのり》の　坂はこのごろ　墾《は》りにけりてふ
あづさ弓　春になりなば　越えて来《こ》よ君
（良寛）
（墾《は》る…開く、平らに直す）

（訳　塩入峠の坂道はこのごろ改修されて通りやすくなったそうです。どうか春になったら、その峠を越えて、私を訪ねて来てください。）

いつの年か不明だが（おそらくは文政十一年（一八二八）の初冬頃か）良寛が与板の由之を訪れた時と思われる歌がある。

与板の由之と別るるとき
はらからも　残り少《すく》なに　なりにけり　思へば惜《お》しき　けふ《きょう》の別れは
（良寛）
（はらから…兄弟姉妹）

（訳　兄弟や姉妹が次々と亡くなって、生きている者が少なくなりました。
今日の別れを思うと、名残《なごり》惜しいものです。）

由之におくる

あまづたふ　日にけに寒く　なりにけり　帰りなむいざ　さきくませ君　（良寛）

（あまづたふ…日の枕詞）（日にけに…日増しに）（さきくませ君…無事にいて下さい）

（訳　この頃は日増しに寒くなりました。
さあ私は自分の庵に帰ろう。何ごともなくご無事でいてください。あなたよ。）

山里の雪の朝は

さすたけの　君が心の　通へばや　昨日《きそ》の夜一夜《よひとよ》　夢に見えつる　（良寛）

（さすたけの…君の枕詞）

（訳　あなたの心が私の所に通ってきたのだろうか。
昨日の夜は、夜通し、夢の中にあなたが現れました。）

良寛は自分が長男にもかかわらず出家したため、弟の由之に苦労をかけてしまったという負い目があっただろうし、由之は自分が名主の橘屋を継いだにもかかわらず、裁判で敗訴して橘屋を没落させてしまったという負い目があっただろう。そうしたことから、晩年の良寛・由之の兄弟はお互いに相手を思いやり、実に親密な交流を続けたのであった。由之は自分の墓を良寛の墓の隣に建ててくれるよう遺言したくらいであった。

【三条大地震　文政十一年（一八二八）十一月十二日】

良寛が島崎の木村家の庵に移住した後、江戸時代後期の文政十一年（一八二八）良寛七十一歳の年の十一月十二日、三条町（現 三条市）を中心に大地震が発生した。

見附、今町、与板、長岡など被害は十里四方に及び、倒壊家屋《かおく》は二万一千軒、死者千五百人余に達するという大惨事となった。朝の時間帯だったため、火災も多く発生した。

与板の由之は早速十二日付けで、島崎にいる兄の良寛に手紙を出している。

良寛は三条町の真言宗 宝塔院の前住職だった隆全《りゅうぜん》に、十一月二十一付けで無事を確かめる手紙を出している。この手紙の中で、住職の隆観や三浦屋幸助の安否も尋ねている。隆全が編んだ『良寛法師歌集』の中に、三条地震の被害を悲しんだ良寛の和歌四首が入っている。

永らへむ　ことや思ひし　かくばかり　変わり果てぬる　世とは知らずて　（良寛）

（訳　この世に生きながらえようとは思ってもみなかった。
こんなに変わり果ててしまう世の中だとは知らないで。）

かにかくに　止まらぬものは　涙なり　人の見る目も　忍ぶばかりに　（良寛）
（かにかくに…あれこれと思い嘆いて）

（訳　あれこれと思い嘆《なげ》いて、乾かないものは流れ落ちる涙です。
流れ落ちる涙を　人に見られないようにと思っても、涙はとまりません。）

むらぎもの　心を遣《や》らむ　方ぞなき
あふさきるさに　思い乱れて　（良寛）
（むらぎもの…心の枕詞）（あふさきるさに…あれやこれやと）

（訳　自分の心を慰《なぐさ》める方法もありません。
あれやこれやと思っては、頭が混乱しています。）

諸人《もろびと》の　かこつ思ひを　留《と》め置きて
己れ一人に　知らしめむとか　（良寛）

（訳　多くの人々が嘆き恨《うら》んでいるその思いを、留《とど》めて置いて、
私一人に分からせようというのだろうか。）

三条地震（「懲震毖鑑」小泉其明画より）

良寛はまた、十二月八日付けで阿部定珍《さだよし》と山田杜皐《とこう》に宛てて二通の手紙を出している。その二通の手紙の中に、次の歌がともに詠まれている。

うちつけに　死なば死なずて　永らへて　かかる憂《う》き目を　見るがわびしき（良寛）

（うちつけに…だしぬけに）

（訳　突然に死ねばよかったのに、死なずに生き永らえて、このようなつらい目を見ることになるとは、苦しいことです。）

これらの地震に関する手紙の中で、特に有名なものが、与板に住む友人の山田杜皐《とこう》への次の書簡である。

「地しんは信《まこと》に大変に候。野僧草庵は何事もなく、親類中、死人もなく、目出度《た》く存じ候。
うちつけに　死なば死なずて　永らへて　かかる憂き目を　見るがわびしき
しかし、災難に逢う時節には　災難に逢うがよく候、死ぬ時節には　死ぬがよく候
是はこれ　災難をのがるる妙法にて候。かしこ。　臘八　良寛
山田杜皐老　」

これは、自然随順《ずいじゅん》の死生観を持ち、騰騰任運《とうとうにんぬん》、随縁に徹した良寛の悟達《ごたつ》の境地を示すものとして、良寛の中では最も有名な言葉である。災禍《さいか》に苦しんでいる人が聞けば、誤解しそうな言葉だが、心境の高い山田杜皐であれば理解してくれると考えたのであろう。

道元禅の忠実な継承者でもあった良寛は、道元の死生観を受け継ぎ、生死を超克《ちょうこく》していた。道元の『正法眼蔵《しょうぼうげんぞう》』の「生死《しょうじ》の巻」には次の一文がある。

「ただ生死すなわち涅槃《ねはん》とこころえて、生死として いとふべきもなく、涅槃としてねがふべきもなし。このときはじめて、生死をはなるる分あり。」

（ただ生死輪廻《しょうじりんね》の事実は、そのままが涅槃（真理、悟りの境地）であるとこの道理を明らめて、生死輪廻の人生を厭《いと》うて苦しんだり、悲しんだり、怖《おそ》れてはならない。また涅槃という奇特な別な存在があるのではないから、涅槃を願うべきものでないと諦観《たいかん》すれば、そのとき初めて生死輪廻の苦しみと迷いを離れる道が現成《げんじょう》するのである。（訳は 中村宗一『全訳 正法眼蔵 四』誠信書房より））

道元の「生すなはち不生、すなはち不滅。生来《き》たらば、ただこれ生、滅来たらばこれ滅にむかひてつかふべし」という境地に、長年の修行によって良寛も達していたのである。

良寛は、また、地震の被災者に米を配ったり、犠牲者の無縁仏供養の盛大な法要に要する多額の費用を全額寄進した与板藩主 井伊直経《いいなおつね》の慈悲あふれる行動に感激して、井伊公を讃える長い漢詩も詠んでいる。井伊公は民政に尽力し、善政を行ない、「凱悌《がいてい》の君」と称された名君であった。

大坂屋三輪家の九代当主 三輪権平もまた、与板藩の求めた最も多い額の資金と物資の供出に、積極的に応じた。良寛は権平に宛てた手紙の中で、このことを賞賛する次の歌を詠んでいる。

此度《こたび》、数多《まね》く百姓《おほみたから》を御恵《みめぐ》みませりと聞きて

あらたまの　年は経るとも　さすたけの
君が心は　我が忘れめや

（良寛）

（訳　年月が過ぎても　恵まれない人を思う
あなたの心を、私が忘れることはありません。）

また、三条の宝塔院でも、前住職の隆全と現住職の隆観が地震の犠牲者を供養する地震亡霊塔を建てた。さらに、良寛は地震の発生は退廃している世への警鐘《けいしょう》と考え、世の中が乱れていることを嘆いた長編の漢詩も賦《ふ》している。長生きしたばかりに、このような惨状《さんじょう》を目《ま》の当たりにしなければならなかったことは、慈愛《じあい》の人 良寛にとって、とてもつらいことであったに違いないだろう。

宝塔院の地震亡霊塔

4　貞心尼と良寛―文政十二年

【由之との正月　文政十二年（一八二九）】

その翌年の文政十二年（一八二九）早春に、与板の松下庵《しょうかあん》に住んでいた六十七歳の由之と、そこで正月を過ごした七十二歳の良寛が唱和した歌七首がある。

ひさかたの　雪解《ゆきげ》の水に　濡れにつつ　春のものとて　摘みてきにけり　（良寛）

（訳　雪の間を流れる雪どけ水に濡《ぬ》れながら、春を告げる物として、この若菜を摘《つ》んで来ました。）

春の野の　若菜摘むとて　塩入《しほのり》の　坂のこなたに　この日暮らしつ　（良寛）

（訳　春の野原で、あなたと一緒に若菜を摘もうと思い、塩入の坂のこちらで、今日の日を過ごしてしまいました。）

わがためと　君が摘みてし　初若菜　見れば雪間に　春ぞ知らるる　（由之）

（訳　私のためにと、あなたが摘んで来た初若菜を見ると、雪の間に春が到来したことを知ることが出来ます。）

うぐひすの来《こ》ざりければ

うぐひすの　この春ばかり　来《こ》ぬことは　去年《こぞ》の騒ぎに　身罷《みまか》りぬらし　（良寛）

（訳　ウグイスが今年の春だけ、この里に飛んでこないのは、去年の災害で亡くなったかららしい。）

御坂《みさか》越えして行く人に詠みて遣《つか》わす

雪解《ど》けに　御坂を越さば　心して　夙《つと》に越してよ　その山坂を　（良寛）

（夙《つと》に…朝早く）

（訳　雪どけの水が出ている時に、坂を越えるならば、気をつけて、早朝に越してください。その山坂を。）

梅の花　今盛りなり　ひさかたの　今宵《こよひ》の月に　折てかざさむ　（由之）

（訳　梅の花は今が盛りです。今日の宵《よい》の月に、梅の枝を折って、かざしましょう。）

梅の花　老いが心を　慰めよ　昔の友は　今あらなくに

（良寛）

（訳　梅の花よ、年老いた私の心の憂《う》さを晴らしておくれ。
昔なじみは亡くなって、今は誰もいないのだから。）

最後の歌の昔の友は、文政十年（一八二七）に六十五歳で亡くなった原田鵲斎《じやくさい》のことと思われる。

【第五回相見　文政十二年（一八二九）】

三条大地震の騒ぎも少しは落ち着いた文政十二年（一八二九）の夏の頃、貞心尼は良寛の庵室を訪ねたが、良寛は外出していて不在だった。貞心尼は蓮《はす》の花の歌を詠んで、良寛の帰りを待った。木村家の庵室に帰った良寛は貞心尼の歌への返歌を詠んだ。

ある夏の日まうでけるに　何地《いづち》へか出《いで》給ひけん　見え給はず
ただ花瓶《はながめ》に蓮《はちす》の挿《さ》したるが　いと匂ひて有ければ

来て見れば　人こそ見えね　庵《いほ》守《も》りて
匂ふ蓮《はちす》の　花の尊さ

（貞心尼）

（訳　お訪ねしてみると、お師匠様はおみえでないが、庵の留守を守って
華やかに咲いている蓮の花は、なんともありがたいものでございました。）

御かへし

御饗《みあへ》する　ものこそなけれ　小瓶《こがめ》なる　蓮の花を　見つつしのばせ　（良寛）

（御饗…おもてなし）

（訳　おもてなしするものは何もありませんが、
小瓶にさした蓮の花を見ながら、がまんしてください。）

この日に良寛は音韻の話をしたようだ。和歌の調べについて貞心尼に語っていたのであろう。

五韻を

くさぐさの　綾織《あやをり》いだす　四十八《よそや》文字　声と韻《ひびき》を　経緯《たてぬき》にして　（良寛）

（くさぐさの…いろいろな模様の）　（四十八…いろはの四十八文字）

（声と韻…声という子音と　ひびき　という母音）　（経緯…縦横に組み合わせ）

（訳　いろいろな模様の綾織物を織り出す、縦糸と横糸のようにして、声という子音と、
響きという母音を縦横に組み合わせ、いろはの四十八文字ができているのです。）

そして、良寛の父親 以南の話もしたようだ。

たらちをの書き給ひし物を御覧《ごろう》じて

みづぐきの　あとも涙に　かすみけり　ありし昔の　ことを思へば　（良寛）

（たらちを…父親）

（みづぐき…筆跡）

（訳　父の筆跡を見つめていると、墨で書かれた文字も、涙のためにかすんで見えます。
生きて居られた昔のことを思い出して。）

この歌は父 以南の自筆の句「朝霧に　一段ひくし　合歓《ねむ》の花」の書かれた書の余白に、良寛が書き添えたものである。

『蓮《はちす》の露』にはこのあとになぜか、小越仲眠《おごしちゅうみん》という医師が仕事を怠けて、鉄刀木《たがやさん》の根付を愛玩していたので、戒めに詠んだという歌が続いている。

民の子のたがやさむといふ木にて　いとたくみに刻みたる物を見せ　奉《たてまつ》りければ

（たがやさむ…鉄刀木、熱帯産で材は黒色で堅い。唐木細工の材料）

たがやさむ　色も肌へも　妙《たへ》なれど　たがやさんより　たがやさむには　（良寛）

（訳　この鉄刀木《たがやさん》は、色つやも肌触《ざわ》りも良く、なかなかの逸品だが、
鉄刀木よりは　耕やさんの方がよい。）

この仲眠は、良寛が帰国直後に郷本で仮住まいしていた頃、焼失した塩炊き小屋の放火犯と間違われて、砂浜に生き埋めにされそうになったときに、良寛を助けてくれた夏戸の医師小越仲眠の息子であろう。しばらく小越家に滞在したときに、この子供だった頃の二代目の仲眠に、良寛は多少読み書きを教えたようだ。昔の父の話をしていたときに、この小越仲眠親子のことも思い出して話をしたのだろうか。

蔵雲宛ての貞心尼の書簡の中に、良寛の父 以南と良寛の兄弟のことが書かれている。

「師の実父、姓は山本、氏は橘、名は新左衛門。母は同姓何某の娘、佐渡の人也。師兄弟五人、三人男、二人女也。師は惣領《そうりょう》、次男に家を譲る。字曲《あざなまがり》。詩を集めし者は、蒲原郡粟生津《あおふづ》村　鈴木順亭也。出雲崎　橘屋先祖は、出雲崎の城主　山本次郎左衛門の末葉《まつよう》にて、昔より代々村長にて神職也。実父隠居の後、以南と改名し、俳諧の上手にて、久しく京都に遊歴す。或時、

そめいろの　やまをしるしに　たておけば　わがなきあとは　いつのむかしぞ

天真仏《てんしんぶつ》の命によりて、桂川へ身をなぐるもの也、と書き置いて、行方しれず。実に桂川へ身をなげられ

しや、又ひそかに高野山に上られしと言う説も有しと也。師の弟、左衛門、隠居して名を由之《ゆうし》と改、歌道の宗匠也。その三男橘の香、字を澹斎《たんさい》と号し、博学多才にして、京都に上り、禁中学師菅原長親卿《ながちかきょう》の学館に勤め学頭と成り、禁中の詩会に折々出られし事も有しと也。されども壮年にして死去せしなり。」

良寛の兄弟は男四人（良寛、由之、香、宥澄《ゆうちょう》）女三人（むら、たか、みか）が正しい。

以南の辞世の歌は二つの説がある。

「そめいろの　やまをしるしに　たておけば　わがなきあとは　いつのむかしぞ」の最後の句が「いつのむかしぞ」と「いつらむかしぞ」の二つである。一般的には「いつのむかしぞ」の方が知れ渡っており、良寛もそれを貞心尼に話したのであろう。

しかし当時の良寛の遺墨では「いつらむかしぞ」となっているように見える。

この以南の辞世の歌の解釈として、相馬御風氏は『大愚良寛』の中で、「以南の懐には『天真録』と題する慷慨《こうがい》悲憤の一書が天下の公論に点火するの機を待ちつつ秘せられていた」と述べ、良寛の遺墨について、蘇迷盧《そめいろ》の山とは『天真録』のことであり、以南の自殺後に『天真録』が出てくるだろうという意に受け取っているように思われる。

ただし、谷川敏朗氏の『良寛全集別巻1　良寛　伝記・年譜・文献目録』によると、「明治二十一年八月の『新潟游乗《ゆうじょう》』に、「悲皇室衰頽《すいたい》。不勝感慨。著天真録。投桂川而死。」とある。これ以後、以南の尊皇思想が喧伝《けんでん》されたが、『天真録』の内容は全くわからない」という。つまりこの天真録という書については、その内容はおろか、実在するかどうかも不明なのである。

また、以南が尊皇《そんのう》思想家であったことを示す当時の資料は一切なく、現在では、以南が尊皇思想家であって、皇室の衰微《すいび》を嘆いて自殺したという説については、多くの研究者は否定的である。貞心尼の『蓮《はちす》の露』にもある以南の高野山韜晦《とうかい》説も同様である。日清戦争などでナショナリズムが昂揚《こうよう》した時代に、以南・良寛親子を郷土の偉人として、勤皇の志士のごとく見ようとする風潮があったことから、こうした見方がさしたる根拠もなく広がったのであろう。

詳細な編年体の良寛の伝記の著者は、天真仏について、宇宙自然のありのままの事象・姿が「天真」であり、その本来の自然の姿が仏の姿であると述べている。そして、その天真仏の仰せに従って以南つまり自分の身を桂川に捨てる、言いかえれば、天真仏の大きな懐《ふところ》の中に己を捨身《しゃしん》するということであるとし、この歌を「蘇迷盧《そめいろ》の山つまり須弥山《しゅみせん》を墓標として立てて置いたので、我が亡き跡を尋ねても分かりはしない無駄なことだ」と解釈している。

一方、岡本勝美氏は「良寛とその父（一）父子の情愛」（『越佐研究』第四十集 昭和五十五年）の中で、「蘇迷盧の山」とは良寛のことであると述べている。

私も岡本勝美氏と同様に、次のように考えている。

以南は入水自殺する前に、上京する前に、越後に帰った良寛と会ってじっくりと話をした。そこで良寛は、自分の考えを以南に述べ、以南は良寛の生き方を真に理解した。

良寛こそは偉大なる仏教者であり、不生無作《ふしょうむさ》の本体に悟入《ごにゅう》し、生死の差別を超越し、朗然とした大覚の仏すなわち天真仏にほかならないと。

天真仏とは良寛のことであり、天真仏の仰せを聞き、すなわち良寛の話を聞き、父 以南は心残りなく死ぬことができた。

蘇迷盧の山とは、須弥山《しゅみせん》のように偉大な仏教者であり天真仏となった息子 良寛のことであり、その偉大な仏教者・天真仏 良寛を墓標として（自分が生きた証として）世に残すことができ、心残りなく黄泉《よみ》の国に旅立てる。

そうして、私が亡くなった後には、私への遠慮も不要となった良寛という天真仏が菩薩行の乞食僧《こつじき》として、世に出づらむ（現れる）かしぞ（だろう）、というのが、以南の辞世の和歌の意味ではないだろうか。

良寛が父の話を語ったときに、父以南の辞世の歌の中の「蘇迷盧の山」に関連して、次の「あはゆき」の歌も貞心尼に語ったのではないか。「あはゆき」の歌は当時の他の良寛歌集にはなく。『蓮《はちす》の露』の本編に収録されているのである。

淡雪《あはゆき》の　中に立てたる　三千大千世界《みちおほち》
またその中に　泡雪《あわ》ぞ降る

（三千大千世界…須弥山《しゅみせん》を中心とした世界が小世界、その千倍が小千世界、その千倍が中千世界、その千倍が大千世界で、この小・中・大の三種を合わせたもの）

京都の桂川

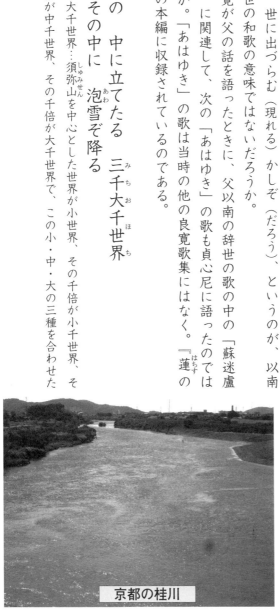

（私の意訳は　淡雪の中に立ってみると、宇宙・世界と一体となった自分は
三千大千世界そのものであるから、淡雪の中に三千大千世界が立っている。
自分と一体である宇宙・世界　すなわち三千大千世界の中には、全ての人々を救おうと
温かく包み込んでくれる仏の慈悲心を表すような泡雪が柔らかく降っている。）

牡丹《ぼたん》雪の一粒の顆《たま》の中に三千大千世界の納まっているのが見え、その三千大千世界の中に、また同じ沫《あわ》雪が降っている。

大小への固定観念を捨てて、小さな物に無限大のものを容《い》れ、それ故そこに又極小をも見つつ、その融合を捉《とら》えてゆくというのは仏教の世界観であり、仏教の真理を詠った歌である。

入水自殺した良寛の父　以南の辞世の歌がある。

蘇迷盧《そめいろ》の　山を形見に　たてぬれば　わがなきあとは　いつらむかしぞ

この歌の「蘇迷盧の山」とは良寛であるとの説がある。「あはゆきの歌」は、父の辞世の歌を踏まえたものであり、歌の中の「なかにたてたる三千大千世界《みちおほち》」とは、蘇迷盧の山、つまり父　以南が形見としてこの世に残した、須弥山（＝宇宙）と一体となった存在であり　天真仏となった良寛のことなのではないか。

諸法実相の立場に立つ良寛にとって、自己とは宇宙・世界・自然と一体のものである。すなわち良寛という人間は宇宙・世界・自然と一体となった三千大千世界ということができる。

良寛は「あはゆき」を見て、すぐに消える儚《はかな》い命をイメージし、無数の命が生まれては死んでいく

諸行無常の世界を見たか。その世界・宇宙の、三千大千世界の、淡雪をはじめとした森羅万象の存在こそ、真理だという諸法実相を良寛は感じたか。

白い「あはゆき」を見て、人間が生まれながらに持つ仏の心・清浄心をあらわしていると考えたか。人間とは本来純粋で無垢《むく》な存在だと。

「あわゆき」は、泡のように柔らかく降り積もり、暖かく包み込んでくれる。衆生《しゅじょう》の苦しみを包みこみ癒《い》やして救う仏の慈悲心の象徴なのではないか。

【和泉屋山田家】

良寛のハトコである山田杜皐《とこう》(与板の豪商 和泉屋山田家の第九代当主 山田重翰《しげもと》、一七七三?〜一八四四年、良寛より約十五歳ほど年少)は、俳句、絵画にすぐれており、良寛の親友だった。

杜皐と妻よせに、末から二番目の女の子がいて、「およし」という名前であったようだ。相馬御風氏の『良寛和尚尺牘《せきとく》』に、「山田家の末から二番目の女の子で、甚《はなは》だ饒舌《じょうぜつ》な娘のあったのに「すずめ」というあだ名を与えた」とある。

良寛の書簡に、「ほたる」という差出人で「およしさ」宛てのものがある。木綿の綿入れ一着をお返しするという内容で、「寒くなりぬ 今は蛍も光なし 黄金《こがね》の水をたれかたまはむ」の歌が書かれている。この「およしさ」は従来、山田家の下女とか女中とか言われてきたが、綿入れを貸したり、お酒を振舞ったりできるのは妻 よせ であろう。

だが、私は、良寛が「ほたる」という名前で、わざと「およし」ちゃん宛の手紙を出したのではないかと思う。「およし」ちゃんはまだ小さくて文字が読めなかったのではないか。当然その手紙は、妻よせが代わりに読むから用が足りるわけである。夕方になると決まって訪ねてくる良寛を、『ホタル』だと冗談を言いながら、妻のよせ はお酒を振る舞った。良寛は大好きな酒を妻のよせ におねだりする歌をいくつか詠んでいる。それも「およし」ちゃん宛てとして。

寒くなりぬ　今は蛍も　光なし　黄金《こがね》の水を　誰か賜わむ　　（良寛）

（訳　寒くなりました。今は蛍も弱って光はありません。黄金の水のようなお酒を、あなたでなくて誰がくださろうか。あなたのほかにはおりません。）

草の上《へ》に　蛍となりて　千年をもまたむ
妹《いも》が手ゆ　黄金の水を　賜ふといはば　　（良寛）

（訳　草の上の蛍となって、千年でも待っていよう。
やさしいあなたの手から、黄金の水のようなお酒を、くださるというなら。）

草むらの　蛍とならば　宵々《よいよい》に　黄金の水を　妹《いも》賜ふてよ　　（良寛）

（訳　私が草むらの蛍であるというならば、暗くなった宵ごとに、黄金の水のようなお酒を、やさしいあなたよ、わたしにお与えください。）

身が焼けて　夜は蛍と　ほてれども　昼は何とも　ないとこそすれ　（良寛）

（訳　蛍である私は、夜は体が焼けるように火照《ほて》って、水のようなお酒を欲しくなりますが、昼は何ともないのです。）

また次の唱和の歌もある。

与板山田の内室

烏めが　生麩《しょうふ》の桶へ　飛び込んで　足の白さよ　足の白さよ　（およし）

（生麩…小麦粉を水でといた白い液体。麩の原料）

（訳　からすさんが、白い生の麩《ふ》の桶に飛び込んで、足が白いぞ、足が白いぞ。）

かへし

雀子が　人の軒端《のきば》に　住みなれて　囀《さへ》づる声の　その喧《かしま》しさ　（良寛）

（訳　雀のこどもが、人の家の軒端に住むのに馴《な》れて、しきりにさえずる
その声のうるさいことよ。おなじようにあなたのおしゃべりもうるさいことよ。）

喧《かしま》しと　面伏《おもてぶ》せには　言ひしかど　このごろ見ねば　恋しかりけり　（良寛）

（面伏せ…面目を失うように）

（訳　うるさい人だと人聞きの悪いことを言ったけれども、
このごろ顔を見ないと、やはり恋しく思われます。）

このからすと雀子のやりとりは、良寛と「およし」ちゃんとの間のことであろう。「烏めが」の歌は、「およし」ちゃんが良寛の足の白さをからかったことを、妻よせ が「およし」ちゃんに代わって詠んだものだろう。「雀子」と「かしまし」の歌は「およし」ちゃんへの良寛の歌である。妻よせ に「このごろ見ねば恋しかりけり」と詠える訳《わけ》がないのである。

良寛の形見の「杖」と、辞世の歌

「形見とて　何残すらむ　春は花　夏ほととぎす　秋はもみぢ葉」

をもらったのも当然、妻よせ である。

また、山田杜皐《とこう》との唱和の歌もある。

初獲《はつと》れの　鰯《いわし》のやうな　良法師　やれ来たといふ　子等《こら》が声々《こゑごゑ》　（杜皐）

（訳　鰯の初物がおかずだと言うと、子ども達が声を上げて喜ぶように、良寛さんが来ると、子供たちが、良寛さんがやって来たと声を上げて喜びます。良寛さんはまるで初物《はつもの》の鰯のようです。）

大飯を　食うて眠りし　報いにや　鰯の身とぞ　なりにけるかも　（良寛）

（訳　ご飯をたくさん食べて、そのあとですぐに寝るので、その報いでしょうか。ついに鰯の身にさせられてしまいました。）

良寛に次の俳句もある。

この人の　背中に　踊りできるなり

出所は玉木礼吉氏の『良寛全集』で、同書では詞書《ことば》きに「与板町山田氏に肥大なる下婢《げび》の竈《かまど》を焚《た》きて居るを見て」とある。この句も従来、山田家の下女（女中）のおよしさではないかと言われてきた。

だが、塩浦林也氏の『良寛の探究　続編　通説再考』（高志書院　令和二年（二〇二〇））には、概ね次の内容の記述がある。

「・良寛は自分の子供の頃に「曲がり」というあだ名をつけられて、心に深い痛手を受けた。
・その人にとって、一番痛い体形を揶揄《やゆ》することを良寛がするはずがない。
・山田杜皐《とこう》は画の技量が秀でていた。
・有名になってきた良寛の絵姿をわが家のために描き残したいと杜皐は思ったのでは。
・立派な禅僧の風格を備えた姿を描こうとするはずでは。
・レベルの高い絵像が出来たので、良寛に見せたのでは。
・背の高い立派な禅僧の絵を良寛が見て、「野僧元より数ならぬ身」だから、そういう絵は残さないでほしいと断ることになるだろう。
・絵の具体的な箇所をあげて断ると、修正すればよいと誤解されかねない。
・俳句で言おうとして、即吟《そくぎん》で「この人の背中に踊りできるなり」の句を作ったのでは。意味はこの絵の中の自分を後ろから見ると、その背中は広く堂々としていて、まるで踊りさえできるほどだ。しかし、自分の内実は、こんなに広く、立派なものではないので、この肖像を残すことはやめてほしい。
・あとで、この句では杜皐の絵の技量を批判することになるのではと考え、句を「この人や背中に踊りできるかな」に改変したのでは。（その遺墨がある。）
・改変することで、杜皐の描いた絵からは離れて、「この人の背中の広さだと、踊りさえできるかも…」と思わずユーモラスな連想をしてしまったという告白の句に変化させたのでは。

・「秋の日に　光かがやく　すすきの穂　これのお庭に　立たしてみれば」の歌と
この句を書いて贈り、山田家への感謝と親しみの気持ちを表したのでは。
・良寛が「この人や…」の句を書き残してるということは、山田家に「肥大なる下婢」はいなかったはず。」

5　貞心尼と良寛―文政十三年（天保元年）

【雪の中の由之との交流】

文政十三年（十二月十日に改元、天保元年）（一八三〇）良寛七十三歳の年の一月から二月、由之が島崎を訪ねて良寛と唱和した歌がある。

　いずれの年にかありし、睦月《むつき》の末に禅師の君拝み参らすとて島崎の御室に詣でて、如月《きさらぎ》になりて帰らむとするに、また雪降りて、え帰らず。朝《あした》に茶すすり、物語などせしついでに君、

手を折りて　掻《か》き数《かぞ》うれば　あづさゆみ
春はなかばに　なりにけらしも　（良寛）

（あづさ弓…春の枕詞）

由之墓碑

（訳　手の指を折って数えると、今年の春はもう半ばになってしまいました。）

あづさゆみ　春はなかばに　なりぬれど　越の吹雪に　梅も匂わず　（由之）

（訳　春は半ばになったけれども、越後の吹雪のために、梅もまだ匂いません。）

この折しも、しきりに吹雪て、北面の窓にははらはらと音せしを詫びしに、

如月《きさらぎ》に　雪の隙《ひま》なく　降ることは　たまたま来ます　君遣《や》らじとか　（良寛）

（訳　春も半ばの二月に、雪が絶え間なく降るのは、思いがけず訪ねて来られたあなたを、帰しませんというのでしょうか。）

我がために　遣《や》らじとて降る　雪ならば　何か厭《いと》はむ　春は過ぐとも　（由之）

（訳　私を帰さないようにしようとして降る雪ならば、その雪を嫌がることはありません。たとえ、春が過ぎてしまっても。）

同じ日、ある家にて酒飲むときに、君漢詩《からうた》うたひ給ふ。その歌

兄弟　相逢う処　共に是れ白眉《はくび》垂る　且《しばら》く太平の世を喜び　日々酔うて痴《ち》の如し
（良寛）

（訳　兄弟が一緒に逢ったが、ともに老いて眉《まゆ》が白くなっていた。二人とも太平の世に生きていることを喜び合い、毎日酔ってしまい、まるで痴《ち》人のようだ。）

同じ心をやまと言葉もて和し奉りし。

白雪を　眉に積むまで　兄弟《はらから》が　飲む美酒《うまさけ》も　御代《みよ》の賜物《たまもの》
（由之）

（訳　眉が白雪が積もったように白くなった兄弟が、こうして美味しいお酒を飲むことができるのも、この平和な時代に生きているおかげですね。）

良寛は翌月の三月二日付けで、由之に次の歌の手紙を出している。

風交《ま》ぜに　雪は降りきぬ　雪交ぜに　風は吹ききぬ
埋《うず》み火に　足さし伸べて　つれづれと　草の庵に
閉じ籠《こ》もり　うち数ふれば　如月《きさらぎ》も　夢のごとくに　過ぎにけらしも
（良寛）

（訳　風にまじって雪が降ってきた。雪にまじって風が吹いてきた。
囲炉裏の埋み火のそばに、足をゆったり伸ばして、することもなく、
草庵に閉じこもり、指折かぞえると、二月も夢のように過ぎてしまいました。）

（反歌）
月よめば　すでに弥生《やよひ》に　なりぬれど　野辺の若菜も　摘まずありけり（良寛）

（訳　月を数えてみると、もう春の終わりの三月になってしまいました。
けれども、まだ野原の若菜を摘むこともなく、過ごしています。）

御歌の返し
極楽の　蓮の台《うてな》を　手にとりて　我に贈るは　君が神通《じんづう》（良寛）
（神通…神通力）

（訳　極楽にあるという蓮の花の台座を、わざわざ手にとって、
私に贈ってくれたのは、あなたの神通力ですね。）

いざさらば　蓮《はちす》の上に　うち乗らむ　よしや蛙《かはづ》と　人は言うとも（良寛）

（訳　さあ、そうであるならば、極楽浄土の蓮の台のような贈られた座布団の上に乗りましょう。たとえ、蓮池の蛙《かえる》のようだと人は笑って言ったとしても。）

この歌の「御歌の返し」とある二首は、由之から贈られた蓮の花模様の座布団とそれに添えられた歌に対する返歌である。

これは貞心尼の『はちすの露』にも次のように収められている。

　　御はらからなる由之翁《おう》のもとより　しとね奉るとて

極楽の　蓮《はちす》の花の　花びらに　よそひてみませ　麻手小衾《あさでこぶすま》　（由之）

（はらから…兄弟）

（麻手小衾《あさでこぶすま》…麻の座布団）

（訳　極楽の蓮の花の花びらの ふりをしてください。この麻の座布団で。）

　　御かへし

極楽の　蓮《はちす》の花の　花びらを　我に供養す　君が神通　（良寛）

（訳　極楽にあるという蓮の花のはなびらを、私に贈ってくれたのは、あなたの神通力ですね。）

いざさらば　蓮《はちす》の上に　うち乗らむ　よしや蛙《かはづ》と　人は見るとも　（良寛）

（訳　さあ、そうであるならば、極楽浄土の蓮の台のような贈られた座布団の上に乗りましょう。たとえ、蓮池の蛙《かえる》のようだと人は笑って見たとしても。）

【小山田の桜】

文政十三年（一八三〇）三月二十日、由之が五泉の菅名《すがな》岳の山腹にある小山田の桜見物に出かける際に、由之と良寛は歌を詠みあっている。

同じ三月の十八日に、松下庵に来ていた良寛と由之に、次の唱和の歌が由之の日記『山つと』にある。由之が小山田の桜見物に出かける二日前であった。桜見物といっても、新津の桂家など、たくさんの知人を訪ねながらの、数か月にもわたる長旅である。

小山田《をやまだ》の桜多しと聞きて、年の端《は》に如何《いか》でと思いわたらしかど、芦分《あしわけ》小舟障《さわ》りのみありて果たさざりしを、今年強《あなが》ちに思ひ立ち、弥生《やよひ》の二十日《はつか》の日、船よ出《い》で立たむとすとて、十八日の日枝折《しを》りして

枝折りして　行くとはすれど　老いの身は　これや限りの　門出《かどで》にもあらん　（由之）

（訳　出かけようとするのだけれども、年老いた身には、

これが最後の門出かも知れません。）

と書きて机に置きしを、禅師見給ひて、その端《はし》つ方に、

我はもよ　斎《いは》ひて待たむ　平《たい》らけく　山田の桜　見て帰りませ　（良寛）

（斎《いは》ひて…身を清めて）

（平らけく…無事に）

（訳　私も、身を清めてあなたの帰りを待ちましょう。
どうか無事に小山田の桜を見て帰って下さい。）

小山田《をやまだ》の　山田の桜　見む日には
一枝《ひとえ》を送れ　風の便りに　（良寛）

（訳　小山田にある、山田の桜を見た日には、
一本の桜の枝を送って下さい。
ちょっとしたついでのたよりのときにでも。）

【第六回相見　文政十三年（一八三〇）春】

文政十三年（一八三〇）の春三月下旬、与板の山田家で、第六回目の相見があったと思われる。この日は山田家の家族も一緒に楽しく

小山田の桜

過ごしたようだ。良寛と貞心尼の「からすとからす」の唱和連作歌がある。山田家の「およし」ちゃんが良寛をからすとあだ名をつけたことから始まった楽しい唱和の歌である。

あるとき与板の里へ渡らせ給ふとて、友どちのもとより知らせたりければ、急ぎ参でけるに、明日ははや異方《ことかた》へ渡り給ふよし、人々なごり惜しみて物語り聞こえ交はしつ。打ち解けて遊びけるが中に、「君は色黒く衣も黒ければ、今より烏とこそ申さめ」と言ひければ、「実《げ》によく我には相応《ふさ》ひたる名にこそ」とうち笑い給ひながら、

いづこへも　発《た》ちてを行かむ　明日よりは　烏《からす》てふ《ちょう》名を　人の付くれば　（良寛）

（訳　明日からはどこへでも飛び立って行こう。
からすという名前を皆さんが付けてくれたので。）

と宣《のたま》ひければ

山がらす　里にい行《ゆ》かば　子がらすも　誘《いざな》ひてゆけ　羽根弱くとも　（貞心尼）

（訳　山のからすのお師匠様が、里に行かれるのであれば、子がらすである私も
誘ってください。たとえ、羽根が弱くて足手まといになるとしても。）

誘ひて　行かば行かめど　人の見て　怪しめ見らば　いかにしてまし　（良寛）

（訳　誘って行けば行ったで、他人が我々を見て、変に思ったならば、どうしましょうか。）

御返し

鳶《とび》は鳶　雀は雀　鷺《さぎ》は鷺　烏《からす》と烏　なにか怪しき　（貞心尼）

（訳　鳶《とび》は鳶同士で。雀は雀同士で。鷺《さぎ》は鷺同士で。烏《からす》と烏が仲良く行くのが、なにが変でしょう。）

日も暮れぬれば、宿りに帰り、また明日こそ訪《と》はめとて、

いざさらば　我は帰らむ　君はここに　寝《い》やすく寝ねよ　はや明日にせむ　（良寛）

（訳　それでは今日はこれで帰りましょう。あなたはここ（山田家）でお休みください。続きは明日にしましょう。）

良寛は由之の松下庵、貞心尼は和泉屋山田家に泊まったようだ。

翌日《あくるひ》は疾《と》く訪ひ来《き》給ひければ

歌や詠まむ　手まりやつかん　野にや出む　君がまにまに　なして遊ばむ（貞心尼）

（訳　これから、歌を詠みましょうか。手まりをつきましょうか。
野原に出て遊びましょうか。お師匠様のお望みにお任せして遊びましょう。）

御返し

歌や詠まむ　手まりやつかむ　野にや出む　心一つを　定めかねつも　（良寛）

（訳　そうだね二人で、歌も詠みたいし、手まりもつきたいし、野原に出て遊びたいし、
いろいろと楽しいことがあるので、どれか一つに決めることはなかなかできません。）

【解良雄四郎】

翌日、良寛は小千谷市片貝の佐藤家に雄四郎（解良《けら》家から養子に入った人物）を暇乞《いとまご》いに訪ねたと思われる。雄四郎からお土産にもらった粟守酒《あわもりしゅ》の礼状（三月二十五日付け）がある。雄四郎は解良叔問《しゅくもん》の四男である。五男は『良寛禅師奇話』を書いた栄重《よししげ》である。解良家十二代は叔問の三男の熊之助が継い

だが、病弱のため家政を治めることに堪《た》えられず、雄四郎が十三代を継ぐはずだった。だが、その前に片貝の佐藤家に養子に行ったのである。

佐藤家は代々、飢饉《ききん》になると飢民《きみん》に大釜で炊いた粥《かゆ》を施粥したり、米を安く売ったりして、貧窮の人々を救い続けていた家柄であった。当時の当主 佐藤左平治から、雄四郎の人物が見込まれて是非とも婿《むこ》に来て欲しいと頼まれたのであろう。雄四郎が解良家の当主の座を諦《あきら》めてまで、佐藤家の養子になった背景には、佐藤家がいかに素晴らしい家であるかを話して良寛が説得した可能性もある。

現在、秋山郷の中心地 結東《けっとう》に巨大な「佐藤左平治翁の碑」が立っている。天保の飢饉の際、餓死寸前の秋山郷の人々を救ったのは、佐藤左平治であるが、実際に救済に尽力したのは左平治の名代として佐藤家の家政を取り仕切っていた佐藤左平治の娘婿だった雄四郎であった。

解良家十三代は五男の栄重が継いだが、物心ついてからの良寛との交わりは、栄重より雄四郎の方が長かった。雄四郎は清貧と慈愛の人良寛の薫陶《くんとう》を受け、多くの飢民を救った慈悲深い人物だったようだ。

【藤波】

解良叔《しゅくもん》問の弟で上桐《かみぎり》の柄澤《からさわ》家の養子になった栄清《よしきよ》の天保二年（一八三一）の日記に「良寛尊師、去年の夏、わが里の宮の藤波を詠じ給ひし…」とある。上桐の桐原石部《いそべ》神社に藤の老大木があった。

この宮の　み坂に見れば　藤波の　花の盛《さか》りに　なりにけるかも　（良寛）

（訳　このお宮に登る坂の途中で、藤の花を見ると今を盛りとばかりに咲いています。）

上桐《かみぎり》の　宮の藤波《ふじなみ》　咲きにけり　つぎて鳴《な》くらん　山郭公《ほととぎす》　（良寛）

（訳　上桐の桐原石部神社の藤の花が美しく咲きました。続いてホトトギスが鳴き始めるでしょう。）

上桐の小黒家に次の逸話が伝わっている。

良寛さまは子供を連れて、野原へよく出かけました。野原を歩くとき、ときどき曲がりくねったり、ぴょんと飛んだりしました。不思議に思って人が尋《たず》ねると、良寛さまは「咲いている花がかわいそうなので踏まないようにしていたのだ」と言いました。

桐原石部神社

【大風《おおかぜ》】

五月、前年の五月に吹き荒れた大風の時の長歌を良寛は詠んでいる。良寛は晩年、木村家の裏の庵のまわりにいろいろな花を植え、丹精《たんせい》を込めて育てていた。この風雨で、花々がなぎ倒され、散り散りになってしまった。この年（文政十三年）は雨の少ない旱魃《かんばつ》の年だった。この大風の長歌は旱魃に苦しむ農民への応援歌であろう。

み園生《そのふ》に　植ゑし秋萩　はたすすき
すみれ たんぽぽ　合歓《ねむ》の花　芭蕉朝顔
藤ばかま　紫をにつゆくさ　忘れ草
朝な夕なに　心して　水を注ぎて
日覆《お》ひして　育てしぬれば　常よりも
殊《こと》にあはれと　人も言ひ　われも思ひしを
時こそあれ　皐《さ》つきの月の　二十日まり
五日の暮の　大風の　狂ひてふけば
あらがねの　土にぬべふし　ひさかたの
雨に乱《みだ》りて　百《もも》ちぢに　もまれにければ
あたらしと　思ふものから　風のなす
業《わざ》にしあれば　せむすべもなし

（良寛）

（紫をに…紫苑《しおん》）
（あらがねの…土の枕詞）
（ひさかたの…雨の枕詞）
（百《もも》ちぢ…散り散り）
（あたらし…惜しい）

（訳　ここの庭に植えたものは、萩、はたすすき、すみれ、たんぽぽ、合歓《ねむ》の花、芭蕉、朝顔、藤袴、紫苑、露草、忘れ草、朝となく夕べとなく、心を込めて水を注ぎ、日よけをして育てたので、いつもよりも、とりわけ素晴らしいと、人も言い、私も思っていたのに、ちょうどその時、五月の二十五日の夕暮れ時に襲った大風が、狂ったように吹いたので、わざわざ育てた草花は、土の上に倒れ伏し、雨が降り乱れて、めちゃくちゃにもまれたので、残念だと思うものの、風のすることなので、どうしようもないことです。）

（反歌《はんか》）

わが宿に　植ゑて育てし　百《もも》くさは　風の心に　任すなりけり　（良寛）

（訳　私の家のそばに、心を込めて植えて育てた　たくさんの草花は、残念だが、風の吹くに任せるしかないのです。）

谷川敏朗氏の『良寛の逸話』によると、良寛が亡くなる一年半ほど前の文政十二年五月二十五日に吹いたこの大風は甚大な被害をもたらした。長岡藩領だけでも、倒壊百六十二戸、倒木二万二千三百五本であった。手塩にかけて大切に育てていた花々のすべてを、吹き倒されて土まみれになったり、ちぎられたりして、失った良寛の悲しみは大きく、この長歌と短歌数首を詠んで嘆いている。

おそらく、良寛は、このちりぢりになって命を奪われた花々と、病魔に冒《おか》されて徐々に衰弱が進んでいく自分自身の老躯《ろうく》とを重ね合わせて、己の死を暗示していると感じたのではないか。

【雨乞い歌】

六月、良寛は水無月《みなづき》の頃、雨乞《あまご》い歌を詠んでいる。この年は暑さがひどく、雨の降らない旱魃《かんばつ》の年であった。

鳴る神の　音もとどろに　ひさかたの　雨は降り来《こ》ね　我が思うとに　（良寛）
（ひさかたの…雨の枕詞）

（訳　雷の音がゴロゴロと鳴り響くばかりに、雨が降ってきてほしい。日照りで困っていると私が思っている人の所に。）

わが心　雲の上まで　通《かよ》ひなば　到らせ給え　天つ神漏岐《かみろぎ》　（良寛）
（心…雨を願う心）（到らせ…雨を降らせ）（天つ神漏岐…天の男神よ）

（訳　雨が降って欲しいという私の心が、雲の上まで通じたならば、雨を降らせてください。天の男神よ。）

我さへも　心にもなし　小山田《をやまだ》の　山田の苗の　しをるる見れば　（良寛）

（しをるる…日照りのためにしおれているのを）

（訳　私でさえも、心が定まらなくなる。
山の間の田んぼの稲が、日照りのために、しおれているのをみると。）

あしびきの　山田の小父《をぢ》が　ひめもすに　い行《ゆ》きかへらひ　水運ぶ見ゆ　（良寛）
（あしびきの…山の枕詞）　（小父…老農夫）　（ひめもすに…一日中）　（い行きかへらひ…行ったり来たりして）

（訳　山の間の田んぼの稲を育てる老農夫が、
一日中、行ったり来たりして、田に水を運んでいるのが見えます。）

手もたゆく　植《う》うる山田の　乙女子《おとめご》が　唄の声さえ　やや哀れなり　（良寛）
（たゆく…疲れてだるそうに）　（植《う》うる山田の…山間の田で田植えする）　（やや…ひどく）

（訳　雨が降らないので、手も疲れて　だるそうに、山の間の田んぼに
稲の苗を植える娘たちの、田植え歌の声まで、ひどくかわいそうです。）

ひさかたの　雲の果《は》たてを　うち見つつ　きのふもけふ《きょう》も　暮らしつるかも　（良寛）
（ひさかたの…雲の枕詞）　（けふ…今日）

（訳　遠い雲の果てを眺めながら、
雨が降って欲しいと願って、昨日も今日も、過ごしています。）

ひさかたの　雨も降らなむ　あしびきの　山田の苗の　かくるるまでに　（良寛）
（ひさかたの…雨の枕詞）

（訳　なんとかして雨が降ってほしい。
山の間の田んぼに植えた稲の苗が、水にかくれるまでに。）

【由之の見舞い】

文政十三年（一八三〇）七月に、七十三歳の良寛は病状が悪化した。七月五日、良寛の病状重しの報せに、弟の由之が駆けつけた。翌六日、兄弟で次の歌を唱和した。

海人《あま》の汲む　塩入《しほのり》坂を　打ち越えて　今日の暑さに　来ます君はも　（良寛）

（訳　漁師が海水を汲んで作る塩の、その塩入峠の坂を踏み越えて、
今日のこの暑さの中、あなたは来てくださったのですね。）

塩入の　坂の暑さも　思ほえず
君を恋ひつつ　朝立ちて来《こ》し
（由之）

（訳　塩入峠の坂道の暑さも思わずに、
あなたを恋いつつ、朝出発してきました。）

翌七日、次の歌を唱和した。そして翌八日に由之は与板に帰った。

同じ日も照りまさりつつ、いといたう暑かり、けれど、
侘《わ》び給ひて

いとどしく　老いにけらしも　この夏は
我が身一つの　寄せどころなき
（良寛）
（いとどしく……だんだんと）

（訳　だんだんと、老いてきました。
今年の夏は、自分の身一つさえも　寄せて頼るところもありません。）

塩入峠

と宣《のたま》へるを見奉るに、身の苦しさはさて置きて、

暑き日を　難《なづ》みに難《なづ》む　君がため　雨の夕立　今も降らぬか　（由之）

（訳　真夏の日の暑さに苦しみ苦しんでいる　あなたのために、夕立の雨が　今すぐにでも降らないかなあ。）

この年は旱魃で、良寛は日照りに苦しむ農民をいたく心配していた。それを由之は知っていてこの歌を詠んだのである。

【盆踊り】

文政十三年（一八三〇）のお盆の七月十五日に、七十三歳の良寛は、盆踊りを夜通し踊り明かした。手拭《てぬぐ》いで女装したところ、どこの娘さんだろうかと声をかけられたと、良寛が自慢したという逸話がある。由之は七月十四日付けの木村元右衛門宛の手紙の中で、「禅師の腫《は》れはいかがに御座候ふや」と書いており、すでに良寛の体には病気でむくみがきていたようである。

その盆踊りを詠んだ歌がある。

風は清し　月はさやけし　終夜《よもすがら》　踊り明かさむ　老いの名残《なごり》に　（良寛）

（訳　風はすがすがしい。月は明るい。
さあみんな、私と一緒に踊り明かそう。老いた私の心に残る思い出として。）

月はよし　風は清けし　いざ共に　踊り明かさむ　老いの思《も》ひ出に　（良寛）

（訳　月はすばらしい。風はすがすがしい。
さあ、私と一緒に今夜は踊って明かそう。老いた私の心に残る思い出として。）

いざ歌へ　われ立ち舞はむ　ひさかたの　こよひの月に　い寝らるべしや　（良寛）

（ひさかたの…月の枕詞）

（訳　さあ、あなたは歌いなさい。私は立って舞いましょう。
今夜の美しい月を見て、寝ることができますか。いいえ できません。）

もろともに　踊り明かしぬ　秋の夜を　身に病《いたつ》きの　いるもしらずて　（良寛）

（訳　人々と一緒に、秋の一夜を踊り明かしてしまいました。
私の体に病気が取り付いているのも知らずに。）

良寛は体調の変化を自覚しており、最後の盆踊りとの思いがあったのかもしれない。

良寛が盆踊りをした場所としては、木村家に近い宇奈具志《うなぐし》神社も考えられるが、椿の森とも言われる熊野神社でも踊っている。四十年ほど前まで、熊野神社の境内では盆踊りが行われていたという。

良寛の姪《めい》の津多《つた》（良寛の妹むら の七人の子供の四女）が椿の森のある籠田《かごた》の小林正右衛門に嫁いでいる。小林正右衛門は旧 和島村（現 長岡市）の吉田の佐藤家の次男であったが、小林家に入婿した。良寛は正右衛門の生家である吉田の佐藤家に立ち寄り、正右衛門の生母「おちいさま」に首句が「今日食《じき》を乞うて驟《しゅう》雨《う》にあう」で始まる漢詩を杉板に書いて贈っている。その杉板の裏には「やまいも おちいさま」という文字と肖像画が書かれている。この肖像画は従来「おちいさま」を描いたとも言われてきたが、小島正芳氏の『保内郷の良寛さん』（椿の森倶楽部 令和二年）によれば、良寛の自画像であり、「やまいも」とは無精《ぶしょう》で伸びた頭髪やヒゲが山芋の細い根に似ていることからつけられた良寛のあだ名だという。良寛の自画像の衣は赤く着色されている。これは、良寛が盆踊りで小林家から借りた赤い女物を着て踊ったことを示すものかもしれない。

「おちいさま」は文政十一年（一八二八）九月五日に亡くなっている。

椿の森（熊野神社）

良寛が小林正右衛門から、手まり、菓子、煮豆をもらったことへの、正右衛門あてのお礼の手紙が残っている。

籠田にある熊野神社の境内《けいだい》である椿の森には良寛の歌碑が建つ。

籠田より　村田の森を　見渡せば　幾代《いくよ》経《へ》ぬらむ　神さびにけり　（良寛）

（訳　上古時代の伝説があるこの籠田の地から、歴史に富む村田の地の森を見渡すと。どれほどの代が過ぎたのか、実に神々しい。）

村田の森とは妙法寺のある古くからの村田の森である。

なお、良寛のあだ名に「すがた」がある。これは盆踊りの女装した姿からきているものであろう。ほかには、「ほたる」、「からす」、「かます」などがあるが、「やまいも」も加わった。貞心尼が「字《あざな》」と書いている「曲がり」は、首が曲がっていたことから幼少期につけられた榮蔵（良寛の俗名）のあだ名と思われる。

【国学の講義と国学ネットワーク】

古事記や日本書紀、万葉集などに精通していた良寛は、これらの国学とあわせて五十音の文法についても、求められて講義を行っていた。北川省一の『漂泊の人良寛』に、引岡村（現　長岡市寺泊）の庄屋小林与三兵衛（号は一枝）の『小林一枝日記』文政十三年（一八三一）の次の部分が紹介されている。

「八月二十五日
法福寺頼母子《たのもし》ニ出席ス。大越宅ニテ良寛師ニ閲ス。和韻五十字之注釈アリ。暮レ而《シコウ》シテ帰ル。」

文政十三年は冬に天保元年になった年で、良寛が示寂する前年である。寺泊の法福寺には妹むらの墓がある。おそらく良寛は妹むらの墓参りをした後、大越宅に泊まったのであろう。そこで、良寛は日没まで五十音についての講義を行ったのであろう。

良寛を中心とする国学ネットワークの存在を示唆する文書（回状）が良寛の遺墨にある。宛名は不明である。

「一、此一冊 柳川より来り 候間御とどけ申し上げ候
一、先ごろ御貴宅に遣わし置き候 寒山詩はコセキ六郎子へ御とどけたまはりしや
一、詩人玉屑《ぎよくせつ》、酒屋より参り候はば、涌井氏へご返済下されたく候　以上
一、此状は柳川へ御当地より便に遣はされ下さるべく候
八月七日
良寛　」

柳川は、井栗村柳川（現 三条市）の庄屋の井上桐麿《きりまろ》
コセキ六郎子は、小関村（現 燕市）の庄屋の上杉篤興《あつおき》

酒屋は不明、坂谷村《さかや》（旧 和島村、現 長岡市）の池浦氏か（宮栄二氏の「良寛の生きた時代」（別冊『墨』第一号所収））

あるいは酒造業も営んでいた渡部村（旧 分水町、現 燕市）の庄屋の阿部定珍《さだよし》か涌井氏は、国上村（旧 分水町、現 燕市）の庄屋の涌井家

『寒山詩』は寒山の詩集。寒山は唐の時代に拾得とともに天台山の近くに住んだ僧。奇行が多く、豊干に師事したと伝える。良寛は寒山詩を愛読した。

『詩人玉屑《ぎょくせつ》』は南宋の魏慶之撰の詩話集二十一巻で、和刻本は寛永十六年（一六三九）刊行。

この回状の注目すべき点は、メンバーが庄屋層であり、かつ、草莽《そうもう》の国学の徒（信奉者）であることである。おそらくこの回状は国典や中国古典の回読《かいどく》を目的とした、良寛中心の国学ネットワークの存在を示すものである。

【八月の病臥　文政十三年（一八三〇）八月】

文政十三年（一八三〇）七十三歳の良寛は、夏頃から下痢《げり》の症状に苦しむようになった。良寛の病気は直腸がんではなかったかと言われている。

八月に寺泊の医師 宗庵のところに行く途中、地蔵堂の中村家で病臥《びょうが》した。中村家で、秋萩の咲く頃に貞心尼の庵を訪問すると約束したのに、その約束を果たせなくなったことを詫びる手紙を、貞心尼に出している。その中に良寛の次の歌がある。

秋は必ずおのが庵を訪ふべしと契り給ひしが、心地例《れい》ならねば しばしためらひてなど、
御消息給はりける中に　（例ならねば…体調が悪いので）（ためらひて…やすんで）

秋萩の　花の盛りも　過ぎにけり　契《ちぎ》りしことも　まだとげなくに　（良寛）

（訳　秋萩の花の盛りも過ぎてしまいました。
あなたの庵を訪ねるという約束も　まだ果たしていないのに。）

「先日は眼病のりやうじがてらに与板へ参り、その上足たゆく腹いたみ、御草庵もとむらはずなりし、寺泊の方へ行かんおもひ、地蔵堂　中村氏に宿り今にふせり、まだ寺泊へもゆかず候、ちぎりにたがひし事　大目に御らふじたまはるべく候
秋萩の花の盛りもすぎにけり　ちぎりしこともまだとげなくに
御状は地蔵堂中村氏にて拝見いたし候
八月十八日　　良寛　」

この手紙は良寛の貞心尼へのやさしさと愛情のこもった流麗《りゅうれい》な字で書かれており、晩年の良寛の書としては最も美しいものの一つである。昭和三十四年頃、当時の大平《おおだいら》小出町長と松原啓作氏は、東小磯の安田靫彦《ゆきひこ》邸を訪ねた。主な目的は貞心尼歌碑の題字の揮毫《きごう》依頼か又はそのお礼か。このとき安田靫彦画伯は「貞心尼に宛てた良寛様の手紙は小出の何とかいう方が私の処へ持ってきて見せてくれた。真に良い

ものでした。私はこの珍しい手紙を売るのであったら、譲って貰《もら》いたいと思って頼んで置いた。ところが数年後旧知の長岡の井口氏がこの手紙を持ってきて相談に来られたので、無条件で買うようにすすめてやったのでした。これが世に一点しかない良寛さまから貞心尼宛ての手紙なのです」と語ったという。

『小出町史』によると、この手紙は戦前に、渡辺家に八十円で渡され、また井口家に百二十円で渡されたという。

【ざくろ】

由之は、和歌を教えている新津の大庄屋 桂誉正《たかまさ》の妻 とき からいただいた柘榴《ざくろ》七個を、文政十三年（一八三〇）良寛七十三歳の年の十月十三日付けで、良寛に手紙とともに贈った。ただし、いただいてから一か月以上たっていたので、中身はどうなっているのかわからないと手紙に書いている。

そのお礼の手紙に次の和歌三首を添えて、十一月十八日付けで、良寛は由之に送り、由之は十九日付けの手紙で、とき宛てに送っている。

くれなゐの　七の宝を　もろ手もて　おし戴《いただ》きぬ　人のたまもの　（良寛）

（訳　紅色の七箇の宝のような柘榴を、両手で捧げ持ちました。ありがたい、人からの贈り物です。）

いつとても　良からぬとのは　あらねども　飲みての後は　あやしかりけり　（良寛）

（飲みての後…薬を飲んだ後）

（訳　いつ食べても、うまくないということはないけれども、飲み込んだ後は、不思議なおいしさです。）

かきてたべ　つみさいてたべ　わりてたべて　さてその後は　口も放たず　（良寛）

（訳　爪で搔《か》いて食べ、指先で摘《つ》まんで裂いて食べ、手で割って食べ、その後は、口をつけたままで食べました。）

「いつとては…」の歌で「飲みての後は」とあるが、けっして酒を飲んだ後ではないだろう。むろん酒を飲んで酔った後の柘榴《ざくろ》はさっぱりしておいしいものだ。だが、良寛は我々とは違って、毎日晩酌《ばんしゃく》するような飲酒の習慣はなく、ときたま阿部定珍などから酒をもらうくらいであった。この「飲みて」は薬を飲んでの意味ではないか、「良薬は口に苦し」から当時薬は苦いものだった。日がたった柘榴だったので悪くなっており、味は苦くなっていたのではないか。

【鈴木牧之との合作】

鈴木牧之《ぼくし》（一七七〇年生まれ　一八四二年没）が描いた「六十一歳 牧之写」と署名のある山水画（雪舎美術館蔵）に良寛の次の讃がある。

壮年曾遊佳妙地　　壮年曾《かつ》て遊ぶ佳妙の地
老来頻動遍舟興　　老来頻《しきり》に動く遍舟の興

塩浦林也氏は『良寛の探究』の中で概ね次の内容を述べている。

「・牧之は良寛宛てに手紙を書いたらしい。その書簡は伝存していないようだが、『鈴木牧之全集』上巻「秋月葊《あん》俳諧歌」の項に次の二首が収載されていることでわかる。

　良寛大とこの筆を乞ふとて文の端書きに

おとにきく　たかしのはまの　友千鳥　足形みせよ　我とふらくに
かく迄に　浮き世の事を　捨てなから　おしむというハ　筆の事かも

・木村元右衛門が鈴木牧之に宛てた十二月十一日付けの書簡に次の記述がある。

「兼てご承知の通りの御方《おかた》故、一向あいそもなき體《てい》に御座候」


これらから、鈴木牧之は、良寛の遺墨を得るために、一度良寛を訪ねて会っているものと思われる。」

鈴木牧之の日記には、良寛を訪ねて会ったという記録はないようだが、不愉快な思い出だったため、日記には書かなかったのではないか。

良寛に次の歌がある。

おおぬまを　ななめになして　帯解いて　虱《しらみ》をとりし　ことを忘れじ　（良寛）

（訳　魚沼の人をいいかげんにあつかい、着物の帯を解いて、虱を捕ってしまったが、そのことを反省して忘れないようにしよう。）

出所は小池世貞『国上沙門良寛詠歌』

『定本良寛全集第二巻歌集』の訳は、

「大きな沼をななめに見て、帯をほどき、着物についている虱をとったことを忘れまい。」

塩浦林也氏は『良寛の探究』の中で概ね次の内容を述べている。

「・通行手形に「越後の国 大沼郡千屋《ちや》村まで」と書かれたものがある。良寛の生きた時代、「魚沼」を「おおぬま」と言う人が魚沼でも一般的であった。

・「ななめなり」は「なのめなり」という言葉が変化したもので、「いい加減」「ひととおり」という意味である。

・「おおぬまをななめになして」とは「魚沼の人をいい加減に扱った」という意味になる。

・この歌で良寛が表現したのは、「揮毫《きごう》して欲しいとやってきた初対面の魚沼の人をいい加減に扱って、自分はそれを拒絶する意味で、帯を解いて着物の虱をとったのだが、それでは自分が変人と見られるだけで、拒絶の意図も相手には伝わらず、意味の無いことだった。だから、そのことを忘れまい」

・おおぬまの人とは鈴木牧之である。」

鈴木牧之はその後、俳友の義諦という僧を間に立てて、木村家・良寛と誠意を持って交渉し、良寛から自分の書いた山水画に讃を書いてもらったほか、「秋ひより　せんはす丶めの　羽音哉」ほか二枚の短冊の良寛の書を手に入れることができた。

木村元右衛門が鈴木牧之に宛てた十二月十一日付けの書簡に次の部分がある。

「はばかりながら、おもえらく良寛様御筆などと売物御座候とも、容易におもとめ遊ばさるまじく候。已に此間中、与板山田様より寒山拾得《かんざんじっとく》の賛と唐紙一枚に私共も知りて居り候詩、右二枚良寛様御染筆と申すうり候もの御座候へども、相わかり申さず候や、態《わざわざ》と飛脚を以て御聞き合わせなされ候ところ、良寛様御披見、いずれをも「ねせもの」と仰せ遣わされ候間、はばかりながら此の段御揖察《ゆうさつ》の上、御求め遊ばさるべく候。」

この既述から、良寛の生前から、贋作《がんさく》があったと言われてきた。

しかし、塩浦林也氏は『良寛の探究』の中で概ね次の内容を述べている。

「・義諦の鈴木牧之宛て手紙に、良寛の書が手に入るのは難しいとある。（本物、ニセモノともに出回っていなかったから）

・良寛存命中は良寛の書は、現代の貨幣価値で数万円程度で入手できた。

・木村元右衛門の鈴木牧之宛の手紙に、良寛書の売り物があっても容易に求めない方がよいと忠告している。

・木村元右衛門が売り物を容易に買わない方がよいという理由は、与板の山田家から、良寛の書二点の売り物があるが、（本物かどうか）分からないので、良寛様に飛脚で送って問い合わせたところ、良寛様はどちらもニセモノと言われたので、このところの事情をよく賢察してから、買われるべきだというもの。

つまり、良寛様は本物の書であっても、せっかく自分が書をわざわざ書いて与えた人が、売り物に出したことに失望するとともに、自分の書を他人から買おうとしている山田家（つまり良寛の書を商売道具ぐらいにしか見ていない山田家）にも失望し、悲しみにくれ苦渋に満ちた顔で本物であっても「ニセモノ」と言ったことを、木村元右衛門は直接見ていたため。

・したがって、この書簡は良寛存命中からニセモノが出回っていた証しにはならない。」

なお、木村元右衛門が鈴木牧之に宛てた十二月十一日付けの書簡には次の部分もある。

「良寛師御座候へば、世間の風聞よく、寔《まこと》に狐が虎の威をかると申すごとく、ご一笑下さるべく候。」

このことから、良寛をお世話していることは、木村家では名誉なことと思っていたようである。

【義諦との「弥陀仏」問答】

鈴木牧之と良寛・木村元右衛門の間を取り持ったのは義諦という浄土真宗の僧である。雅号は花笑、相馬御風氏『良寛百考』の記述から、長い間、貞心尼の住んだ閻魔堂のある長岡市福島《ふくじま》に、西誓寺如実庵があり、そこの僧とされてきたが、藤田正夫氏の「沙門義諦を追って」(『良寛』四十四号　平成十五年)によって、旧 南蒲原郡栄町(現 三条市)福島新田一六九〇の浄土真宗 本願寺派 徳誓寺の僧・義諦と判明した。如実庵は雅号。牧之の親しい俳友と思われる。

相馬御風氏『良寛百考』に「僧義諦の良寛追憶記」があり、次の記述がある。

「私は又義諦といふ人の書いた和尚の追憶記めいたものを、『北越雪譜』の著者 鈴木牧之の遺品中に見た。義諦といふ人の如何なる人であるかは私は知らないが、牧之の筆で、福島 西誓寺 如実庵とおぼえ書きがしてあった。」

和尚の追憶めいたものとは次の文章である。

「いにしとし、われ良寛師とまじはりふか﹅りき。まことに水をたのしむなぐさみは魚にあらずんばしらじ。世をいとふ心をしらじ。古歌に

きのふといひ　けふ《きょう》とくらして　あすか川　ながれてはやき　月日なりけり（古歌）
（飛鳥川…「流れ」の枕詞）

（訳　昨日といい、今日も一日過ごして、流れるのが早いのは月日です。）

いつまでか　あけぬくれぬと　いとなまん　身はかぎりなし　ことはつきせず（古歌）

（訳　いつまで、明け方からゆう暮れまで、いそがしく過ごしているのだろうか。身体は一つしかなく、やるべきことは尽きないのに。）

かやうの歌どもおもひわきま﹅ふることもなく、あたら月日をあだにくらすうきよの人をおもひて

楢崎《ならさき》の　森のからすの　鳴かぬ日は　あれども袖の　濡れぬ日はなし　（良寛）
（ならさきの森…長崎市和島地域の字名）

（訳　楢崎の森に烏の鳴かない日はあっても、
世の人のことを思って流す涙に　私の袖が濡れない日はありません。）

ときこえたまひければ、予もまた兼好法師の、

いかにして　なぐさむぞとも　世の中を　いとはでくらす　人にとはゞや　（兼好）

（訳　どのようにして、心の憂さをはらしているのかと、
世の中を　いやにも思わずに　暮らしている人に尋ねたいものです。）

となんいへるをおもひいでて。はた今の世の偽りおほきをうれたみて

世の中は　偽りおほき　ものながら　かくばかりとは　思はざりしに　（義諦）

（訳　世の中は偽りが多いけれども、偽りばかりであるとは思いません。）

と詠じけるを、師とりあへず

呉竹の　なほき姿は　偽りの　おほかる世にも　さはらざりけり　（良寛）

（訳　呉竹の細く真っ直ぐな姿は、

嘘偽りの多い世にあっても、妨げられずに伸びています。）

とかへされけり。や、ありて師、彌陀《みだ》のちかひをかたり

かにかくに　ものな思ひそ　彌陀佛の　もとのちかひの　あるにまかせて（良寛）

（訳　あれこれと考えないようにしなさい。阿弥陀仏が衆生を救うという本の誓いを示されているのだから、何も考えずにすべてをおまかせして、安心すればよいのです。）

と侍《はべ》りけるを、とりあへす

みだぶつに　たすけたまへと　たのまずば　もとのちかひや　むなしかりなむ（義諦）

（訳　阿弥陀仏にお救いくださいとお願いしなければ、阿弥陀仏が衆生をお救いになるという本願はかなえられないのでは。）

とかへし侍りければ、師筆をとりうち按じて

わがのちを　たすけたまへと　たのむ身は　もとのちかひの　すがたなりけり（良寛）

（訳　私の亡くなった後に、救ってくださいと願うことは、
阿弥陀仏が衆生を救うという　本の誓いのなせるわざですから、
すべてをゆだねればよく、すべては阿弥陀仏の本願がかなえてくれるのです。）

と詠じ、かたみに、いやなしおろがみてたちわかれ侍りき。
今はいづれの浄土にかわたらせたまふらんと、いど〻恋しくこそ。
（いやなし…礼をして）（おろがみて…おがんで）」

良寛の浄土真宗への理解の深さは本物であり、けっして周囲に浄土真宗の信者が多いからという理由で、阿弥陀仏の歌をかりそめに詠んで与えていたわけではないのである。

なお、晩年の良寛は越後の名僧としての評判も高くなり、多くの僧侶が良寛を訪ね、交流した。『良寛禅師碑銘并序』を書いた晩年の弟子の證聴や義諦をはじめ、遠くは頸城の僧・大宣も良寛を訪ねた。大宣は石地の庄屋内藤久武の友人で、柏崎の真常寺の僧侶である。はるばる島崎まで訪ねたが、良寛は不在であった。そのときに大宣が詠んだ歌がある。

島崎の　夜の嵐の　音にのみ　聞くはかひなし　訪ね来にけり　（大宣）

（訳　せっかく良寛さまを訪ねて来たのに、島崎の夜の嵐の音ばかりを聞くことになるとは、来た甲斐がありません。）

これに対して、良寛は後で歌を詠んで贈った。

うつせみの　人の裏屋を　仮の庵《いほ》　夜の嵐に　聞くぞまさらむ　（良寛）

（うつせみの…「人」の枕詞）

（訳　ここは他人の裏の家を借りて仮の宿としています。仮の世ですから、私に会うよりは、夜の嵐の音を聞く（森羅万象のあるがままの姿を見る）方が、勝っているでしょう。）

良寛と交友のあった僧侶は次の人々の外にも多くいた。虎斑和尚及び大機和尚（曹洞宗　徳昌寺）、有願（曹洞宗　円通庵（田面《たのも》庵））、天華《てんげ》上人（曽根智現・浄土真宗　浄玄寺）、坡丈（浄土真宗　専念寺）、観国（浄土真宗　清伝寺）、景山（浄土真宗　願生寺）、実善（浄土真宗　勝誓寺　第十代住職実善に良寛の妹たかの子が嫁いだ）、義成《よしなり》（浄土真宗　本光寺）、真教（浄土真宗　蓮正寺　九世真教に以南の妹すよが嫁いだ）、隆全《りゅうぜん》（真言宗　宝塔院）

【由之の病床見舞い】

この年と思われるが、由之の『八重菊日記』に、由之と病床の良寛との贈答歌がある。

禅師の君の御心地、なほ、怠りまさずと聞けど、己《おの》が足にて　塩入坂越ゆべうもあらねば、文のみ奉るとて

雪降れば　道さへ消ゆる　塩入《しほのり》の　御《み》坂造りし　神し恨めし　（由之）

（訳　雪が降ると道さえも隠れて消えてしまう塩入峠の坂を、お造りになった神様が恨めしい。）

丈夫《ますらを》と　思ひし我も　塩入の　小坂一つに　障《さ》へられにけり　（由之）

（訳　立派な男子であると思っていた私も、小さな坂一つに妨げられています。）

塩入の　坂も恨みじ　老いらくの　身に迫らずば　坂も恨みじ　（由之）

（訳　塩入峠の坂も恨みません。老いが私の身に迫ってこなければ、坂も恨みません。）

かれより賜へりし、

塩入の　坂も恨めし　このたびは　近きわたりを　隔《へだ》つと思へば

（良寛）

（訳　このたびは、塩入坂もうらめしく思われます。
あなたのいる与板と、私のいる島崎との間を隔てていると思うと。）

我が命　幸《さき》くてあれば　春の日は
若菜つみつみ　行きて逢ひみむ

（良寛）

（訳　私の命が何ごともなかったら、春の日に、
若菜をつみながら、出かけて行って、逢いたいものです。）

『八重菊日記』にある次の歌もこの頃のものであろう。

塩のりの　山のあなたに　君おきて
独りし寝《ぬ》れば　生けりともなし

（良寛）

（訳　塩入坂の山の向こうの、雪の積もる家に

塩入峠歌碑

あなたを置いて、独りで寝ていると、生きている気がしないのです。）

【貞心尼の見舞い】

その後はとかく御心地さはやぎ給はず、冬になりてはただ御庵にのみ籠らせ給ひて、人に対面も難しとて、内より戸差し固めてものし給へるよし、人の語りければ、消息奉るとて
（さはやぐ…爽やかになる）　（差し固め…固くとざす）

そのままに　なほ耐へしのべ　いまさらに　しばしの夢を　いとふなよ君　（貞心尼）

（訳　そのままにしばらく堪《た》え忍んでください。今となって、この世は少しの間だけ夢を見ているようなものだと厭《いと》わないでください、お師匠様。）

良寛が人とも会わないのは、下痢の症状から、赤痢やコレラなどの伝染病かもしれないと思っていたためであろう。江戸時代すでにこれらの病気は人から人に伝染することが知られていた。

貞心尼に対して、良寛は、次の真情のこもった歌を手紙で返した。良寛には仏法の最後の教えを直接伝えたいという思いがあったのかもしれない。

と申し遣わしければ、その後給はりける言の葉なくて

あづさ弓　春になりなば　草の庵を　とく出て来《き》ませ　逢ひたきものを　（良寛）

（あづさ弓…春の枕詞）　（とく…早く）

（訳　年が明けて春になったら、庵を出て、早く私の所へ来てください。あなたの顔が見たいのです。）

この歌の「草の庵」は粗末な宿のことだから、貞心尼の宿として表現するならば、「汝《な》が宿」ぐらいの方が一般的であろう。「草の庵」は良寛の庵だとすれば、「とく出て来ませ」ではなく「とく訪ひてまし」とした方が一般的であろう。現に、『蓮の露』では「とく出て来ませ」となっているのに、「とく訪ひてまし」に書き直している歌集・刊本もある。江戸から明治にかけての歌人の中には（村山半牧など）、この歌はこうした方がより良いと思うと平気で直すことが往々にしてあるのである。著作権という概念がなかった時代であり、歌道の修行の一環として、当時は一般的なことだったようだ。

しかしながら、死病に臥《ふ》している良寛が、貞心尼の顔が見たい、逢いたいという痛切な思いを詠った歌に対して、表現がどうのこうのというのは僭越《せんえつ》極まりない、失礼千万な話ではある。

【冬と病の歌】

病の良寛にとって、つらい冬を詠んだ歌がある。

奥山の　菅の根しのぎ　降る雪の　降る雪の　降るとはすれど
積むとはなしに　その雪の　その雪の　（良寛）

（訳　奥深い山に生えている菅の根を押し伏せて雪が降っている。
降っているその雪は、降っても積もることはない。その降る雪は。その降る雪は。）

十二月二十五日の由之の日記に、良寛の病の旋頭歌がある。

ぬばたまの　夜はすがらに　糞放《くそま》り明かし
あからひく　昼は厠《かはや》に　走り敢《あ》へなくに　（良寛）
（ぬばたまの…夜の枕詞）（すがらに…ずっと）（糞放《くそま》り…大便をして）
（あからひく…昼の枕詞）（走り敢《あ》へなくに…走っても間に合わない）

（訳　年暗い夜は一晩中下痢をして明かし、明るい昼は便所に走っても間に合いません。）

下痢の苦しさを詠った歌がある。

言《こと》に出でて　言へば易《やす》けり　下り腹　まことその身は　いや堪《た》へ難し　（良寛）

（訳　言葉に出して言うことは簡単です、この下痢のつらさは。
しかし、病にかかっている本人にとっては、とても耐えられないことなのです。）

次の長歌もある。

この夜らの　いつか明けなむ　この夜らの　明け離れなば　老女《おみな》きて
尿《ばり》を洗はむ　展転《こひまろ》び　明かしかねけり　長きこの夜を
（良寛）

（訳　この夜はいつ明けるのだろうか。この夜がすっかり明けたならば、
病気の世話をしてくれる女の人が来て、汚れたものを洗ってくれるだろう。
それまでは転げ回り、夜を明かすことができないのです。この長い冬の夜を。）

次の長歌もある。

風まじり　雪《あま》は降りきぬ　雪まじり　雨は降りきぬ　この夕べ　起き居て聞けば
雁《かり》がねも　天《あま》つみ空を　なずみ行《ゆ》くらし
（良寛）

（天《あま》つみ空…おおぞら）　（なずみ…難渋しながら）

（訳　風をまじえて雪が降ってきた。雪をまじえて雨が降ってきた。
今夜、眠れぬままに起きていて聞くと、雁も苦しみながら空を飛んで行くようだ。）

当時、雁は死者の霊を運ぶ鳥と考えられていた。良寛は父　以南が自死したとき、作った次の俳句を思い起こしていたのではないか。

蘇迷盧《そめいろ》の　おとづれ告げよ　夜の雁

（訳　須弥山《しゅみせん》に我が亡き父がおられます。
その父からの音信を持ってきておくれ、夜の雁よ。）

われ呼びて　故郷へ行くや　夜の雁

（訳　私の名前を呼びながらふる里へ飛んで行くのだろうか。
夜の雁は。亡き父の霊を運びながら。）

【貞心尼の看病】

十二月二十五日、貞心尼のもとに、良寛の病状が重篤《じゅうとく》になったという知らせが届いた。貞心尼が驚いて急いで訪ねると、良寛は、さほど苦しんでいる様子もなく、貞心尼の訪問をうれしく思い、次の歌を詠んだ。

かくて師走の末つ方、にわかにおもらせ給ふよし、人のもとより知らせたりければ、うち驚きて急ぎ詣で見奉るに、さのみ悩ましき御けしきにもあらず、床の上に座し居給へるが、おのが参りしを嬉しとや思ほしけむ

いついつと　待ちにし人は　来たりけり　今は相見《あひ》て　何か思はむ　（良寛）

（訳　いつ来るかいつ来るかと待っていた人は、とうとうやって来られた。今はお互いの顔を見つめあうことができて、もう何も思い残すことはありません。）

さらに次の歌も詠んだ。

武蔵野の　草葉の露の　ながらひて　ながらひ果《は》つる　身にしあらねば　（良寛）

（訳　人の命は草葉の露のように はかなく、

いつまでも生き永らえて、生き尽くせる身ではないのです。）

貞心尼は、ほとんど寝ずに、良寛が遷化するまで、下痢に苦しむ良寛の下の世話などの献身的な看病を続けたのであった。

【危篤に駆けつけた由之】

良寛危篤の報は由之のもとにも走った。由之の『八重菊日記』にある。

禅師の君、久しく痢病を患ひ給ひて、今は頼み少なしと聞き、驚き参らせて師走の二十日あまり五日の日、塩入坂の雪を凌いで参《まう》でしを、いと甚《いた》う喜び給ひて、この雪には如何《いか》でと宣《のたま》ひしかば、

さすたけの　君を思ふと　海人《あま》の汲む　塩入坂《しほのり》の　雪踏みて来《き》つ　（由之）

（訳　あなたのことを思って、海人が海水を汲んで作る塩の、その塩入峠の坂道を、雪を踏みながらやって来ました。）

心なき　ものにもあるか　白雪は　君が来る日に　降るべきものか　（良寛）

（訳　思いやりの心がないものだなあ。白く降る雪は。
あなたがやって来てくれる日に、降ってよいものでしょうか。）

由之は、いったん与板に帰り、貞心尼に二十九日付けの手紙を送って、良寛のことを頼んでいる。

「一日二日は殊に寒さ耐へがたく候。病者、御扱い、御辛労、申すべき様もなく存じ奉り候。寒きにつけては、殊に案じられ候。どうぞ便りあらば、詳しくお知らせ下されたく候。御覧もむつかしからむと存じ、主（良寛）へは文も奉らず候。かしこ。

二十九日

雪降れば　空を仰ぎて　思いやる　心さへこそ　消え返りぬれ　（由之）

（訳　雪が降ると、空を仰ぎ見て、
遠く離れている兄のことを思う心さえ、消え失せてしまいます。）

貞心禅尼　御もとへ　」

6 貞心尼と良寛—天保二年

【絶食】

下痢を伴う病状が悪化した良寛は、下痢を止めるために自ら食事を絶ち、次いで薬も絶った。自然に命の灯《ともしび》が消えて行く時を待ったのである。

貞心尼はそんな良寛と歌を詠み合っている。

病ひの、いと重うなり給ひて、薬も飯《いひ》も絶ち給ひけると聞き、詠める

かひなしと　薬も飲まず　飯絶《いひた》ちて　自ら雪の　消ゆるをや待つ　（貞心尼）

（訳　その甲斐がないと、お薬も飲まれず、お食事も摂《と》られず、自分から雪が消えるように、お命が消えて行くのを待たれているのですか。）

御返し

うちつけに　飯絶《いひた》つとには　あらねども　且《か》つやすらひて　時をし待たむ　（良寛）

（うちつけに…唐突に）　（且つ…少しだけ）

（訳　急に食事をやめたというのではないが、少しだけ休んで、自然に命のなくなる時を待とうと思うのです。）

【辞世の句　うらを見せ　おもてをみせて】

昼夜、一睡もせずに看病する貞心尼の目に、日に日に衰弱してゆく良寛の姿が見えた。貞心尼は悲しくなって次の歌を詠んだ。

かかれば昼夜《ひるよる》御かたはらにありて、御ありさま見奉りぬるに、ただ日にそへて弱りに弱り行き給ひぬれば、如何にせんとても、遠からず隠れさせ給ふらめと思ふに、いと悲しくて

生き死にの　境《さかい》離れて　住む身にも　さらぬ別れの　あるぞ悲しき　（貞心尼）

（さらぬ別れ…避けられない別れ）

（訳　生死《しょうじ》の迷いの世界から離れて住んでいるはずの仏に仕える身にも、避けることができない死別のあることが、たまらなく悲しい。）

貞心尼の悲痛な思いの伝わってくる歌である。

この貞心尼の歌を聞いて、良寛は、次の返しの俳句を口ずさんだ。

御返し

うらを見せ　おもてを見せて　散るもみぢ　（良寛）

こは御自らのにはあらねど、時にとりあひのたもふ、
いといと貴し　　　（とりあひ…堪えて）

貞心尼は『蓮《はちす》の露』で、「裏を見せ　表を見せて　散る紅葉」を「こは御みづからのにはあらねど」と書いて、良寛の辞世の句として記している。

なお、木因《ぼくいん》の句に「裏散りつ　表を散りつ　紅葉かな」や、也有《やゆう》に「裏表　には気もつかぬ　落ち葉かな」がある。

良寛は数多くの紅葉の歌を詠むほど、こよなく紅葉を愛していた。その紅葉はやがて散っていくものであることから、紅葉を残り少ない自分の命と重ねたのであろうか。もみぢ葉が散ることは死を意味する。また、表と裏をひらひらさせながら、よどみなく舞いながら散って落ちていく紅葉の姿は、執着しない、とらわれないこと尊ぶ禅からみて、正偏《しょうへん》五位説の正位（平等）と偏位（差別）が入れ替わりながら変化すること、すなわち、自在で滞らないことを象徴するものである。この句は執着しない、とらわれない生き方を学べという良寛の教えだったのかもしれない。

国上寺の紅葉

しかしながら、この句は、末期の良寛が、貞心尼の歌「生き死にの　境《さかい》はなれて　住む身にも

さらぬ別れの　あるぞ悲しき」という、生死《しょうじ》の迷いの世界から離れて住んでいるはずの仏に仕える身にも、避けることのできない死別という別れのあることがたまらなく悲しいという、貞心尼の悲痛な思いの伝わってくる歌に対する返しの句として詠まれたことを考えると、良寛は貞心尼に次の思いを込めて詠んだのではないか。

「仏法の弟子であったあなたへは仏の教えを十分に伝えました（表を見せました）。そして、私のあなたへの愛しいと想う本心も含めた私のすべての生身の姿もあなたにはお見せしました（裏も見せました）。もう思い残すことはありません。」

また、生死の迷いの世界から貞心尼を導くための、「生死即涅槃《しょうじねはん》」という良寛の最後の教えを込めた句だったのかもしれない。おもて・うらは生死を、ひらひらと散るさまは涅槃を表しているのではないか。「生死」は生死輪廻の迷いの世界、「涅槃」は輪廻を超えた悟りの世界、この「生死」と「涅槃」は一如《いちにょ》であるという教えである。今生きている瞬間・瞬間の生が、生死であり、かつ涅槃であるというのである。だから、生に執着し死を厭《いと》い、涅槃を願うのではなく、今生きている一瞬一瞬を精一杯生きることだと。

そして、もみぢは裏を見せ表を見せて散るが、良寛という人間には、はじめから裏も表もなく、良寛という一つの本来の自然《じねん》の存在でしかなかったのである。只《た》だ是れ従来の榮蔵生なのであった。良寛はこの句でそのことを一番言いたかったのではないか。

貞心尼は、その良寛の病中もさほど苦しむ様子も見せず、眠るがごとく座化された姿を、涅槃の妙境に入らんとする神々しい姿を、見て初めて、良寛がかつて貞心尼に示した歌

「手にさはる　ものこそなけれ　法《のり》の道　それがさながら　それにありせば」

の中の「それがさながら　それにありせば」や「十づつ十が百であること」の何であるかが頭だけの理解だけでなく、強烈な体験としてようやく心の底から分かって、ハッとしたのではないか。

貞心尼はこの句を聞いて、裏も表もなかった良寛の、生死を超越して永遠の世界に往生しようとする尊い姿を見て、悟ったのではないか。あたかも、香厳知閑《きょうげんちかん》が石が竹に当たる音を聞いて悟り、霊雲志勤《れいうんしごん》が桃の花が咲くのを見て悟ったように。

【最後の唱和】

貞心尼と良寛の最後の唱和がある。

来るに似て　返へるに似たり　沖つ波　（貞心尼）

かく申したりければ、とりあひず

明らかりけり　君が言の葉　（良寛）

「寄せては返す沖の波があるように、（命というものも、生まれて来ては、死んで還《かえ》って行くのですね。）そして、来るにもあらず、返へるにもあらざるものが、あるのですね。（波が寄せて来ることも、返すことも、命が生まれてきては、死んでいくことも、生々流転《るてん》、常に変化して移り変わっていきます。すべての存在や現象は固定的な実体のない空であり、その空であるあらゆる存在や現象のあるがままの姿が真如《しんにょ》（仏法の真実）なのですね。）」と、貞心尼が唱《うた》うと、

良寛は「あなたのおっしゃることには智慧《ちえ》の輝きがあり、真実の悟りがありますね」と和《こた》えた。

「明らかりけり　君が言の葉」の良寛の一句は、良寛が弟子の貞心尼に授けた「印可《いんか》」だったのではないだろうか。貞心尼は良寛の仏法を嗣いだのである。まさに、師匠と弟子の心が一体となる、爛葛藤《らんかっとう》となる瞬間だった。葛藤とは、師資相承《ししそうじょう》（師は弟子に法脈を授け伝え、弟子は師より承け持って連綿と法脈が受け継がれること）が、葛や藤がからみついて離れないほど強固であることであり、爛とは、絢爛《けんらん》の爛で、輝くほど、あきらかにという意味である。

この貞心尼の前句《まえく》（五七五）に、良寛が付句《つけく》（七七）で和《こた》えた短連歌で『蓮《はちす》の露』の唱和編は終わっている。

厳しい仏道修行により、ともに仏となった二人の関係は、「華厳《けごん》の愛」というべきものであった。

貞心尼は後に、自分の示寂の前日、この

「来るに似て　返へるに似たり　沖つ波」

の句に、

「立ち居は風の　吹くにまかせて」

の句をつけて、辞世とした。

そしてこの辞世の和歌は、「孝室貞心比丘尼墳」の文字とともに貞心尼の墓碑に刻《こく》された。

【その他の辞世の句】

裏を見せ　表を見せて　散るもみぢ

この句以外にも、良寛の辞世の句といわれるものがいくつかある。

形見とて　何残すらむ　春は花　夏ほととぎす　秋はもみぢ葉　（良寛）

（訳　私の亡くなった後の思い出の品として、何を残したらよいでしょう。春は花、夏はほととぎす、秋はもみぢ葉が私の形見です。）

この歌は由之の『八重菊日記』に、山田杜皐の妻よせ が形見を請うた歌への御返しとある。清貧に生きた良寛には形見にするような品々もなく、辞世を請われたときの歌で、春の花（桜）、夏のほととぎす、秋のもみぢ葉が私の形見だと詠んでいる。

川端康成はノーベル文学賞受賞講演の中で、良寛のこの辞世の和歌を引用し、日本の神髄を伝えたと述べ、四季の明瞭な「美しい日本」の自然を愛し友とする日本人の生き方を紹介した。

ただ、良寛がこの歌に込めた真意は、唯一伝え遺しておきたいことは、美しい自然を含む森羅万象が仏法の真理であるという諸法実相であり、父母未生以前本来の面目という禅の核心だったのではないか。

美しい自然を愛し、自然とともに生きた良寛には、月と花だけあれば十分だと詠った歌もある。

こと足らぬ　身とは思はじ　柴の戸に
月もありけり　花もありけり

（訳　自分には足りないものがあるとは思いません。
簡素な庵《いお》りの中には何もなくても、
外には美しい月もあります。花もあります。）

維馨尼桜（徳昌寺）

この歌の「月もありけり　花もありけり」は、中国の宋の時代の蘇東坡《そとうば》の言葉「無一物中《むいちもつちゅう》無尽蔵、花有り、月有り、楼台有り」を踏まえたものであろう。

散る桜　残る桜も　散る桜

「散る桜」の句の出所は高木一夫『沙門良寛』。同書の写真版によれば「地蔵堂町字下町、小川五平氏（当主長八）ヨリ出デシ反古《ほご》中ニアリシ」と相馬御風氏が記した文書に、「良寛禅師 重病之際、何か御心残りは無之哉《これなきや》と人問ひしに、死にたうなしと答ふ。又辞世はと人問ひしに、散る桜 残る桜も 散る桜」とある。

ただし、良寛の最後を看取《み》った人は、誰もこの句を記していないし、遺墨も伝承もない。古句が良寛の逸話に紛れ込んだのかも知れない。

この句はまた、軍歌「同期の桜」の歌詞の中に、「咲いた花なら散るのは覚悟」とあるように、太平洋戦争時代にはよく知られた句のようである。

幕末維新の志士 雲井龍雄《くもいたつお》が明治三年に斬首される直前に、即興で詠んだものという説がある。

私は、良寛の和歌だとすれば、良寛の和歌は、村山半牧《はんぼく》などの維新の志士には、わりとよく知られていたと考えられることから、雲井龍雄も、同志の志士から、良寛作と思われていたこの句を、聞いて知っていた可能性があったのではないかとも考えている。

良寛に　辞世あるかと　人問はば　南無阿弥陀仏と　いふと答へよ
（訳　良寛に辞世があったかと人が尋ねたならば、南無阿弥陀仏と言った、と答えてくれ。）

この歌の出所は玉木礼吉氏の『良寛全集』である。

たくほどは　かぜがもてくる　おちばかな　（良寛）

冨沢信明氏の「『焚くほどは風が持て来る落葉哉』は良寛の辞世の句である」（全国良寛会会報『良寛だより』第百二十七号　平成二十二年）によれば、この句は文政十三年（一八三〇）十二月八日から十二日の間に、短冊に書かれて鈴木牧之に贈られたものである。

良寛の逸話がある。「長岡藩主の牧野忠精《ただきよ》公が良寛の名声が高いことから、長岡城下に良寛を招こうと考えた。そして五合庵に良寛を訪ね、立派な寺を用意するからぜひ、長岡城下に来てほしいと要請した。ところが良寛は、「焚《た》くほどは　風がもてくる　落ち葉かな」という俳句を書いた紙を殿様に渡した。

私の庵《いおり》で燃やして煮たきするくらいは、風が吹くたびに運んでくれる落ち葉で、十分間に合う。だから私にとって、この山での暮らしは、物に乏しくとも心は満ち足りている。というような気持ちをこめて、殿様の要請をやんわりと断ったのである。これに対して、殿様は

「見渡せば　山ばかりなり　五合庵」

の句を吟《ぎん》じたという。」

この逸話は、牧野公が国上寺に来た記録はあるようなので、良寛と会った可能性はあるとしても、長岡城下に良寛のための立派なお寺を作って用意するということは、あり得ないのではないかと思われる。到底、歴史的な事実ではないと思われるが、いかにも清貧に生きた良寛にふさわしい逸話ではある。

小林一茶の『七番日記』の文化十二年（一八一五）十月の条《くだり》に、この句によく似た次の句が出ている。

焚くほどは　風がくれたる　落葉かな　（一茶）

良寛は一茶の句からヒントを得てこの句を作ったのではないかとの説が広がっていた。

しかし、一茶の『七番日記』が世に出たのは明治四十三年であり、良寛は一茶の句を見ていないのである。

冨澤信明氏は「「焚くほどは風が持て来る落葉哉」は良寛辞世の句である」（『良寛だより』百二十七号平成二十二年）の中で、次のように述べている。

「天保三年（一八三二）に上梓された『發類題越後獅子』巻二の冬の部に落葉の題で良寛作の「焚くほとハ風可持天来る落葉哉」の句がでてくることから、良寛作の句であることは間違いがない。

そして、良寛の辞世の句と考えられることから、一茶の句の方が先に作られたと思われるが、公に上梓された句集に出ているので、良寛の句の方が先に世に出たものであることは誰も否定できない」。

なお、閻魔《えんま》堂の貞心尼歌碑の次の歌は、この良寛の俳句が念頭にあって、詠われたものであろう。

朝げたく　程《ほど》は夜《よ》の間に　吹き寄する　おち葉や風の　なさけなるらむ（貞心尼）

（訳　朝食の煮炊きの燃料に使う分くらいは、夜の間に風で吹き寄せられる落ち葉で十分です。落ち葉や風の情けで生かされているのです。）

【良寛の遷化】

天保二年（一八三一）一月六日、良寛は木村家で、木村家の家族、弟 由之、貞心尼、遍澄らに看取られ遷化《せんげ》した。享年七十四歳であった。

由之の『八重菊日記』に次のようにある。

「去年《こぞ》、天保と改まりて、その二年《ふたとせ》の春は来つれど、禅師《ぜじ》の君の御労《いたわ》り如何《いか》に如何にと思ひやり参らすとて、冬とも春とも思い分《わ》かねば、まいて歌などは、え出で来ず、四日《よっか》の日、また塩入坂《しほのりざか》の雪搔《か》き分けつつ参《もう》でて見奉れば、今は頼む方なく、いと甚《いた》う弱り給ひながら、見付けて嬉しと思《おぼ》ししこそ悲しかりしか。

かくて六日の日の申《さる》の時に、終《つい》に消え果てさせ給へる。敢《あ》へなしとも悲しとも思ひ分く方なかりしに、家あるじの泣き惑ふも、御別れの悲しきに添えて、大きなる小さき何くれのわざも心に定めかぬるをば、問ひ聞きて宣《のたま》ふままに行ひし人なりければ、舟流したる海人《あま》に似て、いかに頼りあらじと思ふも悲しくて、

世の中の　あふさきるさも　明日よりは　誰に問ひてか　君は定めむ　（由之）

（訳　浮き世の生活で、あれこれ思い迷うことを、

明日からは誰に相談したらよいのかを、あなたは定めるのでしょうか。）

（あふさきるさも…あれこれ思い迷うこと）

かうだに言はるるも、何処《いずこ》に残れる心にかと、我ながら、いと憎かりき。」

證聴《しょうちょう》の『良寛禅師碑銘并序』に、「終わるに臨み、環座《かんざ》してみな遺偈《ゆいげ》を請う。師すなわち口を開いて「阿」と一声せしのみ。端然として坐して化す。」とある。

阿吽《あうん》は仏教の呪文（真言）の一つである。悉曇《しったん》文字（梵字《ぼんじ》）において、阿は口を開いて最初に出す音、吽《うん》は口を閉じて出す最後の音であり、そこから、それぞれ宇宙の始まりと終わりを表す言葉とされる。

また、宇宙のほかにも、前者を真実や求道心《ぐどう》に、後者を智慧や涅槃にたとえる場合もある。また、阿吽は、対となる物を表す用語としても使用された。特に狛犬《こま》や仁王、沖縄のシーサーなど、一対で存在する宗教的な像のモチーフとされた。口が開いている方を阿形《あぎょう》、閉じている方を吽形《うんぎょう》と言う。転じて、二人の人物が呼吸まで合わせるように共に行動しているさまを阿吽の呼吸、阿吽の仲などと呼ぶ。

おそらく良寛は、自分は真実を求めて歩み始めた、私に続いて、私とともに真実を求めて歩み始めてほしいとの願いを込め、つまり、「吽《うん》」を引き出すために、「阿」を放ったのではないか。

そして良寛が「吽」を発することを望んだ人物こそ貞心尼だったに違いない。

なお、良寛の示寂後に、布団の下から小判四十枚が出て来たという話がまことしやかにあったという。

相馬御風氏は次の理由でこの逸話の真実を信じないと述べている。

・木村家に『良寛上人御遷化諸事留帳』がある。これは弔慰者二百八十五人の姓名と、その他の供物が一々明細に記されて居り、且《かつ》葬儀費用の収支決算と、後年になされた墓碑建立の収支決算の明細書まで添えられてある。ところが、この帳面にはそんな金の存在したことが一切書いていないのである。

・貞心尼の書いた良寛様臨終前後の記録にもそんな事は一言も書いてはない。

・由之の日記『山つと』には良寛様の示寂の前後のことが詳細に記されている。ところがこれほど信憑《しんぴょう》すべき記録の中にすら、そんな事は少しも書いてない。

・解良栄重《よししげ》の遺稿『良寛禅師奇話』と題する記録の中にも、そんな事はどこにも見当たらない。

・この逸話に関する文献上の証拠はない。

私も良寛が小判を四十枚も持っていたとは到底思えない。私はこの話はあるいは次のようなことがあったために、伝わったものである可能性があるのではないかと想像している。

当時の木村家の家人のうちの一人が（その人はけっして贅沢《ぜいたく》はせず、何事にも謙遜《けんそん》する控えめな人であったと思われる）、とある人から、良寛の葬儀に多くの人が参列し、余りにも盛大だったために、「実に盛大な葬儀でしたね。莫大なお金も必要だったでしょう。そんな葬儀を執《と》り行った木村家はさすがに裕福な長者ですね。」などと言われたのではないか。

それに対して、木村家のその家人は「いいえ、良寛さまはちゃんと自分の亡くなった後のことを考えて、布団の下に小判四十枚を置いておかれたのですよ。そのお金で葬式を出したまでのことです。」と冗談半分に言ったのではないか。

同じ年に由之の長男の馬之助も亡くなったため、良寛の墓碑は、三回忌の時に、隆泉寺の隣りの木村家墓地に建立された。

良寛と貞心尼との純真で清らかな心の交流の裏には、尼僧として厳しい修行を積んだ貞心尼の仏道とは何かを学ぼうとする真摯《しんし》な姿勢と、禅僧として厳しい修行により高い境地に達していた良寛の、貞心尼の思いに積極的に応えようとするあたたかい思いやりがあった。二人の関係は「恋」と言うより「愛」、それも**「華厳《けごん》の愛」**であった。華厳とは厳しい仏道修行を華《はな》にたとえ、その華で仏の位を飾るという意味であり、多くの修行・功徳《くどく》を積んで徳果が円満に備わり、仏になること。

良寛が木村家庵室に移住してから遷化するまでの間は、良寛にとって、病で衰えていく中でも、弟由之、貞心尼、遍澄、およしさんをはじめとした山田杜皐の家族、木村家の家族、その他多くの友人たちと、楽しく交流した、実に幸せな時代であった。

「幸福の四原則」がある。**「交流」「親切」「感謝」「夢中」**の四つである。

良寛は一見すると、独り暮らしで、孤独で、貧乏で、病気がちだったから、幸せではなかったと思われがちである。しかし、実は、貞心尼をはじめ、たくさんの人々と親しく交流し、貧しい農民に寄り添い、困っている人々を慰めて救い、自分が物を貰《もら》ったりして親切にされたときは必ずお礼の手紙を書いて感謝の気持ちを表し、仏道修行をはじめ万葉集や書道など常に夢中になる趣味や生きがいを持っていた。実に、良寛こそ、幸福の四原則を実践し、幸福に生きた人物なのである。

【良寛の葬儀】

良寛は一月八日の日に野辺《のべ》送りが行われ、荼毘《だび》に付された。村人のほとんどが参列したのか、葬送の行列の先頭が火葬用の薪が積んである火葬場に到着しても、また、行列の最後尾は木村家を出ることができなかったという。木村家から村のはずれの火葬場までは三丁（約三百メートル）あったというのにである。

木村家にある『良寛上人御遷化諸事留帳』の記載によれば、葬儀の助法寺院六ヶ寺、随喜寺院十二ヶ寺、会葬者二百八十五人、お斎《とき》用飯米　壱石六斗であったという。大導師は与板の巨刹《きょさつ》徳昌寺の活眼大機和尚であった。

旧暦の正月はじめという寒さの厳しい中、これだけ盛大な葬儀が営まれたということは、良寛がいかに多く人々から尊敬され、愛されていたかということを如実に物語っている。

貞心尼は蔵雲への手紙の中で、次のように述べている。訳して記す。

「高僧伝などにはよくあることなので珍しくはありませんが、目の当たりに見たことなのでお話しいたします。師（良寛）は病中はさほど苦しまれるようすもなく、眠るように坐禅のように座ってお亡くなりになりました。葬式でお棺を野辺に送り、引導を渡す儀式も済んだ頃、三条の者だと一人の男（注）が駆けつけてき、どうか一目だけでも拝ませてくださいと、泣きながら手をすりながらお願いした。不憫《ふびん》に思い、それではと棺を開けたところ、良寛様の顔色は少しも変わっていなくて、まるで生きておられるようでした。人々は皆驚いて、これはこれはと、多くの人が立ち替わりに拝んだ。きりがなかったので、蓋《ふた》をおおい、火を掛けた。野辺送りの人々も煙りとともに立ち別れて帰っていった。日が暮れて、人々が野に見舞いにいったところ、燃えていた炎が五色だった。これは舎利《しゃり》が多くあるに違いないと、翌朝大勢の人が集まって、灰を開き見ると、背中の大骨もみな五色で、節々はとくにきれいだった。皆手に取ってみながら、中にはこれを細工物にしたら見事だろうなど冗談を言う者もあった。舎利は数え切れないほどあって、皆が拾って持ち帰った。」

（注）遠藤幸助と思われる。

遠藤幸助 墓碑（定明寺）

良寛の遷化《せんげ》にあって詠んだと思われる貞心尼の歌がある。

あはれみて　うけさせ給へ　あと慕ふ　心ばかりの　今日の手向《たむ》けを　（貞心尼）

（訳　なつかしいとお思いになって、お受け取り下さい。
お師匠様を慕う心だけの今日のお供えを。）

この歌は良寛が西行法師の墓に詣でたときの次の歌が念頭にあったものであろう。

手折《たを》りこし　花の色香は　薄くとも　あはれみたまへ　心ばかりは　（良寛）

（訳　手で折り取った　桜の枝の花の色と香りが　たとえまだ薄くても、
慈《いつく》しんでください。この心がけだけでも。）

第四章　良寛遷《せん》化《げ》後の貞心尼

1　「蓮の露」まで

【貞心尼と妙現尼】

良寛遷化《せんげ》後、幾ばくもない頃、妙現尼（良寛の末妹　みか）と唱和した貞心尼の歌がある。

人の今日帰らむといふ日　雪のふりければ

立ち出づる　人もぞとまる　ふれよ雪　庭もまがきも　埋もるるまで　（妙現尼）

返し

降る雪は　よし浅くとも　とまりなん　君が情けの　深く見ゆれば　（貞心尼）

きてみれば　今は始めの　唐衣《からごろも》　ころもかへずして　またもとひこん　（貞心尼）
（唐衣…「ころも」の枕詞）

返し

立かへり　またも来てみよ　梓弓　春は浦まの　波は静けし　（妙現尼）
（梓弓…「春」の枕詞）

人に別れし頃

別れては　立ちも帰らぬ　さす竹の　君がかたみの　我身悲しも　（貞心尼）
（さす竹の…「君」の枕詞）

返し

むらぎもの　心は君に　かけながら　逢ふことかたき　身をいかにせん　（妙現尼）

（むらぎもの…「心」の枕詞）

貞心尼の歌に「君がかたみ」とあるが、良寛の仏法を嗣法《しほう》した貞心尼にとって、良寛と心が一体になったことから、自分のことを良寛の形見（片身）と言ったのであろう。

天保二年（一八三一）七月二十三日　良寛が示寂してから半年後、由之の長男 馬之助泰樹が四十三歳で亡くなった。

良寛の妹みか（妙現尼）は、次の良寛の哀傷歌と馬之助の哀傷歌を詠んでいる。このとき、妙現尼は五十五歳だった。

兄弟《はらから》なる禅師の君、身罷《みまか》り給ひしを嘆きて

泣く涙　塞《せ》きぞかねつる　藤衣
立ちも帰らぬ　人を恋うとて　（妙現尼）

禅師の形見に衣を賜りて

我が袖に　洩るる涙を　かけよとて
形見に残す　唐衣《からごろも》かな　（妙現尼）

妙現尼 自筆歌稿

同じ年、甥なりける人の身罷《みまか》りけるを嘆きて

香のみ　袖に残して　橘の　根に帰り行く　秋に遇《あ》ひけり　（妙現尼）

身罷りし夜、月のいと明《あか》きを見て

濁り世の　憂《う》けくを捨てて　ひさかたの　月の都に　すみ上《のぼ》るらむ　（妙現尼）

（ひさかたの…「月」の枕詞）

そのころ橘が家の前栽《せんざい》に鈴虫の鳴くを聞きて

耐へかねて　鳴く音なるらむ　鈴虫も　旧《ふ》りにし人の　昔恋ひつつ　（妙現尼）

【良寛の墓碑】

天保四年（一八三三）　貞心尼三十六歳の年

良寛示寂の二年後の天保四年（一八三三）三月四日（太陽暦で四月二十三日）に、満開の桜の中、隆泉寺の裏にある木村家墓地の中央に、すでに建てられていた巨大な「良寛禅師墓」と大書した墓碑の前で、三回忌追善供養が執り行われた。

墓前での貞心尼の歌がある。三回忌の式の当日より前、墓が建てられるとすぐに貞心尼は詣でたらしい。良寛が愛した梅の花の咲いている中で次の歌を詠んだのであろう。

立ちそひて　今しも更に　恋しきは　しるしの石に　残るおもかげ　（貞心尼）

そのままの　手向《たむ》けなりけり　御仏《みほとけ》の　御のりの庭に　匂ふ梅が枝《え》　（貞心尼）

この墓碑には注目する点が三つある。

一つは、泰樹（馬之助）の子 泰世（この年二十四歳）が揮毫《きごう》した墓碑に禅師と書かれている点である。禅師とは正式には朝廷から賜った称号である。国家に功労のあった禅僧が禅師号を賜るもので、明治以後は曹洞宗の永平寺と総持寺の住職（貫主）は特に皇室から禅師号を賜る例となっている。確かに禅僧に対する親しみを込めた敬称に用いられることはある。そして、良寛は周辺の人からは尊敬されており、禅師《ぜじ》と呼ばれていたのも事実である。しかし、墓石に刻むとなると話は別ではないか。特に格式のある寺の功績のある住職としてなら、容認されることはあるかもしれないが、良寛は曹洞宗の僧としては首座《しゅそ》に過ぎず、寺に住むことも住職になることも忌避《きひ》した人物である。そのような人物の墓に禅師という文字を刻むことに対しては、既存の仏教界などから何らかの反応があることが予想されたのではないか。

二つめは、墓の大きさである。良寛の墓は一般の人々の墓と比べて、きわめて巨大なのである。高さ約五尺、幅約六尺であり、花崗岩《かこうがん》でできている。ある意味では一介の托鉢僧にすぎなかった僧侶の墓にしては大きすぎるとの印象を多くの人が抱くのではないか。このように大きな墓に対しては、既存の仏教界や役所などから、不適切であるとか不遜でさえあるとの反応があることが予想されたのではないか。

三つめは、墓碑に刻まれた「僧伽《そうぎゃ》」と題した良寛の漢詩である。この漢詩は既存の仏教界の腐敗・堕落を嘆き、痛烈に批判した内容なのである。この詩の内容に対して、既存の仏教界などから何らかの反応があることが予想されたのではないか。

この三つの問題となるおそれのある点を含む大きな墓が、敢《あ》えて造られたということは、やはり、良寛を尊崇《そんすう》する非常にたくさんの人々が存在し、かつその人々の良寛に対する敬愛の情がきわめて大きかったことの証左ではないだろうか。

この三点については、関係者も内心はかなり不吉な予感を感じて危惧していたのではないかと思われる。三回忌の追善供養に参列したゆかりの縁故者の多くはそれぞれに歌を残している。その中には次の歌などがあるのである。(注1)

君が名は　雲居《くもい》とともに　高からむ　しるしの石は　朽《く》ちはつるとも
(泰人・馬之助の子)

いしぶみは　よし崩るとも　語り継ぎ　そのかぐはしき　名やはかくるゝ
(原田正貞)

君が名は　千代も八千代も　朽ちはせじ　この石ぶみは　消え失せぬとも
(富取武左衛門正誠)

幸い良寛の墓は、権力・権門によって崩されることなどなく、現在に至っている。あるいは無視され、権力者の眼中になかったのかも知れないが、やはり、良寛を支える無数の民衆の影がこの墓を護《まも》ったにちがいない。

この墓の墓碑銘が書かれた整形の巨石の下の台座には、大正以降であろうか、大きな自然岩をいくつか使う形式に変更された。この自然岩はまるで 怪獣ガメラのような巨大な亀の首や足に見えるのだ。確かに墓石の様式の一つに亀に模した台座があるというが、良寛の墓は大正以降の後の世の人たちによって、意図的に巨大な亀の岩の上に乗せられたような気がしてならない。

巨大な墓を願った良寛を敬仰《けいぎょう》する越後の民草《たみくさ》、それも名もなき多くの人々の願いが、綿々と引き継がれ、大正以降になってから、巨大な亀の岩に良寛の墓を乗せたのではないか。良寛様には、たとえお亡くなりになっても、いつまでも民衆を護るために歩み続けて欲しい。たとえ亀のように歩みはのろくとも、絶《た》ゆることなく確実に一歩一歩あゆみ続けて欲しいという願いを込めて、後の世の人々が良寛の巨大な墓を巨大な亀の上に乗せたのではないか。
（注1）北川省一氏「良寛を巡る人物星座図」（『書道芸術』昭和六十一年一月号、日本美術出版）

【松原雪堂の良寛像】

天保五年（一八三四）　貞心尼三十七歳の年

小出を訪れ、酒造を業とし、絵に巧みであった松原雪堂に良寛の肖像画をかいてもらう。お礼に「秋萩の　花の盛りも　すぎにけり　ちぎりしことも　まだとげなくに」の歌の入った良寛からの手紙を渡した。

この画像だろうか、「良寛禅師の像に」の詞書きのある貞心尼の歌がある。

浮雲の　姿はここに　とどむれど　心はもとの　空に住むらむ　（貞心尼）

松原雪堂は寛政十二年（一八〇〇）に生まれた。貞心尼の二歳年少である。マスと長温が開業していた家の二軒隣に住んでいた。酒造業・薬酒業を営んでいたが、幼少時から画を好み、東東洋《とう》から画を学んだという。安政三年（一八五六）没した。

松原雪堂から描いてもらった良寛の肖像画は、貞心尼が師の良寛を偲《しの》ぶよすがとして愛蔵していたと思われる。外出するときは『蓮の露』や他の良寛遺墨とともに持ち歩いていたのか、嘉永四年（一八五一）の柏崎大火で釈迦堂とともに焼けることもなく、残っていたらしい。蔵雲の日本初の良寛詩集『良寛道人遺稿』の巻頭の肖像の参考にするため、蔵雲にこの雪堂が描いた肖像画を送ったが、手違いからか、なかなか届かなかったらしく、その旨を元治《げんじ》二年（四月から慶応元年・一八六五）師走の蔵雲宛の手紙に書いている。その後、この松原雪堂が描いた良寛の肖像画がどうなったのかは不明である。

中村昭三 編『貞心尼考』（平成七年 私家版）の口絵写真に、柏崎の中村家に貞心尼が来し方を偲んだと伝わる良寛の肖像画が掲載されている。地元では貞心尼が描いたのではないかと言われているようである。この絵が松原雪堂が描いた良寛の肖像画であるという可能性ははたしてどうであろうか。

【蓮の露】

天保六年（一八三五）　貞心尼三十八歳の年

貞心尼は稿本《こうほん》『蓮《はちす》の露』を書き上げた。

これは最初の良寛歌集である。内容は、

序文　貞心尼　天保むつの年五月のついたちの日（既述）
本編（良寛歌集）九十七首（略）
唱和編（既述）
戒語（九十ヶ条）（略）
稲川惟清画水の文　天保二年卯のとし四月十日
はちすの露の命名の由来、山田静里の歌

稲川惟清画水の文は次のとおり。

「此良寛法師は、ちかき出雲崎の橘氏にて、ふるき世よりかの浦の長なれば、おもきおほやけごとにもつかへまつり、遠近人《おちこちびと》の心よせも、おほかたならねば、いといきほひ有ける人なりしかど、何のえに（縁）にかこゝろをおこしけむ、家をすて禅門に入しより、僧都玄賓《そうずげんぴん》のあとをおひ、増賀《ぞうが》ひじりの古《いに》しへをしたひ、ひたぶるに名利《みょうり》をいとひて、身をなきものに思ひすて、こゝにすみかしこにかくれて、雲水《うんすい》のゆくへさだめぬ人なりしかど、さすがまた月雪花《つきゆきはな》はさらにもいはず、事にふれてはうたよみからうた（詩）をもつくりて、おこなひのいとましばし心のなぐさめとはしたまひけり、もとよりさるわざもつたなからず、ことに桑門《そうもん》のすがたをはなれず、耳にとまるも多かりしかど、さながらよそにもらすにもあらず、世にとゞめむ心もなくて、何にてもあれ手まさぐり物にかきつけおきしを目にふれし人はおぼえてをれど、みづからはとくおもひすてゝ、しばらくも心にとゞめねば、こぞの冬身まかりし跡にも、師よりさづかりし血脈といふものと法花経《ほけきょう》一まき入たりし何ふくろとかいう物のみ有て、何がしの言しじんだ瓶

ひとつだになかりしとぞ、さこそ仏のみこゝろにもかなはめ
か、るに此筆のあといかにしてか残りけむ、ある人のもとよりかしおこせけるをよみみるに、ひとつひとつうなづかれて、子もたる身ははやかれらにとおもふ心つきぬるゆへ、くもりゆく老の目をあらひて、たどるたどるうつしとりぬ、ひじりのをしへおきしことなれば、此こゝろにしたがはむには、かしこおろかとなく、世にうとましと見る人なく、おのづから身のさきはひとぞなるべき、よむ人あさはかなりとなおもひそ

天保二卯のとし四月十日　　　六十七翁画水」

山田静里が記した『はちすの露』の命名の由来は次のとおり。

「此の草紙何とか名付け給ひてよと、静里うしのもとへつかわしけるにかくなん、つれづれと見侍《はべ》るるに、禅師のみとくは よにしるところなれば、さらにもいはず。

ことの葉の道にさへ折りにふれ事にあひて、心のままによみ出給ふうたのさま、たけ高く こと葉すなほにして、さながら古しへのしらべにことならず打ちずしぬれば、おのづからこころすずしくて、今の世のきはにには有がたくおぼえ侍《はべ》るままに、いとかしこきわざながら、はちすの露ともいはまほしとてなむ。

これをこそ　まことの玉と　見るべけれ　つらぬきとめし　蓮葉《はちすば》のつゆ

静里誌」

『蓮《はちす》の露』の貞心尼の書は良寛の書によく似ていると言われる。また、良寛が仮名の手本にした『秋萩帖《あきはぎじょう》』にもっと似ているとも言われている。良寛が貞心尼に『秋萩帖』を手本としてすすめたのであろうか。男性的とも言える勢いのある貞心尼の書は、貞心尼のしっかりした性格があらわれているとも評されている。

2 「蓮の露」のあと

【その後の貞心尼】

天保　九年（一八三八）　貞心尼四十一歳　六歳の孝順尼が入門。

同年　四月十五日　眠竜尼《みんりように》が示寂。

天保十一年（一八四〇）**六月二十八日**　貞心尼四十三歳　心竜尼《しんりように》が示寂。

天保十二年（一八四一）**三月**　貞心尼四十四歳　柏崎町　洞雲寺《とううん》　泰禅和尚により得度《とくど》。心竜尼の跡を継いで、釈迦堂の庵主となる。泰禅和尚は心竜尼・眠竜尼姉妹の弟。

嘉永　四年（一八五一）**九月**　貞心尼五十四歳　彼女の不在中、柏崎大火のため釈迦堂が焼失。山田静里をはじめ多くの人々の寄進によって、眞光寺の脇に新しい草庵を結んでもらう。山田静里によって不求《ふぐ》庵と名付けられた。そこは八畳と四畳と三畳の三間しかない狭い庵だった。彼女はそこに二人の弟子と住んだ。柏崎大火より不求庵建立に至る記録『焼野の一草』を書く。和歌も少し含まれる。『焼野の一草』の中に、山田静里の「不求庵の記」がある。

「よろづのものおのれに求めむより求めずしておのづからにうるこそまことに得るとはいふべけれされば仏説にも聖教にもさるすぢにをしへ有とぞ此庵のあるじ貞心尼のぬしは年頃仏の道のおこなひはさらなり月花のみやびより外にいささか世に求めることなくよろづむなし心に物し給ふなるを和歌の浦波に心をよせてあま衣たちなれぬる人々はかねてよりよくしり侍りぬ然るにことし卯月の末つ方まがつ火の災にてもと住まひ給へしあたりも一つらのやけ野となりぬればかの心しれる人々諸共にことはからひつつあらたにささやかなる草の庵をむすびてあるじをうつしすゑまゐらすることとはなりぬこれやさはもとめずしておのづからにうるとも言べけれとて不求庵とは名づけ侍るになむ

もとめなき　心ひとつは　かりそめの　草のいほりも　すみよかるらむ

こは嘉永四年亥の長月半ばのことにぞありけるかくいふは方寸庵のあるじの翁　静里」

釈迦堂には遍澄筆　由之讃の良寛肖像があった。現在は常福寺にある。ただし、常福寺に展示してあるのはレプリカで本物は傷みが激しいので博物館に保管されている。

遍澄画　良寛肖像（常福寺）

安政　六年（一八五九）

貞心尼六十二歳　八歳の智譲尼が入門。

同年

泰禅和尚示寂。享年六十四歳。

しはす八日 師の身まかり給ふをなげきて

あま小舟　のりのしるべを　先立てて　かぢ流したる　ここちこそすれ　（貞心尼）

文久　二年（一八六二）　貞心尼六十五歳　山田静里没。享年七十九歳。

慶応　三年（一八六七）　貞心尼七十歳　貞心尼が全面的に協力した蔵雲の『良寛道人遺稿』が江戸で出版される。

明治　四年（一八七一）　貞心尼七十四歳　自選歌集『もしほ草』完成。釈迦堂時代からの和歌など五百四十五首を集めた歌集である。最後に詠まれた次の歌が歌集名の由来と思われる。

書きおくも　はかなき磯の　もしほくさ　みつつしのばむ　人もなき世に　（貞心尼）

木村秋雨《しゅうう》『越後文芸史話』に概ね次の内容の記述がある。

「昭和の初め、大久保の洞雲寺に貞心尼の墓参りに出かけ、帰りに極楽寺の住職　籠嶋順故さんを訪ねた。何か貞心さんの書かれたものがあったら見せて欲しいとお願いした。すると住職は、貞心さんが書かれた大字の立派な歌の屏風《びょうぶ》を見せてくれた。ほかに静誉上人《じょうよ》との往復文書のようなものはないかというと、住職は少し考え込んだが、「そうそう静誉さんへ来た手紙が一束、それに歌集が一冊ありますから御覧に入れます」といって、見せてくれた。歌集の題字は「裳志本久散」と読めた。何とか写しておきたいと思い、住職に拝借をお願いしたが、拒絶された。今度は一緒に行った戯魚堂の父ちゃんから、内密で一週間だけという約束で借り出した。なんとか約束の日までに一緒に行った矢崎虎夫さんと写しあげて、返却した。その後写本を相馬先生に進呈したら「良寛と貞心」の中に全文をお載《の》せになった。」

明治　五年（一八七二）二月十一日　貞心尼 没する。享年七十五歳。墓は柏崎の洞雲寺にある。

貞心尼の死病は俗にいふ水気《すいき》であったという。

主治医であった矢代文郷がいよいよ末期の近いことを告げ、何か遺言はないかと訊《たず》ねたのに対して、貞心尼は「何もいひ置くことはありませんが、わたしが死んだら、あの柳の木の下に大きな釜をする豆腐のおからの雑炊をうんとこさとこしらえて、町中の犬に腹一ぱい振る舞ってやってください。」といったたけであったという。

貞心尼の臨終における最後の言葉は、「さむいさむい　火を焚け火を焚け」という一語であったという。

高野智譲 老尼の直話《じきわ》によれば、最後は極めて安らかな大往生であったという。

【釈迦堂・不求庵時代の貞心尼の交友】

和歌の巧みな貞心尼は柏崎の多数の文人と交友した。柏崎の文化サロンの中心にいた紅一点が貞心尼であった。頻繁《ひんぱん》に歌の会が催され、貞心尼はそこに招かれたのであろう。中村藤八氏の智譲尼からの聞き書きには「釈迦堂火災後、広小路　妙蔵寺内（の観音堂）に住す。その後、真光寺脇に、山田、関矢、下山田小熊、市川、星野、西巻諸氏へ出入りせられ、歌友となり、不求《ふぐ》庵新築住す。柏崎町和歌師範なり」とあり、歌友が多数いたことがわかる。

貞心尼は極楽寺や洞雲寺を「やまでら」と詠んでいた。西光寺の松と極楽寺の梅が相携えて上方参り《かみがたまいり》をしたという伝説があるという。極楽寺の紅梅の方はまだ枯れずにあり、この梅を詠んだ七人の歌がある。それは「やまてらのうめ」の七字を頭として読んだ歌で、次のとおりである。

山陰に　としふる寺も　咲く梅の　色香は春を　ふるさざりけり　（行貞）

待ちかねし　こそめの梅の　咲き出でて　にほふも深き　山寺の春　（大之）

手もふれず　さながらに見ん　山寺の　梅は許しの　色にさけども　（敬孫）

（許しの色…庶民も使うことを許された淡い紅などの色）

爛漫《らんまん》と　咲く梅が枝《え》は　山寺の　法のともしび　かげやそふらむ　（茂樹）

のどかなる　春の夕風　匂い来て　散るもはえある　花の梅が枝　（敦直）

うめの花　咲き散る木々の　蔭尋《とめ》て　古りし代忍ぶ　春の山寺　（重弘　（静里））

目かれせず　長き日ぐらし　ながめても　あかぬは梅の　色香なりけり　（貞心尼）

（目かれ…目を離すこと）

貞心尼の最大の外護者《げご》は山田静里であろう。薬種問屋の家業は弟の半仙に早々に譲り、隠宅方寸庵（方寸居）で悠々自適に暮らし、風月花《ふうげっか》を楽しんでいた。『蓮の露』の名付け親である。文久二年（一八六二）で焼失した後、貞心尼のために、山田静里が中心になって、不求庵を建立した。釈迦堂が火事七十九歳で没した。貞心尼より十四歳年上だった。

山田静里翁はとし比へだてなうむつびまゐらせてかりそめの遊びにもいざなひつれてものし給ひしが今ははやかへらぬ道にさきだたせ給ひぬればおのれも遠からずとはおもふ物からしばしのほどもおくれ参らす事のいといとかなしうて南

此たびは　いざともいはで　死出の山　ひとりこゆらむ　友なしにして　（貞心尼）

身もやがて　あとおひ行きて　極楽の　はちすの花も　ともにながめむ　（貞心尼）

極楽寺の静誉《じようよ》上人とも親交があった。静誉上人は昭阿と号し、画にも巧みで、晩年の貞心尼の病中の肖像を書いている。年は貞心尼よりやや若かった。極楽寺の隠居寺で真光寺という小さい寺が柏崎市の広小路にあって、貞心尼はその一隅に不求庵を建ててもらった。不求庵には静誉上人が度々訪れており、物質的な面でも貞心尼を支援した。

貞心尼の歌集『もしほ草』をはじめ、往復文書、歌稿を書いた遺墨などが多数、極楽寺に残されているが、貞心尼が静誉上人に贈ったものではないだろうか。

関矢大之も貞心尼と親交があった。貞心尼が少女時代に乳母と呼んでいた八重とともに柏崎に行ったとき、関矢大八の家にも同じ年の少女がいて一緒に遊んだという。閻王寺で尼としての修行をしていたときも、釈迦堂に来てからも、度々《たびたび》関矢家を訪問したのではないか。釈迦堂が焼失した柏崎の大火の時にも、関矢家に十日ばかり身を寄せた。関矢大之の母が亡くなったときの貞心尼の歌がある。

関矢大之ぬしの母公は年比おのが親ともたのみ聞こへてへだてなくむつびまゐらせしが常々のたまふやう我がいのちいつと知らねど同じくは秋のころ正念往生せまほしと是のみ心にかけて願うなりと有しが其願のごとよはひ七十あまり三の秋うるふ七月十七日といふに正念にておはりをとり給ひければ

此世だに　願ひし事の　たがはねば　花のうてなも　まさしかるらん　（貞心尼）
（まさし…正し、ほんとうだ）

露の身の　消ゆるは秋を　願ひぞと　思ふ物から　袖ぞぬれける　（貞心尼）

また、天保十五年（一八四四）、貞心尼四十七歳の時に、良寛の遺墨を関矢大之に贈った歌がある。

良寛　国上山冬ごもりの詠草　天保十五年十二月　関矢大之へ贈るとて

流れ行く　絶えぬ形見と　贈るなり　わが法《のり》の師の　水茎《みずぐき》のあと　（貞心尼）

【蔵雲の詩集刊行への協力】

蔵雲和尚は名を、謙巌蔵雲。号を寒華子という。文化九年（一八一二）生まれ、明治二年（一八六九）示寂。享年五十七歳。長野県穂高村の生まれ。一代の高僧 風外《ふうがい》和尚（画僧としても有名）の門下で奕堂《えきどう》和尚と同参、かつて山科の大宅寺に住されたが、奕堂和尚が洛北《らくほく》の大慈山に隠栖しているのを惜しみ、自分の寺を奕堂和尚に譲り、自らは随従の身となって之を補佐したが、嘉永二年（一八四九）三月、奕堂和尚が酒井侯の聘《へい》に応じ第二十八世として前橋龍海院に入り、安政四年（一八五七）加賀の天徳院へ移るに及び、龍海院を蔵雲和尚に譲った。かくて蔵雲和尚は二十九世として明治元年（一八六八）まで十一年間 龍海院に住した。良寛の漢詩集『良寛道人《どうにん》遺稿』を貞心尼の協力を得て、慶応三年（一八六七）初めて刊行した。法華讃《ほっけさん》五十二首を含め、合計二百三十四首の漢詩が収められている。

柏崎の吉井清月寺の末寺 善法寺に住したことがある。蔵雲はその頃既に良寛、貞心尼を知っていたのであろう。吉井村字菊尾の小林安左衛門は、蔵雲和尚にはいわゆる洗濯親であった。

○ **牧江靖斎宛て蔵雲書簡四通**（**相馬御風『良寛百考』**）

牧江《まきえ》靖斎《せいさい》、牧江忠右衛門定憲、阿部定珍の第九子で糸魚川の牧江家に入婿。四通の書簡からわかることは、蔵雲は弘化四年（一八四七）越後巡《じゅんしゃく》錫中、初めて良寛の詩歌や筆蹟に親しみ、糸魚川の牧江家から「良寛禅師詩集」を借覧したというもの。

○ **蔵雲宛て貞心尼書簡**

蔵雲宛て貞心尼書簡には現在知られているものは堀桃坡氏の『良寛と貞心尼の遺稿』によれば六つあ

るとされている。

しかしながら、細井瞳・田熊信之氏の「貞心尼自筆 龍海院蔵雲和尚宛書簡（複製巻子）翻刻・解題」（学苑 資料紹介特集号第八八九号 二〇一四・一一）、及びに田熊信之氏の「貞心尼自筆 龍海院蔵雲和尚宛書簡 翻刻・解題」（学苑 資料紹介特集号第九一三号 二〇一六・一一）によれば、燕市 分水良寛資料館にある写真複製の巻物に四つ、出雲崎町の良寛記念館にある写真複製の巻物に一つ、堀桃坡氏の『良寛と貞心尼の遺稿』に写真複製のない録文が二つ、合計七つある。

七つの書簡を最初の語句で区分し、書かれた年を推定し、年代順に七つ並べ、主な内容を記す。丸数字の次の語は、書簡の最初の語句である。

これらの書簡から、如何《いか》に貞心尼が蔵雲に協力したかが分かる。


安政四〜五年（一八五七〜八）頃 ① かへすがへす日に添へ…（卯月廿三日）

「江戸近くこの地（柏崎）への便りもよい所（前橋）へ移転したことはうれしい。過ぐる年の火事で良寛の書はほとんど焼けたが、五十音の書き物は遺ったので、あなたのもとに贈ります。もし、対面の時があれば、ゆっくりお話ししたい。」

堀桃坡氏の『良寛と貞心尼の遺稿』に、「この手紙は蔵雲和尚が前橋へ来たばかりの安政四、五年頃のものであろう。」とある。


文久元年（一八六一） ② 此程は…（やよひ廿七日）

「先年送った書物も届いたとのこと安心しました。去年はお殿様が亡くなられ、なにかと忙しく、出かけることが出来なかったことももっともなことです。今年も又お越しになりたいとおっしゃられますが、あなたがこられないのは久しいので、もう待つとはいいません。良寛禅師の詩集を出版したいという願いは、私もそう思っていますが、自分では及ばないことでした。蒲原の者たちは企てが多く、良寛の詩文を集めているが、未だに出来ないでいる。とかくこのようなことは成しがたいものです。先年も石碑を建てようと、私も江戸まで行き、碑文もでき石まで取り寄せたが、俗人がいろいろなことを言って、長引くうち、世話人が亡くなり、その後世話する人もなく、今は石もなくなりました。

あなた様も隠居したいとの思いはもっともですが、急がずに健康になり、いましばらくご住職をお勤めなられたらどうでしょうか。」

堀氏は「この手紙は慶應以前のものではないか。蔵雲和尚は『良寛道人遺稿』の出版に当たり、一度柏崎に来て貞心尼と逢ったかと思う。」と『良寛と貞心尼の遺稿』の中で述べている

また、田熊信之氏の「貞心尼自筆 龍海院蔵雲和尚宛書簡（複製巻子）翻刻・解題」（学苑 資料紹介特集号第八八九号 二〇一四・一一）によれば、「文中に「去年中は殿様御かくれ遊ばされ…」と綴られていることから、姫路藩主 酒井家第七代当主 忠顕《ただてる》公の死去の万延《まんえん》元年（一八六〇）（十月十四日）の翌年、万延二年が二月十九日に改元されて文久元年（一八六一）となった一月程後に書き送られたものと確認される。」とある。

なお、龍海院は上州の酒井家の菩提寺である。

元治元年（一八六四）③ 先年 禅師…

「先年、禅師の知音《ちいん》のものが、詩集の出版を相談した。鈴木氏もその仲間だったので、序文を書いて入れると言ったが、人々が了承しなくて、沙汰《さた》止《や》みとなった。そのため遍澄は、綾瀬《りょうらい》（亀田鵬斎の子）

に頼んで書いてもらったとのことだが、（良寛をよく知らない人なので）あまりよいこととは思われない。そのようなことなので、（知音の者が出す良寛詩集などは）ない方がましだと存じます。私と弟子はこの秋は上州に行くのはやめます。来春参りましたら、お尋ねのことは申し上げましょう。」

元治二年（一八六五）④　志者須十日と志るし…（元治二年は四月に改元し慶應元年となる）

「師走十日の日付の手紙は正月六日に届きました。去年の秋はさんざん病気されたとのことですが、全快して春を迎えられることはなによりでよろこんでいます。私も初冬の頃より病気がちでしたが、無事に新年を迎えられた。

実父はじめ様々なお尋ねの返事について、おまちしていると思いますが、いろいろと調べているが埒《らち》があかず困っています。

師の肖像も、送るように頼んでいますが、いまだにお手元にとどかないとのこと、確かめたところ、よい便がなくてまだ送っていませんでした。このたびは回り道でしたが、送ります。

詩集一冊は遍澄が集めて届けてくれたものをそのまま送ります。詩は同じですが、所々文字の誤りがあるとある学者が改めたとのこと。

序文二通も俗人の作でさほどとるべき所もないように思いますが、ごらんください。

序文は、俗人または師を知らぬ者の書いたものは中々

「良寛道人遺稿」の良寛像

に徳を損じ、ないほうがよいこともあるでしょう。
師の道徳を知り、この詩集を出版して世に長く残そうというあなたの志の深さは、及ぶ人はいません。あなたの作られた序文なら、亡き良寛の魂も悦び私もうれしく思います。」
この書簡には次の歌がある。
めずらしき　ためしにひかん　越路にも　雪なき春の　野辺の姫松
堀桃坡『良寛と貞心尼の遺稿』には次の記述がある。
「よく似た歌が「もしほ草」にある。それは
こし路にも　雪なき春は　めずらしき　ためしにひかん　野辺の姫松
で、それには元治二年乙丑年子の日とかいてあった。多少ちがっているが、もし同じ年の歌だとすると、右の手紙も元治二年　即ち慶応元年のものだとしていいようである。」
また、肖像について次の記述もある。
「良寛死後　貞心尼が小出に行って雪堂から書いてもらった」

慶応元年（一八六五）⑤　宗龍禅師の事…　(元治二年は四月に改元し慶應元年となる)

この書簡の内容は、実父はじめ様々なお尋ねに対する回答を記述したもの。

内容は宗龍《そうりゅう》禅師のこと（既述）、良寛の火葬での出来事のこと（既述）、実父と兄弟のこと（既述）。

この書簡の宗龍禅師に関する記述から、良寛と宗龍禅師の最初の相見について、多くの事がわかる。

たとえば、円通寺時代に紫雲寺観音院の宗龍禅師と最初の相見をしたときに、「一度架塔《かた》（修行僧がその寺に止宿《ししゅく》すること）いたしをり候」とあることから、十八歳で橘屋を出奔して二十二歳で国仙和尚とと

もに円通寺に赴《おもむ》くまでの坐禅修行をしていたと言われる空白の四年間の間に、坐禅修行していた場所の一つは紫雲寺の観音院であると考えられることなどである。

良寛と宗龍禅師の最初の相見の内容については拙稿「良寛と大而宗龍禅師との相見について」（『新潟県文人研究』第十九号（二〇一六））をご参照いただきたい。

この書簡は内容から、前の④の書簡の次に出されたものと思われる。

慶応元年（一八六五）　⑥　かへすがへすお便り…（水無月廿日）

「先だっては久々にご対面できて誠にうれしく存じましたが、用事が多くていらっしゃって、ゆっくりとお話しすることができなかったことは心残りです。

来られた頃はよい季節でしたが、その後は天候が不順で、土用中も雨が降り続け、米の値段もにわかに高騰しました。このごろは天気がよくなり、日が照り続けて居ます。」

堀桃坡『良寛と貞心尼の遺稿』には次の記述がある。

「右は長岡市本町　杵渕氏所持　貞心尼筆の手紙を写したものである。蔵雲和尚は柏崎に来て貞心尼にあい、国上山の方へも行って良寛の遺跡を尋ねたらしく、そのため貞心尼のもとにゆっくりもしていなかったらしい。多分やはり慶応元年の手紙であろう。

慶応二年（一八六六）　⑦　かへすがへすお詩…（二月十七日）

「春もいつしか半ば過ぎ、のどやかになりました。詩集も大方できあがり、安堵《ど》して悦んでいます。この春にも上京されるそうですね、帰られた後御くだしを賜るようお待ちしております。」

堀桃坡『良寛と貞心尼の遺稿』には次の記述がある。

「右手紙は昭和三十五年四月廿七日　直江津市　山本医院へ行って、自筆のものを見せてもらったが、同家で之を屏風に張っておかれた。（中略）貞心筆のは御くだしとあった。それなら蔵雲和尚自身こなくて誰かよこしてくださいという事であろう。」

蔵雲宛て貞心尼書簡にみられる貞心尼の蔵雲への信頼

貞心尼は俗人（僧としての良寛を理解できない人）が良寛詩集を出版することには否定的であったが、蔵雲が詩集を出版することには全面的に協力した。良寛の漢詩には自らの悟境《ごきょう》を詠った、いわば偈ともいえるものが多く、蔵雲こそ僧としての良寛の悟境を理解できる人として信頼したのである。それに関して、田熊信之氏は前記論文の中で次のように述べている。

「ところで、貞心尼は、自筆書簡で、師　良寛禅師の詩集開板《かいはん》や碑刻立石の企図やその動静などを蔵雲和尚に書き綴る中で、余人が執筆しようとし、また執筆して貰った「序文」について、「何れにても無き方が中々にましならむかと存じ参らせ候」と記し、「序文の事　仰《おお》せの如く俗人ましては師を（其人を）を知らぬ者の（知らずして）書たるは中に徳を損じ無きには劣る事も御座候」と書いている。

この条《くだ》りは、良寛禅師研究家に殊《こと》に詳知《しょうち》されるところであるが、この口吻《こうふん》については、研究家の諸氏はじめ禅仏教の専門家にまで、挙《こぞ》って、女性のもつ頑迷さ、尼僧特有の偏狭さのあらわれ、等々と批評、非難をされている。

しかし、これらは、本質を見失った僻見《へきけん》の表れとしか筆者には見えない。貞心尼は、本書簡の補添に「其の人を（知ら）ずして」と記しているように、当人の本質を知らぬ人が、文筆の技の巧みさや声誉《せいよ》の大いさのもとに仰々しく序文を書くのは、もってのほか、と言っている。さらに、在地粟生津《あおふづ》の漢学

者 鈴木氏（文臺先生）の場合は周囲のものが肯《がえ》んじなかったとのこと、江戸の漢学者 亀田綾瀬《りょうらい》先生の場合はその父 鵬齋《ぼうさい》先生との交流はあるものの「その人をしら」ぬものが「その人を」書いた序文を戴《いただ》くのは「なきにもおとる」というわけで、貞心尼は、愛語増長の一筋の一生を貫いた良寛禅師の息吹に接していた同じ仏道を歩むものとして、それらを苦評したまでのことなのである。貞心尼が行学《ぎょうがく》を兼ね備えた禅傑 藏雲和尚に最大の信を寄せたのも故《ゆえ》あることと思われる。現在、藏雲和尚の貞心尼へ宛てた書簡が目睹《もくと》できないので、藏雲和尚の言句は分明でないが、「序文の事 仰せの如く」と貞心尼が記している通り、藏雲和尚もまた貞心尼と同じ思いを持っていたことは確かである。なお、貞心尼は良寛（禅師）の漢詩が読めず、そのことに気付いていてその詩集を藏雲和尚に托した、としている研究者もいるが、これは甚《はなは》だしい憶断であろう。」

藏雲宛て 原坦山書簡（岡元勝美『良寛争香』）

おそらく慶應二年（一八六五）、藏雲から原坦山《たんざん》への良寛道人詩集の校評並びに序跋《ばつ》の依頼を辞退し、代わりに評語を作成するという内容。藏雲は原坦山の六歳年長の法兄。良寛道人遺稿の良寛道人略伝の原案は原坦山《たんざん》が作成したという。

近世禅門における機略の名匠 原坦山は、初めての良寛詩集である『良寛道人《どうにん》遺稿』を刊行した藏雲《ぞううん》和尚の法弟であった。岡本勝美氏の『良寛争香《そうこう》』によれば、藏雲和尚から頼まれて『良寛道人遺稿』の校評や略伝の草稿を書いたくらいであり、良寛のことはよく知っていた。

原坦山は、文政二年（一八一九）に生まれ、儒学の昌平《しょうへい》校を卒業した後、仏門に入った。風外本高《ふうがいほんこう》に参究した後、心性《しんしょう》寺、最乗寺に住し、東京帝国大学に明治十二年（一八七九）印度哲学科が創設されたときの初代講師に招聘《しょうへい》された。その後、学士会員、曹洞宗大学林《だいがくりん》総監等を歴任し、明治の碩学《せきがく》、真の禅僧といわれた人物である。明治二十五年（一八九二）示寂、享年七十四歳。

その原坦山は良寛を「永平高祖（道元禅師）以来の巨匠なり」と称えたといわれる。

玉木礼吉氏の『良寛全集』にある。「原坦山、常に禅師を敬慕して措かず、其の法華品《ほっけほん》に題する「如是高著眼、千百経巻在者裏」の詩を読むに至り、瞿《く》然として曰《い》わく、我朝仏学の蘊奥《うんのう》を究めし者、空海以来唯此人あるのみと」

慶応三年（一八六七）に『良寛道人遺稿』が刊行された。出版に協力した貞心尼は知人に一冊贈呈するおり、次の歌を添えた。

仰《あふ》ぎつつ　見ん人しのべ　優曇華《うどんげ》の　花にもまさる　言の葉ぞこれ　（貞心尼）

三千年に一度しか咲かないという優曇華の花以上に、良寛の漢詩は尊いと詠っている。

3　受け継いだ良寛の心

【貞心尼の辞世】

洞雲寺の貞心尼墓碑に刻まれた貞心尼の辞世の歌がある。良寛との最後の唱和の短連歌を踏まえている。これは示寂の前日みづから辞世だといって、弟子達に示したものだという。

来るに似て　かへるに似たり　沖つ波　たちゐは風の　吹くに任せて　（貞心尼）

臨終の四　五時間前に、次の一首を詠んで弟子達に示したという。

玉きわる　いまはとなれば　南無仏と　いふよりほかに　言の葉もなし　（貞心尼）

七十五歳病中にあっても、次の辞世とも言える歌を詠んでいる。

あとは人　先は仏に　まかせおく　おのが心の　うちは極楽　（貞心尼）

いつまでか　長きいのちと　わびにしも　今はかぎりと　なりにけるかな　（貞心尼）

【良寛の「風」】

貞心尼の墓碑にも刻された辞世にある「風の吹くに　任せて」には、良寛の「風」の思想を受け継いだことを、詠ったものであろう。

布袋《ほてい》の画に良寛が讃をした歌ある。

この僧の　心を問はば　大空の　風の便りに　つくと答へよ　（良寛）

この布袋画讃として書かれた和歌の中の「この僧」とは誰であろうか。布袋であろうか。それともこの布袋画を見ている良寛であろうか。「つくと答へよ」とあるが、良寛には「…と答へよ」という歌がいくつかある。おおむね良寛が自らに言い聞かせた自戒の歌である。たとえば、「いかなるが　苦しきものと　問ふならば　人をへだつる　心と答へよ」など。

良寛は讃を書くために布袋と対峙《たいじ》している。良寛は布袋が良寛に問いかけてきたと感じたのではないか。「おぬしも禅僧とみた。おぬしの心は何か。」と。その布袋の問いに対して、良寛は「私の心は、尊敬するあなた（布袋）の心と同じく、大空の風の便りにつくと答えよう。」と考えたのではないか。そうすると、この讃の歌の意味は、「この画に描かれている布袋が、僧である私良寛に、おぬしの心は何かと問ふてきたならば、私は布袋に対して、あなたの心と同じです。大空の風の便りにつくと答えよう」という意味になる。

風の便りとはなにか。「風の便り」と一語と見なせば、風の使い（使者）や、ほのかなたより・うわさの意味になる。しかし、大空の風とあるから、便りを一語と見る方が自然だろう。「便り」の意味は、いろいろあるが、この場合は、「おとずれ・音信《いんしん》」の意味であろう。

「つく」にも「届く」などいろいろな意味があるが、この場合は「従う・添う」の意味であろう。良寛は自分の心は「大空の風のおとづれに随《したが》うというものです」と答えようと、布袋画に讃したのである。

では、そもそも、大空の風のおとづれに随《したが》うとは、どのような意味なのであろうか。

禅では、風は、特別な意味合いを持つ場合がある。

体露金風《たいろきんぷう》。金風とは、秋風のこと。秋風の中に仏法の全体が露現し尽くしているということ。木《こ》の葉を散らして吹く秋風に妄想分別《もうぞうふんべつ》の滅却《めっきゃく》を託して述べたもの。

誰家無名月清風。「誰《た》が家にか名月清風無からん」という言葉が『碧巌録《へきがんろく》』にある。圜悟克勤《えんごこくごん》の言葉である。明るい月の光や清らかな風が届かない家がどこにあろうか。名月清風はすべての家に平等に満ちている。この名月清風は仏の心を象徴している。仏の慈悲は誰にでも平等にそそがれ、誰の心にも仏心は平等に宿っているのである。

月白風清。「月は白く風は清し」という言葉が『槐安国語《かいあんこくご》』にある。清風明月の境地。心中《しんちゅう》一点のわだかまりもないこと。良寛に次の歌がある。

風は清し　月はさやけし　いざ共に　踊り明かさむ　老いの名残《なごり》に　（良寛）

このようにして見てみると、良寛にとって「風」とは、身を任せて従うべきものとしての、仏の心・仏の慈悲を象徴していたのではないだろうか。良寛に次の歌がある。

浮雲の　待つことも無き　身にしあれば　風の心に　任すべらなり　（良寛）

この歌について、内山知也・谷川敏朗・松本市壽編集『定本良寛全集第二巻歌集』（中央公論新社）に次の注釈がある。「阿部定珍《さだよし》の「良寛法師の庵室に帰らんとて出《いで》させ給ふ道にして、日の暮れければ、又も我宿りに来らせけるを喜び詠める」に続く二首「わが心天《あま》つ光にかなひてん帰らん君を留めやはせぬ」「今日の日の暮れぬと君は戻りけり明日さへ君をいかに留めん」への返歌である。なお、この歌の末尾に「又とどむとどめぬ風のまにまに」の追記がある。」

表面的な解釈としては、浮雲のように何も待つことのない身であるから、帰るか泊まるかは風の吹くのにまかせることになりそうだ、となる。天気次第と言うわけである。阿部定珍もそう解釈したであろう。だが、良寛はこの歌に次の思いも込めていたのではないか。

「浮雲のように欲望や作為を一切捨てきった身であるから、仏の心に任せて、清浄な仏の心（すなわち私の心）のおもむくままに、生きているのですよ。」

良寛は自分の生き方・悟境も定珍に語りかけたのではないだろうか。

【貞心尼の逸話】（相馬御風『良寛と貞心』より）

・声はあまりよくなかった。一絃《いちげん》の琴にあわせてお経を読んだ。智譲尼談。

・火事で焼けなかった良寛の遺墨も少しはあったが、人にやったりして、最後まで遺っていたのは遍澄の書いた良寛和尚の肖像に、由之が讃をした一幅だけであった。

戊辰戦争の時、柏崎に来ていた薩摩の武士で吉田某が柏崎の西巻家の紹介で貞心尼を訊ねた。縷々《るる》貞心尼の庵を訪ねた。秘蔵していた良寛和尚の仮名手本を見てひどく感心し、別れにのぞんで、無理やりそれをもらい受けていった。弟子達は惜しがって、なぜあの宝をあんな人にくれてやったのかと尋ねたのに対して、貞心尼は「因縁で欲しいというんだもの、くれてやればいいいさ。良寛さまの書が遠国の人々に感心されるのは喜ばしいことだ。」

・明治二年三月二十七日の夜、不求庵に二人の盗人が這入《はい》った。貞心尼は平気で怒鳴りつけたが、ドロボウ達は貞心尼と弟子達をつかまえ足を縛り、夜具をかけて押さえつけ、手当たり次第奪っていった。盗人が出て行った後、盗まれた物を惜しむ様子もなく、また、恐ろしかったと言うような風もなく、数種の歌を示して、大笑いした。後で盗人の身の上を思いやった歌も詠んだ。

盗まれし品々をよめる歌（盗難に遭った時の貞心尼の歌）

前の世に　なしし報ひか　白浪の　かかる憂き目を　我に見すとは　（貞心尼）

（白浪の…盗賊の異称、枕詞としては「よる、かえる、かかる」にかかる）

白浪の　夜の嵐に立入りて　今朝は衣の　一つだになし　（貞心尼）

何処へか　さして行きけむ　雨の夜に　盗みにきたる　合羽からかさ　（貞心尼）

提灯を　何の為とや　盗みけむ　闇をたのみの　業をしながら　（貞心尼）

磯ちかく　あまの苫屋《とまや》に　白波の　たびたび入らば　いかにしてまし　(貞心尼)

軽からぬ　罪を背負ひて　死出の山　越え行く時は　苦しかるべし　(貞心尼)

我が為に　仇なす者も　憎からで　後の世までも　あはれとぞ思ふ　(貞心尼)

・貞心尼の庵の周囲には草が蓬《ほう》々と生い茂っていた。弟子達がむしろうとしても、決して むしらせなかった。そして「大事な虫の棲家だ。このままにして置くがよい。それに草だって生きものだ。かあいがってやれ。」(相・貞心)

・貞心尼には不思議に尼さん同士の友達がなかった。かわりに男の人には多くの知己《ちき》をもっていた。明けっ放しに何でも正直に思ったことを云うやり方が女の人には向かなかったのだろう。晩年になるにしたがい、随分と悪《にく》まれ口をきいたらしい。その悪まれ口も、心ある者には却って面白くも意味深くも聞きなされた。

・貞心尼は非常に犬を好んだ。弟子達が使いにでて、道草を喰って、帰りが遅れても、犬と遊んでいたといえば叱らなかった。犬が庵室の下に来て子を生むようなことがあると、毎日豆腐のおからを煮ては食わせていた。

・橘屋の主人が実家に良寛の書がないのは惜しいからと、良寛と貞心尼を招待した。ご馳走のお膳が済み、何か書いて下さいといふと、良寛はさっさと出て行かれた。不浄に行かれたと思っていると、いつまで経っても戻ってこない。とうとうそのまま島崎に帰ってしまわれた。あとで貞心尼が良寛に「何か書いてやればよいのに」というと、良寛は「ご馳走を食えば何か書かなきゃならんかい。おれは、呼ばれたから、行ったので、お膳がすめばもう用事がないから、さっさと帰ってきたんさ」といわれた。

【貞心尼の和歌】

幕末の三大女流歌人の一人といわれる貞心尼の和歌は『もしほ草』だけでも五百六十六首ある。『蓮の露』の唱和編の歌を除いた中で、代表的な和歌として、歌碑に刻まれている貞心尼の歌を五十音順で掲げる。

あさげたく　ほどは夜のまに　吹き寄する　落葉や風の　情けなるらむ　（貞心尼）
閻魔堂歌碑、柏崎駅前歌碑　もしほ草

秋もやや　夜さむになれば　機織《はたお》りや　つづれさせてふ《ちょう》　虫のなくなり　（貞心尼）
柏崎駅前歌碑　もしほ草

あとは人　先は仏に　まかせおく　おのが心の　うちは極楽　（貞心尼）
柏崎駅前歌碑　図書館所蔵　半切

あまの子は　さくら貝をや　ひろふらん　なみの花ちる　磯づたいして　（貞心尼）
柏崎駅前歌碑　もしほ草

あるじなき　宿ともしらで　ふる里の　庭の秋萩　今や咲くらん
魚沼市 小出公園歌碑　もしほ草　（貞心尼）

いつまでも　たえぬかたみと　おくるなり　わが法の師の　水茎の跡
柏崎駅前歌碑　図書館 半切　（貞心尼）

沖遠く　入日《いりひ》の影を　したふまに　早やさしのぼる　山の端《は》の月
柏崎駅前歌碑　もしほ草　（貞心尼）

おのづから　心もすめり　くもりなき　鏡が沖の　月に向へば
柏崎駅前歌碑　もしほ草　（貞心尼）

かきおくも　はかなき磯の　もしほ草　見つつしのばむ　人もなき世に
柏崎駅前歌碑　もしほ草　（貞心尼）

かりそめの　草の庵りも　言の葉の　花咲く宿と　なるぞうれしき
柏崎駅前歌碑　焼野の一草　（貞心尼）

来てみれば　袖ぞぬれける　ふる里の　垣根まばらに　咲ける秋萩
脇書き　露けき
魚沼市 小出公園歌碑　もしほ草　（貞心尼）

来てみれば　雪かとばかり　ふる里の　庭の桜は　散り過ぎにけり
柏崎駅前碑　もしほ草　（貞心尼）

露の身に　あまりて今日は　うれしさの　置き所なき　草の庵かな
柏崎駅前歌碑　焼野の一草　（貞心尼）

やよしばし　さほさしとめよ　渡し守《もり》　それかあらぬか　ほととぎすなく（貞心尼）

魚沼市堀之内　水車小屋公園歌碑　もしほ草

夕されば　もゆるおもひに　たへかねて　みぎはの草に　蛍とぶらむ（貞心尼）

信濃川歌碑　もしほ草

魚沼市　小出公園の貞心尼歌碑の次の歌は、

故郷萩

あるじなき　宿ともしらで　ふる里の　庭の秋萩　今や咲くらん

来てみれば　袖ぞぬれける　ふる里の　垣根まばらに　咲ける秋萩

脇書き　露けき

歌碑建立当時には、貞心尼が天保末年に小出を訪れ、彼女が住んでいた関家　旧宅跡の庭の萩を眺め、かつての夫　関長温を偲んで詠まれた歌と考えられていた。

しかし実際は、松原弘明氏によれば、西井口《にしいのくち》家の当主　井口内蔵太《いのくちくらた》が安政六年（一八五九）五月十二日に五十歳で死去、四十九日の七月一日豪雨（二日に洪水『小出町史 上』965）の中、葬儀に来た六十二歳の貞心尼が当主を偲んだ歌（松原啓作証言）。長温とマスが暮らしていた文政三年二月四日、十一歳の内蔵太がマス夫妻から初めて手習いを受け（西井口家『日監』）、子のいないマス夫妻から内蔵太は我が子のように可愛がられた。小出の関家旧宅跡近くでは新暦七月初旬に、秋萩（山萩）が花を八つくらい、まばらにつけることがあり、花数が全く増えずに、お盆を過ぎてから一挙に満開となるのを松原氏は記録に収めている。

魚沼市堀之内　水車小屋公園歌碑の次の歌は、堀之内宿の思いを詠んだ歌である。

やよしばし　さほさしとめよ　渡し守　それかあらぬか　ほととぎすなく

貞心尼が亡くなる三年前の明治二年十二月に、関長温との九年間の思い出の残る小出嶋村の旧知を訪ねて、今生《こんじょう》の暇乞《いとまご》いに来たのである。その帰りの川舟から堀之内宿で下りて、関長温と親交のあった漢方医　寒江惟春《さがえいしゅん》を訪ねた。惟春は生涯「仁術」を貫いた医師であった。このとき貞心尼七十二歳、惟春六十六歳であった。積もる話で一夜を明かし、川港で惟春に送られ、貞心尼は舟の上からいつまでも惟春に手を振り続けた。惟春は貞心尼におくれること二年後に没した。

【良寛追憶の歌】

貞心尼の『もしほ草』の一番初めの歌三首は題はないものの、春の野の若菜摘みがテーマである。

たがために　袖ぬらしつつ　淡雪の　古野に出でて　若菜摘《つ》むらむ　（貞心尼）

春日野の　野守や告げし　乙女らが　若菜摘まむと　打ち群れて行く　（貞心尼）

梓弓　春になれども　野辺に出て　若菜も摘まず　年をしつめば　（貞心尼）

これらの歌は良寛の次の旋頭歌《せどうか》を踏まえたものであろう。

あづさ弓　春の野に出て　若菜摘めども
さすたけの　きみとつまねば　籠《こ》にみたなふに
（良寛）
（梓弓…「春」の枕詞）

この良寛の旋頭歌は、良寛が危篤状態になったときに、駆けつけた由之が良寛の床のあたりに散乱していた紙に書かれていたものの一つで、由之の日記『八重菊』に記されている。貞心尼は『蓮の露』を書くに当たって、良寛の歌を集めたが、由之の日記『八重菊』も見せてもらったと思われる。この旋頭歌を見た貞心尼は、「きみ」とは、貞心尼は自分のことだと思ったのではないか。だから、この旋頭歌を踏まえた和歌を『もしほ草』の冒頭に記したのではないか。

貞心尼の『もしほ草』に寄月懐旧という題の歌が二首ある。これは良寛を懐旧した歌であろう。月は仏法の象徴であり、貞心尼にとっては月は良寛そのものだったのである。

面影《おもかげ》を　月に残して　なき玉は　知らずいづこの　空にますらむ
（貞心尼）
（玉…魂・霊のことか？）

はかなしな　ことも通はず　ありし世の　その面影は　月に残れど
（貞心尼）

（こと…言葉）

なお、貞心尼は旅をするときでも良寛の遺墨だけは持ち歩いて心のよすがとした。だが、晩年になると、人から求められるまま、少しずつ手放したらしい。良寛を自分だけのものとしておくより、多くの人から良寛を理解してほしいと思うようになったのだろう。

【貞心尼の遺稿】

貞心尼の遺稿を集めた稿本《こうほん》に『**浄業余事**《じょうぎょうよじ》』がある。これは中村藤八が作成した貞心尼の歌集や書簡の副本で、坂口五峰が「浄業余事」と題した。

内容は

「浄業余事序文　明治辛亥晩春　五峰小隠恭識」

辛亥…明治四十四年（一九一一）

「はちすの露」

「龍海院　方丈宛て貞心尼書簡」詩集開版への協力を告げる

「宗龍禅師、良寛の火葬についての貞心尼書簡」

「良寛とその家族の略伝の貞心尼書簡」

おわりに

江戸時代に生きた良寛の周辺の人々が、良寛についての和歌、漢詩、俳句、逸話、略伝を書き留め、書簡を大切に保管していたおかげで、自らのことを一切記さなかった良寛が現在に伝わっている。

その最大の功績者は貞心尼であろう。『蓮《はちす》の露《つゆ》』は、明治以降の良寛全集・良寛歌集のベースとなる第一級の史料であり、後世に与えた影響はきわめて大きい。貞心尼の『蓮の露』が存在しなかったならば、良寛が現代まで伝わっていなかった可能性は決して小さくない。

また、幕末に行われた僧蔵雲による最初の良寛詩集『良寛道人遺稿』の出版は、貞心尼の献身的な協力があって、はじめて可能となった。

蔵雲に宛てた貞心尼の書簡中、宗龍禅師について記したものがある。この書簡によって、良寛に大きな影響を与えた宗龍禅師の存在が明らかになったのである。

柏崎の釈迦堂には良寛から貞心尼に宛てた書簡などの資料も多くあったと思われるが、嘉永四年（一八五一）貞心尼が五十四歳の年の柏崎大火で釈迦堂とともに焼失した。そのとき貞心尼は長岡の実家を訪問していたのであるが、日頃から『蓮の露』を肌身はなさず持ち歩いていたらしく、『蓮の露』は奇蹟的に今に伝わっている。

唯一残った貞心尼あての良寛の書簡は、柏崎大火の前に、良寛の肖像を書いて貰《もら》ったお礼に画家の松原雪堂に贈ったもので、「秋萩の花の盛りも過ぎにけり　契りしことも　まだとげなくに」の歌の入った書簡である。良寛晩年の書としても最高傑作の部類といえる。

松原雪堂の一族のご子孫である松原弘明《ひろあけ》氏から興味深い説をいくつか聴かせていただいた。松原弘明氏は祖父の松原啓作氏より、浜の庵主さま伝承で汚された　良寛と貞心尼、関長温　の汚名を晴らすことを昭和五十八年春に託されたという。そして、関長温が愛人と栃尾に駆け落ちしたという事実はなく、小出に居続けたことを証明する古文書《こもんじょ》を、大庄屋西井口《にしいのくち》家の膨大な古文書をしらみつぶしに調べた中から、ついに発見されたのである。

その松原氏から、二〇〇年間に渡って隠されてきた真実を明らかにして、良寛と貞心尼、関長温　の汚された名誉を回復する本を出さない限り、残念ながら何も変わらないという思いをお聴きし、何とか書いた本が本書である。本書が氏の期待に応えられたかどうかについては、内心忸怩《じくじ》たるものもあるが、もとより読者の判断を待つ次第である。

最後に、御協力いただいた　良寛堂刊行会　松原弘明氏をはじめ、本書の出版・販売に関わったすべての皆様に厚く御礼申し上げます。

主な参考文献（敬称略）

相馬御風『良寛百考』厚生閣　昭和十年（一九三五）
相馬御風『良寛と貞心』六藝社　昭和十三年（一九三八）
掘桃坡『良寛と貞心尼の遺稿』日本文芸社　昭和三十七年（一九六二）
宮栄二「貞心尼と良寛　関長温との離別説」（『越佐研究』第四十集　昭和五十五年（一九八〇）
石川徳男「武家娘マス（貞心尼）の生涯」（『長岡郷土史』第十八号）昭和五十五年（一九八〇）
谷川敏朗『良寛全集別巻１　良寛　伝記・年譜・文献目録』野島出版　昭和五十六年（一九八一）
小林安治「澄みゆく貞心尼」（『長岡郷土史』第二十号）昭和五十七年（一九八二）
北川省一『漂泊の人良寛』朝日新聞社　昭和五十八年（一九八三）
岡本勝美『良寛争香』恒文社　昭和五十九年（一九八四）
中村昭三編『良寛と貞心　その愛とこころ』考古堂書店　平成五年（一九九三）
竹村牧男『良寛　日本人の心の原点』廣済堂　平成六年（一九九四）
中村昭三編『貞心尼考　全国良寛会柏崎総会記念誌』（私家版）平成七年（一九九五）
喜多上『「はちすの露」を読む』春秋社　平成九年（一九九七）
小山善雄『貞心尼の風草　対訳・蓮の露・焼野の一草』（私家版）平成九年（一九九七）
高橋庄次『良寛伝記考説』春秋社　平成十年（一九九八）
谷川敏朗『良寛の逸話』恒文社　平成十年（一九九八）
磯部定治「貞心尼に関わる密かな伝承」（『長岡郷土史』第三十五号）平成十年（一九九八）
小山善雄『続　貞心尼の風草　対訳・歌集・藻汐草焼野の一草』（私家版）平成十二（二〇〇〇）
藤田正夫「沙門義諦を追って」（『良寛』四十四号　考古堂書店　平成十五年（二〇〇三）
冨澤信明「解良雄四郎と天保の飢饉」（『良寛』第四十七号　考古堂書店　平成十七年五月）
内山知也・谷川敏朗・松本市壽編『定本良寛全集第二巻歌集』中央公論新社　平成十八年（二〇〇六）
魚沼良寛会編『魚沼の貞心尼と良寛さま「浜の庵主さま伝承の再検討」』（私家版）平成十九年（二〇〇七）
松原弘明『今、新しい伝説が語り継がれる　貞心尼と良寛さま　不思議な雨　編』（私家版）平成十九年（二〇〇七）
冨澤信明「「焚くほどは風が持て来る落葉哉」は良寛の辞世の句である」（『良寛だより』第百二十七号　全国良寛会　平成二十二年（二〇一〇）一月）
冨澤信明「良寛と貞心尼との初めての出逢いは何時のことなのか」（『加茂郷土誌』第三十五号　平成二十五年（二〇一三）五月）
細井瞳・田熊信之「貞心尼自筆　龍 院蔵雲和尚宛書簡（複製巻子）翻刻・解題」（学苑　資料紹介特集号第八八九号 平成二十六年（二〇一四・一一）
本間明『良寛は世界一美しい心を持つ菩薩だった』考古堂書店　平成二十六年（二〇一四）
塩浦林也『良寛の探究』高志書院　平成二十七年（二〇一五）
井上慶隆「良寛・智現そして大等・賢治」（『長岡郷土史　第五十二号』平成二十七年（二〇一五）
本間明『良寛は権力に抵抗した民衆救済者だった』考古堂書店　平成二十七年（二〇一五）
田熊信之「貞心尼自筆　龍 院蔵雲和尚宛書簡　翻刻・解題」（学苑　資料紹介特集号第九一三号 平成二十八年（二〇一六・一一）
本間明「良寛と大而宗龍禅師との相見について」（『新潟県文人研究』第十九号　平成二十八年（二〇一六）
本間明「良寛の杖と徳昌寺の「請蔵南行爛葛藤」」（『長岡郷土史』第五十四号　平成二十九年（二〇一七）
本間明「良寛にとっての「天上大風」の意味について」（『郷土史燕』第十号　平成二十九年（二〇一七）
本間明「良寛のあわゆきの歌について」（『新潟県文人研究』第二十二号　令和元年（二〇一九）
塩浦林也『良寛の探究　続編　通説再考』高志書院　令和二年（二〇二〇）
小島正芳『良寛―人と書芸術の完成』考古堂書店　令和二年（二〇二〇）
小島正芳『保内郷の良寛さん』椿の森倶楽部　令和二年（二〇二〇）
本間明「良寛の手毬と一二三四五六七」（『新潟県文人研究』第二十三号　令和二年（二〇二〇）

良寛と貞心尼の略年表

和暦	西暦	良寛年齢	良寛	貞心年齢	貞心尼
宝暦８年	1758	1	橘屋の長男として良寛生まれる。		
			父以南、母秀（以南と再婚する前は のぶ）		
	1770	13	この頃、大森子陽の三峰館で学ぶ		
	1774	17	名主見習役就任、この年に結婚し、半年後		
			に離婚したとの有力な説もある		
安永４年	1775	18	橘屋を出奔、その後坐禅修行を始める		
安永８年	1779	22	光照寺にきた国仙和尚により得度し、		
			国仙和尚とともに円通寺へ赴く		
寛政２年	1790	33	国仙和尚から印可の偈を授かる		
寛政３年	1791	34	国仙和尚示寂、円通寺を立ち去る		
寛政４年	1792	35	越後に帰国		
寛政７年	1795	38	父橘以南 入水自殺		
寛政９年	1797	40	この頃までに五合庵に定住		
寛政10年	1798	41		1	奥村マス 生まれる
文化７年	1810	53	由之に敗訴の判決	13	
文化10年	1813	56		16	医師 関長温に嫁ぐ
文化13年	1816	59	乙子神社草庵へ移住	19	
文政４年	1821	64		24	離別、閻王寺の心竜尼
					眠竜尼 弟子となり剃髪
文政９年	1826	69	木村家庵室に移住	29	福島の閻魔堂に移住
文政10年	1827	70	夏に照明寺密蔵院へ	30	四月良寛を訪れるが不在
			貞心尼と初めて出逢う		良寛と初めて出逢う
文政11年	1828	71	貞心尼と３回逢う	31	良寛と３回逢う
			冬に三条地震		冬に三条地震
文政12年	1829	72	貞心尼と２回逢う	32	良寛と２回逢う
文政13年	1830	73	与板 山田家で貞心尼と逢う	33	与板 山田家で良寛と逢う
（天保元年）			夏に病臥し以後下痢		
			桂家からざくろ		
			鈴木牧之の画に讃		
			年末に病状悪化		年末に重篤の報、看病
天保２年	1831	74	正月六日遷化	34	正月六日 良寛遷化
天保４年	1833		良寛三回忌に良寛墓碑建立	36	良寛三回忌に出席
天保６年	1835			38	歌集『蓮の露』が完成
天保12年	1841			44	柏崎 釈迦堂の庵主に
嘉永４年	1851			54	釈迦堂焼失 不求庵移住
明治５年	1872			75	二月十一日 貞心尼示寂

良寛と貞心尼が逢った回数については諸説あります。

：：そそそせすすしししししし：：：：：：：：しししささささ：：さこここここここここここここここ
やおめののきてずをろららまやささささささほのかめむしききすれれひひのののののののととととし
まといままもしめりたゆなざまかかかかかかのびりぬくあみみたをぞくくよよみひたそさにたししの
をづろままりみこしへきみきのももははをのりねとれなたをがけこここささらだやとびうといらよげう
しれのにののはがてのをののあうこなかあのにてばりるおこのそのをにのにののはのにでぬりきら
る　ならららののしつ　ぬ　もこ　て　の
し　ためみごみこさ　ふろ
に　にしじろにみも　と

12　22　1111222221112　111121　21　222122　22　11
83　36578929822226660　2048236　6145370878234530
04　01227633769988778　3126869　6891331924025473
・
7
3

はははははは　の：：ぬになななななとててててつつつつつつつちちたたた：：たたたた：：たたた
るらつぎかか　どよこばごるらにくがががびをももにゆゆゆきききききるょをまへままちちちそかかくがが
かかとがなな　かるよたりかさごなれらはおふたさののだてよよはさうりきかたたかそいがぜぜほやた
ぜられはしし　なはひまよみきとみゆへとりれゆはみみにみめによくちこわねももへひずれがかどさめ
にものなやな　るすものののもだくむびてずくるのにもよばはしらんしるてときりてるにもくはむに
がこ　を　ひて　てれ
らこ　こみ　くた
にに　むよ　るる

1111　22　222122　5122122　111222222　2　2　22　12
468652　731　602057169704792191114858675　55244　79
389504　126　0537937・116330494300753018　58378　92
・　01　・　・　・
2　9　2　5　2
9　9　4　3　6
3　2　0

ももめめ：：：むむむみみみみみみみみみままままままま　ふひひ：：：：ひははは
ろろずかここここらさかをわやもづちだそぢがあちたたたぜすえ　るめとゆつくあされるる
びとられこここぎしゐすたまやぐのぶのかやへかれもこのらの　ゆもなききもめかやのご
ともしせろろろものいてせべがきべつふひけすねにこむうをよ　きすらげののもたらのと
のにきずをはさのててばのてのににのてるしよとらとに　はにばのひはふのぬのに
やきへ　の　みかたら
らみに　ずりてな
むにぞ　にのをむ

1222121　2112121　22　11211　22　21　1122　111
7177750　32344772209877522228　5127300　370
1081190　54874294536781662187　8145967　953

をわわわわわわわわ：：わわわわわ　りりら　よよよ：：よよゆゆ：：ゆ：：ゆゆややややや：：やや
やれれれれれすかががやあががががが　ょょん　りものひあのあめめおもふみそききよまままままあまま
まよもはなさられやのらだたたそこい　ううま　てすなとふなくのかもゆさちらふどしのすがきりかか
だびひもがへれてどちじなめめでこの　ぜかん　こがかにさかれよとひるれさをれけばはげらのそげげ
のてとよらもてはにをとすにとにろち　んんと　そらははきのばにもにおばへあばにしののすいののに
も　ても　のに　つる　みも　きお　たな
ふの　らさ　をひ　えぎ　やみ
るも　のに　やに　るて　にの

121112　2212　12221　22　12　2　11　22　121　1　2
934950250298　75024147　21215　12222　23　7931521　7
742755444523　59597571　35490　43144　87　6178602　1
・　・　・　・　・
2　1　2　2　1
5　4　9　9　9
8　6　1　2　8

人名索引

全国良寛会への入会をおすすめします！

子どもたちと 手まりをついて 無心に遊んだ良寛さん。
慈愛のこころで 人々に寄り添い 菩薩道に生きた良寛さん！
夏目漱石など良寛さんの芸術と人間性に魅せられた人がたくさんいます。
良寛さんには 書があり 歌や詩があり 優しさと清らかさと愛があります。

全国良寛会 とは

良寛さんのすばらしさを全国に発信してゆく 良寛ファンの会です。
新潟県下はもちろん 岡山 東京 静岡など各地に４０余の良寛会があります。
連絡先は ホームページ「全国良寛会の最新情報」をご覧ください。

全国良寛会 会長 小島 正芳
〒951-8112
新潟市中央区南浜通2-562
北方文化博物館 新潟分館内

入会方法

郵便局に備え付けの**青色の郵便振替用紙（払込取扱票）**に、住所・芳名・電話番号などを記入のうえ、**年会費 3,000円** を郵便局でお振込みください。 入会金などは不要です。

振替口座 00620−0−1545 **口座名 全国良寛会**

会員の特典

1．良寛情報満載の会報［**良寛だより：16P**］を年4回、お届けします。
2．毎年、開催の**良寛会全国大会へ参加**できます。
（講演会、交流会、見学会など、楽しい集いです）
3．**各地良寛会で開催の良寛法要や講演会**など、参加自由。
4．「**ふるまち良寛てまり庵**」で良寛の資料やＤＶＤの鑑賞可。
新潟市中央区古町通2-538 電話０２５−３７８−２２０２
（新型コロナウイルス感染拡大中は休庵しています。）

入会手続きなどのお問合せは
全国良寛会理事 本間 明 電話 ０９０−２４８８−８２８１

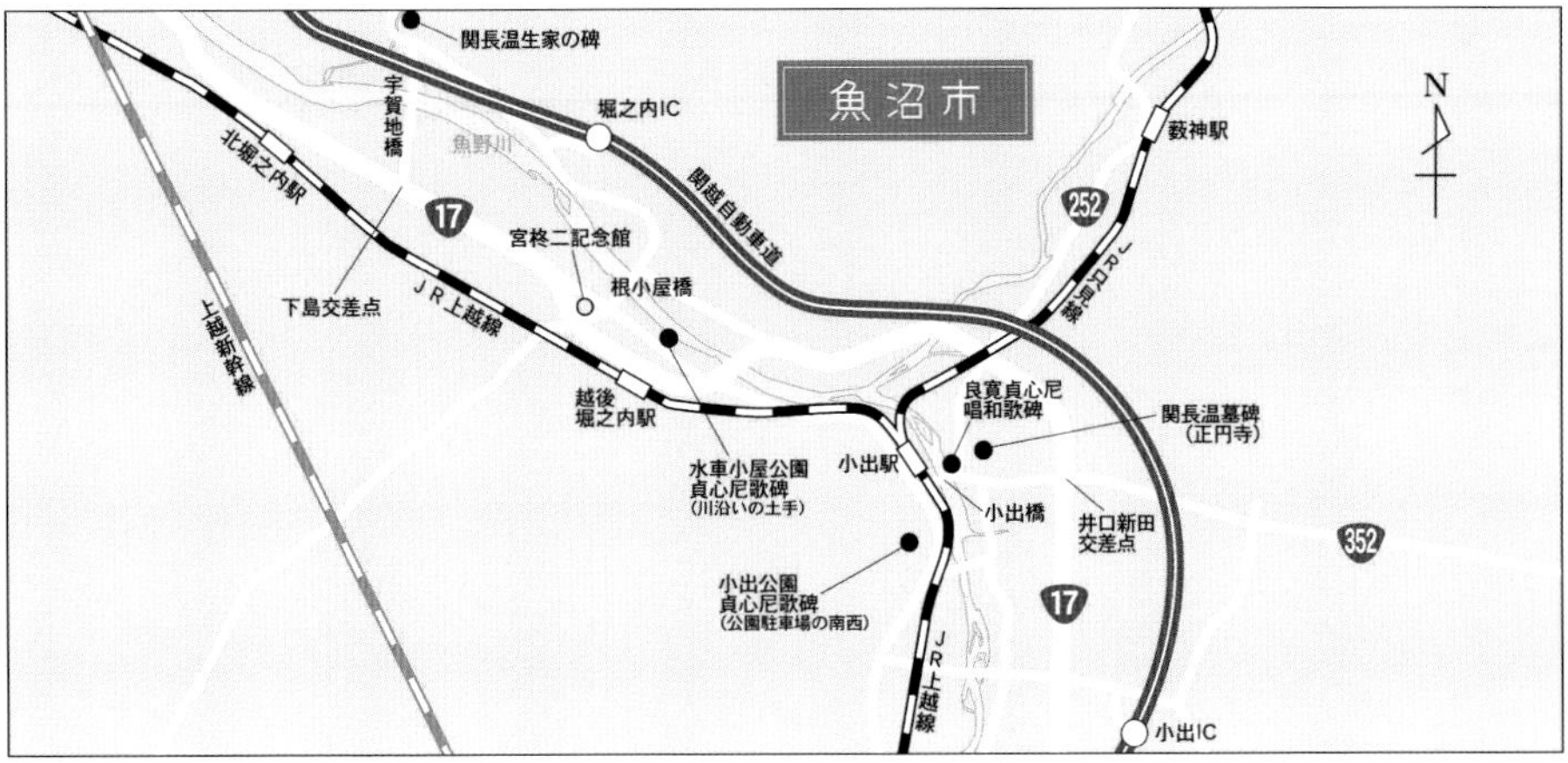
魚沼市
関長温生家の碑
宇賀地橋
魚野川
堀之内IC
関越自動車道
北堀之内駅
17
宮柊二記念館
根小屋橋
下島交差点
JR上越線
上越新幹線
越後堀之内駅
水車小屋公園
貞心尼歌碑
(川沿いの土手)
良寛貞心尼
唱和歌碑
関長温墓碑
(正円寺)
小出駅
小出橋
井口新田
交差点
352
小出公園
貞心尼歌碑
(公園駐車場の南西)
JR上越線
17
小出IC
252
JR只見線
薮神駅
N

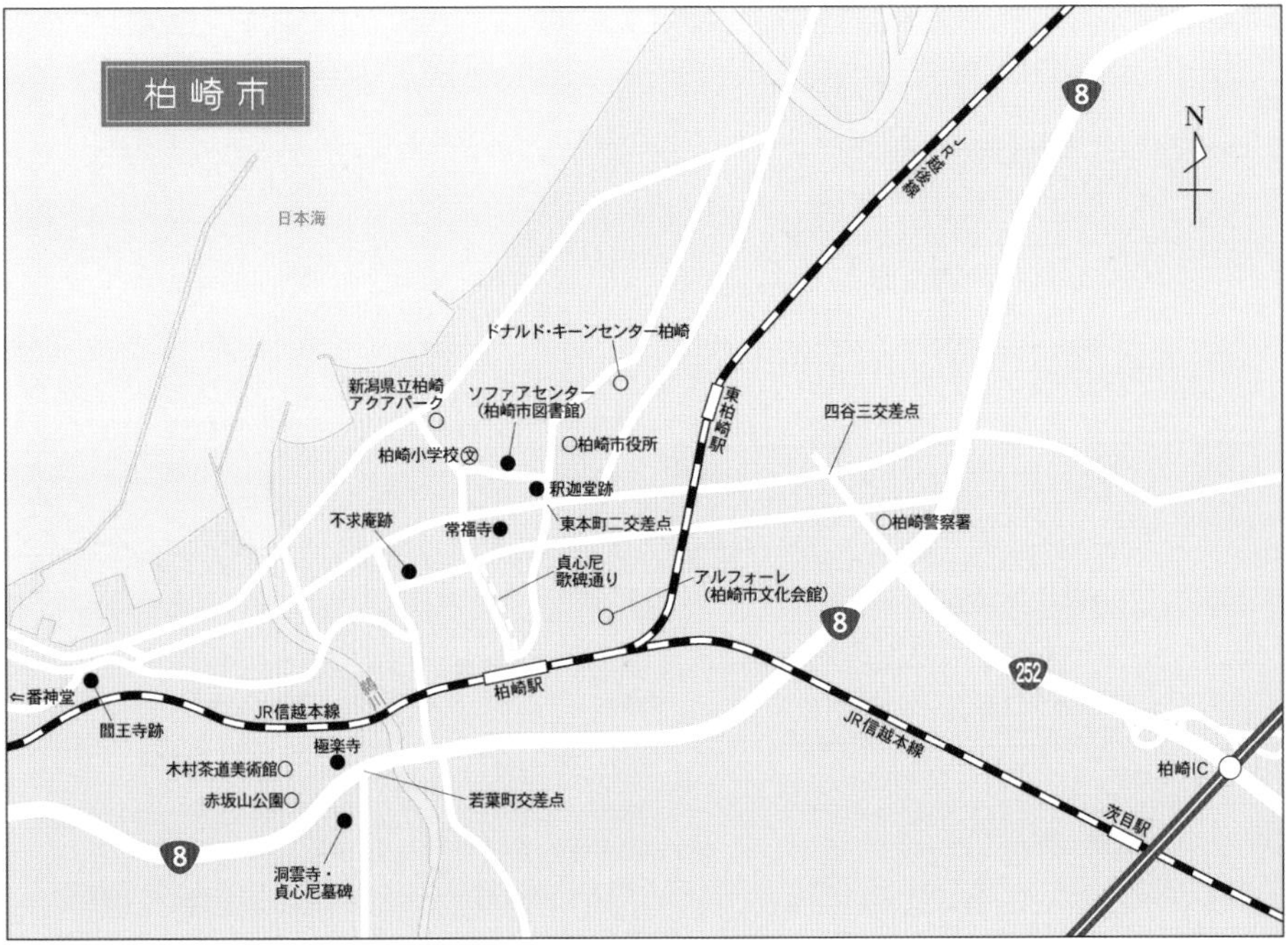
柏崎市
日本海
8
JR越後線
N
ドナルド・キーンセンター柏崎
新潟県立柏崎
アクアパーク
ソフィアセンター
(柏崎市図書館)
東柏崎駅
四谷三交差点
柏崎小学校
○柏崎市役所
釈迦堂跡
東本町二交差点
不求庵跡
常福寺
○柏崎警察署
貞心尼
歌碑通り
アルフォーレ
(柏崎市文化会館)
8
252
⇐番神堂
閻王寺跡
JR信越本線
鵜川
柏崎駅
JR信越本線
極楽寺
木村茶道美術館○
赤坂山公園○
若葉町交差点
柏崎IC
茨目駅
8
洞雲寺・
貞心尼墓碑

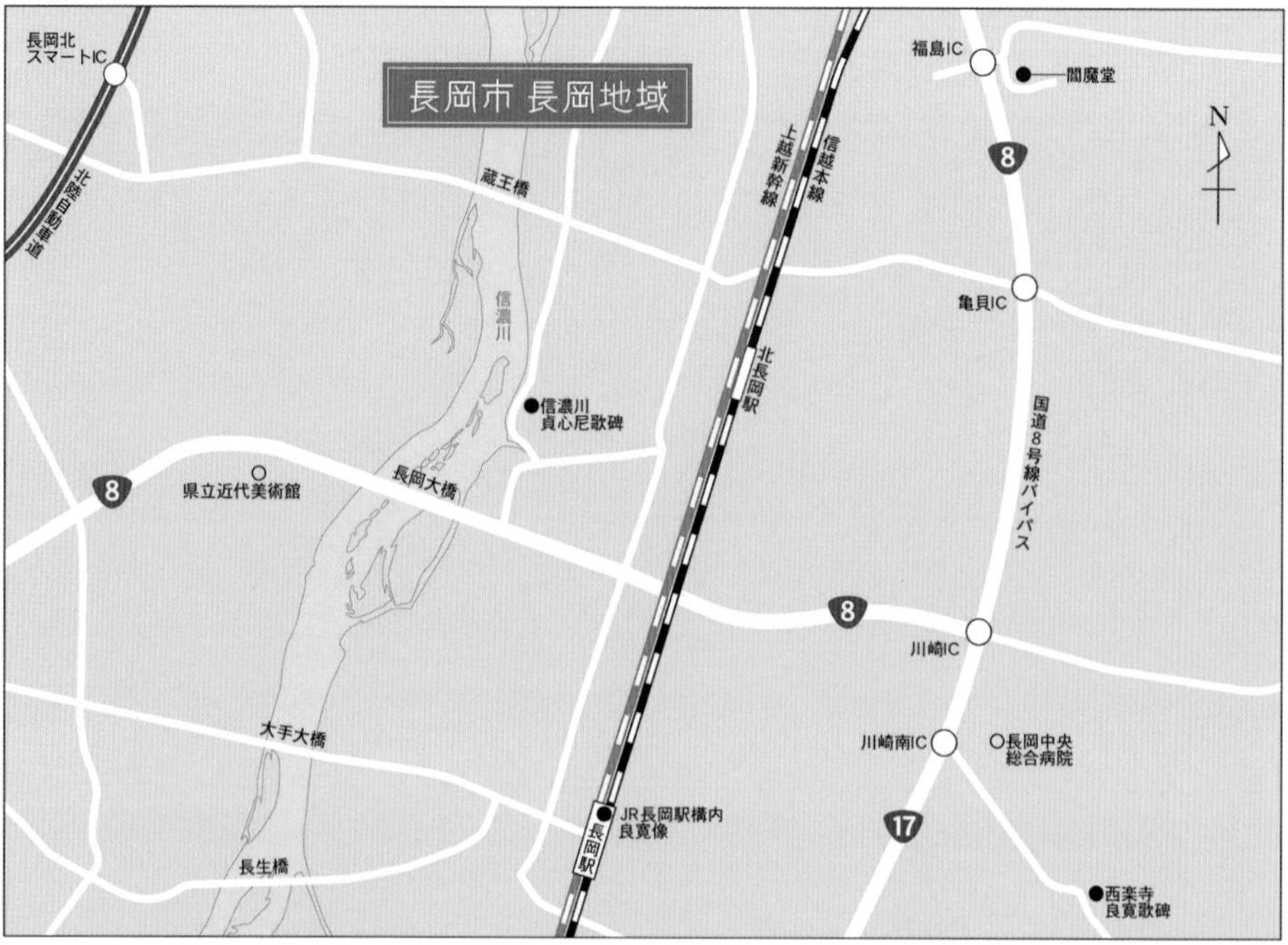
長岡市 長岡地域
長岡北
スマートIC
北陸自動車道
蔵王橋
上越新幹線
信越本線
福島IC
閻魔堂
8
N
亀貝IC
信濃川
北長岡駅
信濃川
貞心尼歌碑
県立近代美術館
長岡大橋
国道8号線バイパス
川崎IC
大手大橋
川崎南IC
長岡中央
総合病院
JR長岡駅構内
良寛像
長岡駅
17
長生橋
西楽寺
良寛歌碑

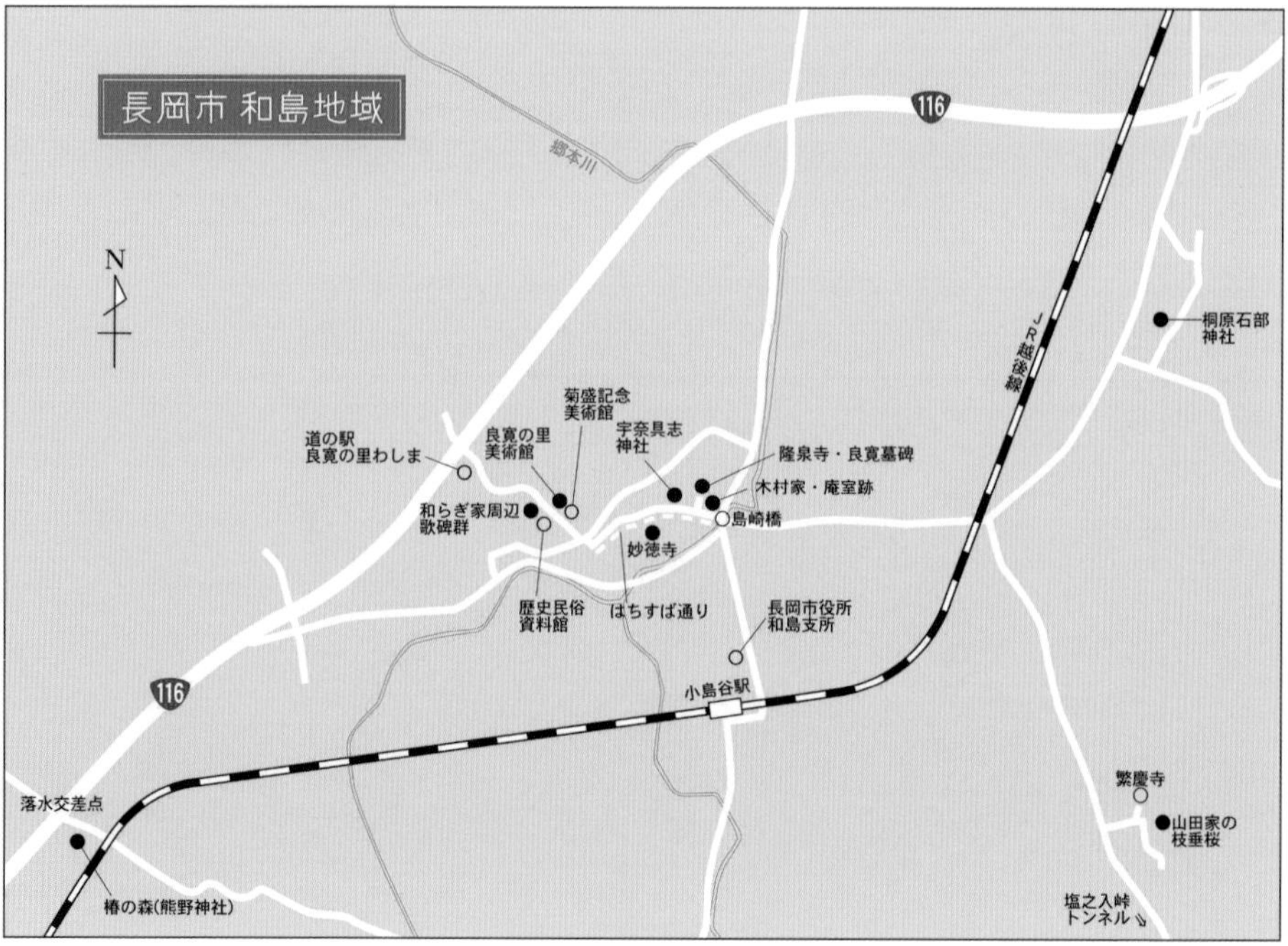
長岡市 和島地域
116
郷本川
N
JR越後線
桐原石部
神社
菊盛記念
美術館
良寛の里
美術館
宇奈具志
神社
道の駅
良寛の里わしま
隆泉寺・良寛墓碑
木村家・庵室跡
和らぎ家周辺
歌碑群
島崎橋
妙徳寺
歴史民俗
資料館
はちすば通り
長岡市役所
和島支所
小島谷駅
落水交差点
繁慶寺
山田家の
枝垂桜
椿の森(熊野神社)
塩之入峠
トンネル

野積良寛研究所 所長 本間 明 執筆図書

書 籍

『良寛 野の花の歌』 134 p

1,200円＋税 (株)考古堂書店

野の花を愛した良寛の名歌の数々。
外山康雄の繊細にして優美な野の花の水彩画と、
本間 明が選ぶ良寛の野の花の名歌と解説のコラボ。
三大歌人の一人である良寛は、移り変わる季節の自然を愛し、清楚で可憐な野の花を題材とした歌をたくさん詠んでいます。

『良寛は世界一美しい心を持つ菩薩だった』 294 p

2,000円＋税 (株)考古堂書店

世界一の美しい心をもった良寛は、
自分の命ですら惜しむことなく、
自己犠牲をともなう愛の心で、
差別された民衆を救済した。

『良寛はアスペルガー症候群の天才だった』

残部僅少！

2,600円＋税 (株)考古堂書店

『良寛は権力に抵抗した民衆救済者だった』

残部僅少！

1,800円＋税 (株)考古堂書店

ガイドブック（冊子）

名 称	内 容	規 格	頒 価
良寛 清貧と慈愛の心	良寛を学ぶ基本テキスト（生涯、生き方、慈愛の心、宗教・思想、芸術）	B5、カラー 72 p	300円
良寛さまと貞心尼	良寛と貞心尼の純真で清らかな心の交流を唱和の和歌を中心に紹介	B5、カラー 32 p	200円
良 寛 珠玉の言葉	騰騰天真に任す など、５２ の良寛の珠玉の言葉を紹介	B5、モノクロ 56 p	300円
和歌でたどる良寛の生涯	良寛の折々の和歌をたどりながら、良寛の生涯を紹介	A4、カラー 72 p	300円

良寛百花園

お問い合わせは 野積良寛研究所
本間 明　まで
090－2488－8281

良寛百花園とは

良寛さまゆかりの国上山《くがみやま》に近い長岡市寺泊野積《のづみ》にあるオープンガーデンは、300坪のお花畑です。
3月下旬～11月開園
入場無料。駐車場あり。
花苗ポリポット3個100円

【主な見頃は】
4月　桜　水仙
　　　チューリップ
5月　ジャーマンアイリス
　　　アヤメ
6月　山アジサイ　百花繚乱
7月　ユリ　ダリアなど

桜と水仙

1000本のジャーマンアイリス

良寛さまの　花の逸話

良寛さまは子供を連れて、野原へよく出かけました。野原を歩くとき、ときどき曲がりくねったり、ぴょんと飛んだりしました。

不思議に思って人が尋《たず》ねると、良寛さまは「咲いている花がかわいそうなので踏まないようにしていたのだ」と言いました。

百花繚乱

良寛情報が満載の
ホームページ
「良寛ワールド」で検索！

全国良寛会の最新情報

○ 重要な行事等のお知らせ
　ニュース＆トピックス
○ 次回開催の良寛会全国大会
○ 前回開催の全国大会結果
○ 入会のメリット・手続き

一般財団法人 良寛会

○ 一般財団法人良寛会の概要
○ ふるまち良寛てまり庵
○ 『良寛　法華讃』

良寛　清貧と慈愛の心

初心者向けの基本テキスト
○ 生涯　○ 生き方
○ 慈愛の心 ○ 宗教・思想 ○ 芸術

良寛の逸話

○ かくれんぼ、タケノコ、鰈になるなど、良寛のほのぼのとした逸話を、たくさん紹介。

良寛さまと貞心尼

○ 晩年の良寛と若き尼僧 貞心尼の純真で清らかな心の交流を、貞心尼の『はちすの露』の中の唱和の和歌を中心に紹介。

和歌でたどる良寛の生涯

○ 良寛は思想は主に漢詩、感情や思いは主に和歌で表現しました。その良寛の折々の和歌をたどりながら、良寛の生涯を紹介します。

良寛　珠玉の言葉

○ 欲無ければ一切足り 求むる有れば万事窮まる、 騰騰天真に任す 等 52の良寛の珠玉の言葉を紹介。

良寛ゆかりの地

○良寛ゆかりの地の史跡、歌碑などを写真入りで紹介、歌碑については碑面、通読、訳を掲載。

良寛関係人物

良寛ゆかりの人物を簡潔に紹介。

良寛関係のリンクなど

○ 各地域の良寛会
○ 良寛関係の美術館、博物館

オープンガーデン
良寛百花園

○ 良寛百花園の概要　入園無料
○ 良寛百花園の花の見頃
　４月上～中旬　桜、水仙など
　４月下旬　チューリップなど
　５月中旬　ジャーマンアイリス
　６～７月　百花繚乱

野積良寛研究所

○ 野積良寛研究所
○ 今なぜ、良寛なのか
○ 良寛の実像とは
○ 良寛を学ぶ６つの方法
　参考となる書籍
　参考となる論文
○ Ｑ＆Ａ

著者略歴

本間　明　（ほんま　あきら）
昭和31年（1956年）　新潟県白根市（現 新潟市南区）に生まれる
昭和55年（1980年）　早稲田大学政治経済学部卒業後、新潟県職員に採用される
平成26年（2014年）　新潟県を早期退職
現　在　全国良寛会　理事、一般財団法人 良寛会　理事
野積良寛研究所　所長
オープンガーデン「良寛百花園」園主
ホームページ「良寛ワールド」運営
著　書　**『良寛はアスペルガー症候群の天才だった』**
『良寛は世界一美しい心を持つ菩薩だった』
『良寛は権力に抵抗した民衆救済者だった』
『良寛　野の花の歌』
いずれも（株）考古堂書店より発行
研究所住所　〒940-2501
新潟県長岡市寺泊野積２０３番地８

華《け》厳《ごん》の愛　貞心尼と良寛の真実

令和三年（二〇二一）七月三十日発行

著　者　本間　明

発　行　**良寛堂刊行会**
〒946-0041　新潟県魚沼市本町１・12
株式会社 アートプリント角越《かくえつ》
小出郷《こいでごう》新聞社
電話　０２５・７９２・０１０１

発　売　**株式会社　考古堂書店**
〒951-8063　新潟市中央区古町通四番町
電　話　０２５・２２９・４０５８（出版部直通）
ＦＡＸ　０２５・２２４・８６５４

印　刷　株式会社　アートプリント角越

ISBN978-4-87499-894-6　C0015